中日外交
50年
风云对话

中国公共外交协会　澎湃新闻　主编

图书在版编目（CIP）数据

中日外交 50 年风云对话 / 中国公共外交协会，澎湃新闻主编. -- 北京：新世界出版社，2025.4.
ISBN 978-7-5104-7441-5

Ⅰ．D829.313-53

中国国家版本馆 CIP 数据核字第 2025FC7898 号

中日外交 50 年风云对话

主　　编：	中国公共外交协会　澎湃新闻
责任编辑：	李莎莎
责任校对：	宣　慧　张杰楠
装帧设计：	魏芳芳
责任印制：	王宝根
出　　版：	新世界出版社
网　　址：	http://www.nwp.com.cn
社　　址：	北京西城区百万庄大街 24 号（100037）
发 行 部：	（010）6899 5968（电话）　（010）6899 0635（电话）
总 编 室：	（010）6899 5424（电话）　（010）6832 6679（传真）
版 权 部：	+8610 6899 6306（电话）　nwpcd@sina.com（电邮）
印　　刷：	北京宝隆世纪印刷有限公司
经　　销：	新华书店
开　　本：	787mm×1092mm　1/16　尺寸：165mm×235mm
字　　数：	360 千字　印张：23.5
版　　次：	2025 年 4 月第 1 版　2025 年 4 月第 1 次印刷
书　　号：	ISBN 978-7-5104-7441-5
定　　价：	88.00 元

版权所有，侵权必究

凡购本社图书，如有缺页、倒页、脱页等印装错误，可随时退换。

客服电话：（010）6899 8638

主创人员名单

出 品 人： 刘永钢　李智刚
总 策 划： 吴玉蓉　李云芳　赵　昀
总 监 制： 徐晓林　李怡清　杨　一
记　　者： 于潇清　陈沁涵　王昕然　江海啸　马小童
　　　　　　祝颖筠　刁凡超　周　頔　高　丹　程　婷
　　　　　　朱　莹　王　露　王选辉　谢煜楠　史含伟
　　　　　　孙　彰　柳靖文　权　义　魏　凡　郑朝渊
　　　　　　邓朝键　邹　桥　张呈君　张兆亿
编　　辑： 张无为　朱郑勇　柳　彦　胡宝秀　吴星宇
　　　　　　林顺祺　陈　睿　张　琳　王颖霞
视　　觉： 龚　唯　王　煜　江　勇　周　寰　郁　斐

中日各界人士题词大观
一人一语冀望两国未来

国务院新闻办公室原主任赵启正：
同舟共济，一苇可航，
与澎湃新闻诸君共勉

中国前驻日本大使孔铉佑：
铭记初心，一以贯之

中国前驻日本大使程永华：
重温初心，开创未来

中国驻大阪总领事薛剑：
踏实走基层，让事实说话，防止一头热

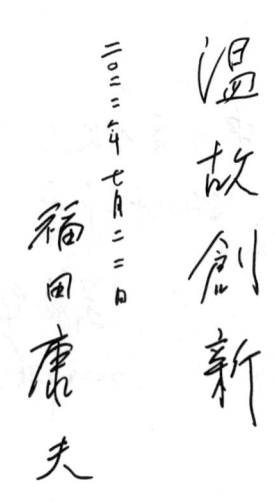

日本前首相福田康夫：
温故创新

日本前驻中国大使宫本雄二：
日中唯一之路，和平友好！

日本自民党前干事长二阶俊博：
日中友好是和平的象征

日本奈良县前知事荒井正吾：
山川异域，风月同天，充实的未来！

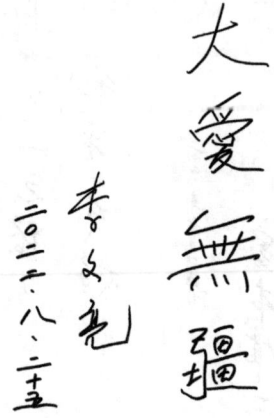
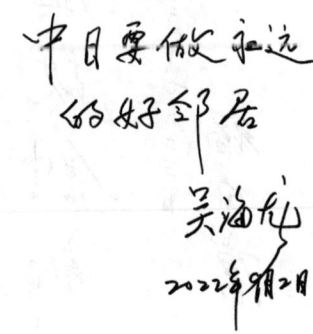

对接日本赴四川国际救援队的
时任外交部新闻司参赞李文亮：
大爱无疆

中国公共外交协会会长吴海龙：
中日要做永远的好邻居

中国公共外交协会原副会长胡正跃：
志在千里

上海市日本学会顾问吴寄南：
不忘初心，勇往直前

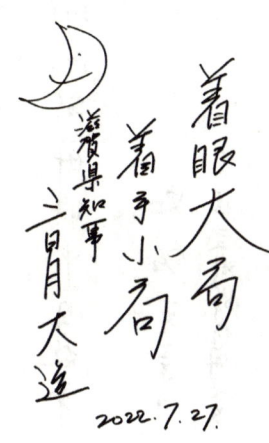
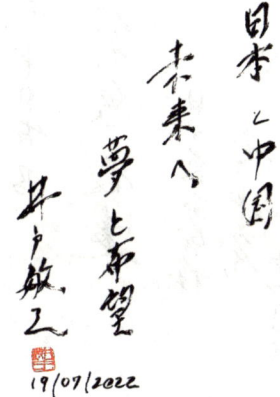

日本滋贺县知事三日月大造：
着眼大局，着手小局

日本兵库县前知事井户敏三：
日本和中国，朝着未来，梦想与希望

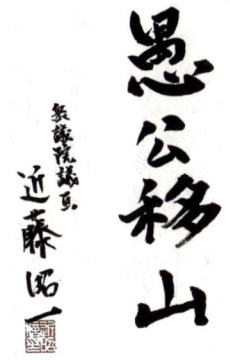

日本赴华留学生、立宪民主党众议院议员近藤昭一：
愚公移山

日本赴华留学生、公明党参议院议员西田实仁：
互相学习

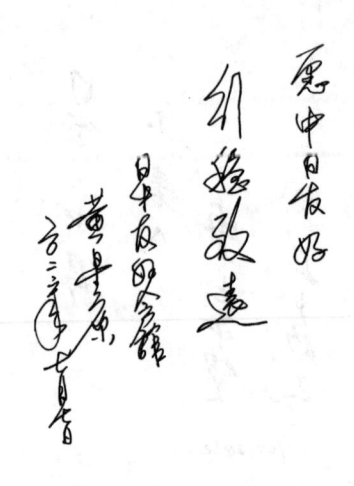

日中友好会馆中方代表理事黄星原：
愿中日友好行稳致远

中国国际商会中日韩企业交流中心主任史铭：
以冷静的视角讲述澎湃的中日故事

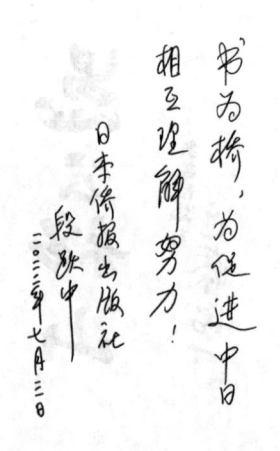

中国赴日留学生、光普能源控股集团总裁
李光哲：
中日友好，光耀大地，普惠众生

日本侨报出版社总编辑段跃中：
书为桥，为促进中日相互理解努力！

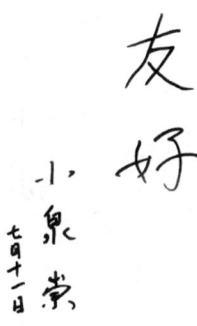

时任日本赴四川国际救援队队长小泉崇：
友好

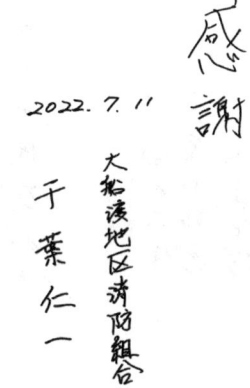

日本大船渡地区消防组合消防长千叶仁一：
感谢

日本国际协力机构东亚中亚部陪长中里太治：
相互理解

日本经团联原副会长佐藤康博：
构筑面向未来的日中关系！！

日本大富电视台董事长兼社长张丽玲：
　　愿中日世代友好！

前旅日作家萨苏：
　　山川异域　风月同天

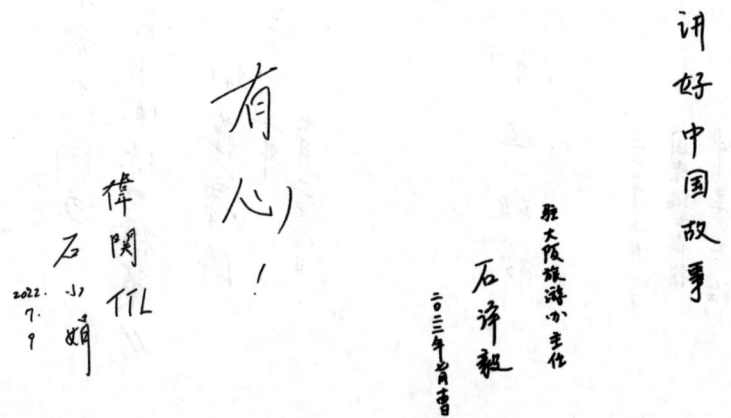

中国前乒乓球运动员韦晴光、石小娟：
　　有心！

中国国际救援队联络员兼翻译石泽毅：
　　讲好中国故事

日本青少年育成协会常任理事林隆树：
山川异域 风月同天

全日空控股公司社长芝田浩二：
四海皆兄弟

日本松本楼董事长小坂文乃：
富贵在心

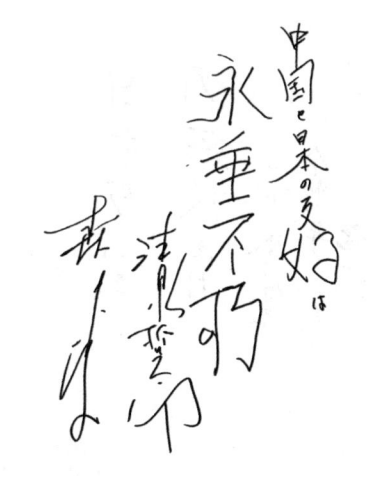

松山芭蕾舞团总代表清水哲太郎、理事长森下洋子：
中国和日本的友好永垂不朽

中国大熊猫保护研究中心兽医师成彦曦：

熊猫大使 友谊长存

中国大熊猫保护研究中心饲养员王平峰：

大熊猫 中日友谊使者

日本资深中文翻译、语言专家青木丽子：

日中友谊 万古长青

东京大学大学院综合文化研究科教授川岛真：

戒急用忍

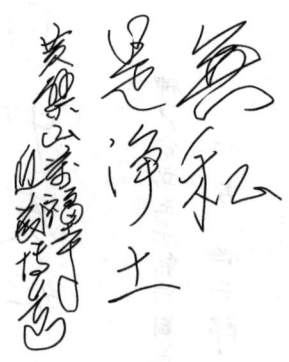

日本黄檗宗大本山万福寺第62代堂头（黄檗宗管长）
近藤博道：
无私是净土

日本建筑家安藤忠雄：
地球是一个整体

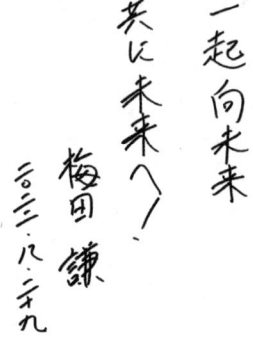

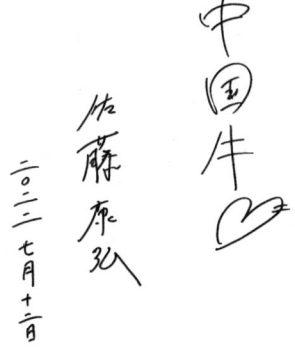

中央广播电视总台亚洲非洲地区语言节目
中心日语部梅田谦：
一起向未来！

日本单板滑雪教练佐藤康弘：
中国牛

Zoo is the Peace!

東京都 恩賜上野動物園

園長 福田 豊

2022年7月20日

神戸市立王子動物園長

加古 裕二郎

日中友好

日本东京都恩赐上野动物园园长福田丰：
动物园是和平！

日本神户市立王子动物园园长加古裕二郎：
日中友好

序

很高兴看到中国公共外交协会和澎湃新闻主办的"50 年 50 人"——中日邦交正常化 50 周年系列采访活动取得圆满成功,非常荣幸成为《中日外交 50 年风云对话》的首批读者之一,我谨对该书落地出版致以热烈祝贺。

2022 年初,中国公共外交协会和澎湃新闻的朋友向我介绍"50 年 50 人"——中日邦交正常化 50 周年系列采访活动计划,这个题材和思路让我眼前一亮。首先,50 年,是一个很大的历史跨度,足以反映新中国成立以来中日关系发展历程,有助于在邦交正常化 50 周年这个历史节点回顾过去,重温初心,展望未来。其次,50 人系列采访报道题材涉及面宽,覆盖官民各界人士,从政治、经济、文化、教育、体育等各个角度,更加充分、立体地展现中日关系发展历程中两国交流合作的全貌,也体现"以民促官"的特点。

实际上在中日邦交正常化以前,在中日两国官方没有直接往来的情况下,两国民间交流已经十分活跃。20 世纪 50 年代初,日本国会议员高良富、宫腰喜助、帆足计访华。1954 年,中国红十字会会长李德全女士率团访问日本,这也是中国第一个访日代表团。1965 年,500 名日本青年应邀访华开展了中日青年大联欢。类似的中日民间交流有声有色,形成了民间友好的潮流,为实现中日邦交正常化打下了良好的社会基础。中日邦交正常化以来,无论是在中日关系顺利发展还是遇到困难的时期,两国各领域的民间交流始终得到很好的延续,更多友人坚持不懈,热情投入,也多次形成热潮、亮点,成为中日关系改善发展的助推器,至今仍是两国关系发展的基础和动力。

回顾中日关系 50 年来的发展历程,我有几点启示愿同各位读者共勉。一是要重温初心。秉持"求同存异"精神,始终坚持和平、友好、合作的大方向不动摇,妥善处理两国间的问题,避免中日关系脱离正确发展轨道。

二是要持续大力开展民间友好活动。"50年50人"——中日邦交正常化50周年系列采访活动放大了中日民间友好交流中"沉默的大多数"的声音，照亮了中日两国在各个领域民间友好的舞台。我们要有充分的信心，期待并相信中日两国民众间的相互交流与理解能够推动两国关系逐步改善发展，为构建契合新时代要求的、建设性和稳定的中日关系发挥积极作用。三是要重点加强两国青少年交流。年轻一代对外界的认知能力最强，接受新信息的能力也最强。两国年轻人多往来、多交流能够让他们更加认清中日关系以及邻国友好合作的重要性，增进对彼此国家的相互理解与友好感情，这样有助于今后两国的交流、合作，也有利于中日友好的长远发展。

《中日外交50年风云对话》既是"50年50人"——中日邦交正常化50周年系列采访活动优秀作品的集大成，又是中日邦交正常化50年来两国民间交流合作的历史记录和传承，还是面向下一个五十年，如何维护好、改善好、发展好中日关系的启示录。相信这本书不仅能够让广大读者看到中日关系客观真实的一面，也能鼓励读者朋友关注并参与到中日民间交流中，为中日关系改善发展贡献力量。

程永华

中日友好协会常务副会长、中国前驻日本大使

目　录

赵启正：中日年轻人要成为朋友，互相学习了解 / 004

孔铉佑：盼中日关系稳定向好的"沉默的大多数"始终存在 / 016

程永华：无论喜欢与否，中日关系的重要性不会改变 / 028

吴海龙：中日是搬不走的邻居，友好是最明智的选择 / 040

胡正跃：对日公共外交就是要多交、深交、广交朋友 / 046

尹光辉：救灾场景真实展现人类的命运与共 / 054

吴寄南：中日关系新常态下须"任凭风浪起，稳坐钓鱼台" / 062

黄星原：把握中日关系的大局和前途，不能被偶发事件影响 / 074

史　铭：望不断扩大"朋友圈"，深化中日地方经贸交流与合作／086

定明法师：隐元禅师东渡日本后带去了什么？／096

段跃中：把中日的故事说出来、写出来，一点一点增进友好／106

杨伯江：建立观察"坐标系"，把握真实的中日关系／114

张丽玲：《红楼梦》里走出的日本电视台社长／126

萨　苏：在感性中加入理性看待中日关系，会更有力量／134

邢立达：从《哆啦A梦》中获取恐龙足迹命名灵感／142

任正平：20年守候一间有温度的日文书图书室／152

福田康夫：希望中日在和平与环境问题上相互支持合作 / 160

宫本雄二：找回"亚洲意识"，日本和中国也将更加接近 / 168

二阶俊博：只是隔岸议论日中友好是不行的，要全力接触 / 178

荒井正吾：奈良曾是"小长安"，中日交流的文化遗产值得探究 / 184

三日月大造：湘滋青年同饮共歌，助推两湖友谊之流 / 194

近藤昭一：日中邦交正常化时的"沸腾"心情现在还记得 / 202

西田实仁：希望日中年轻人在交流中看到"最真实的彼此" / 210

佐藤康博：面对全球性课题，中日应面向未来、协同行动 / 218

林隆树：愿大家忆起"山川异域，风月同天"的美丽历史 / 226

芝田浩二：愿做"空中桥梁"，为中日关系发展做贡献 / 232

本间哲朗：松下能为中国现代化建设做贡献是光荣的 / 242

小坂文乃：希望梅屋庄吉与孙中山的友谊能拉近中日间的距离 / 254

松山芭蕾舞团：用足尖谱写中日"芭蕾外交" / 262

高见邦雄：植根于黄土地种树 30 年的日本友人 / 270

近藤博道：日本当代生活中处处有隐元禅师传来的惠泽 / 280

安藤忠雄：大家同为地球号宇宙飞船乘客，必须相互支持 / 288

青木丽子：做中日两国友好的"桥梁"是我一辈子的使命 / 296

川岛真：期待中日年轻学者从多语言、多角度看待问题 / 306

竹内亮夫妇：记录真实中国，为中日交流做一点努力 / 314

梅田谦：在华工作 7 年，报道两会印象最为深刻 / 332

佐藤康弘："苏翊鸣的教练"光环下的"少年感大叔" / 340

后　记 / 349

Zhao Qizheng
赵启正

采访对象：赵启正，1940年出生。国务院新闻办公室原主任。曾担任上海市委常委、副市长、浦东新区首任党工委书记和管委会主任。作为浦东开发开放的领航人，参与并见证了中日两国友好交流的一线工作。担任国务院新闻办主任和全国政协外事委员会主任后，他积极倡导并重新定义了"公共外交"的理念，提出"向世界说明中国"，悉心打造"北京·东京"论坛。该论坛现已成为中日两国交往的重要平台之一。

采访日期：2022年8月17日
采访地点：澎湃新闻上海总部大楼

赵启正：
中日年轻人要成为朋友，互相学习了解

提起从 20 世纪 90 年代开始的与日本的交往经历，赵启正仍能清楚地讲述许多细节。赵启正见证过"暖春"，也经历过"寒冬"，他将两国关系形容为"盆栽"——并不牢固、比较脆弱，必须由双方来维护，如果不适当浇水、给予阳光，它就很容易枯萎。

回顾中日邦交正常化 50 年，两国关系的发展是曲折的。但这其中，两国也有许多相互理解、彼此信任的人士携手，秉持求同存异、合作共赢的原则在努力推动中日关系向前进。回忆起这些人，赵启正仍能将他们的故事娓娓道来。

赵启正说，中日关系有时会遇到一些困难、障碍，甚至会有所倒退，他一直在关注，并愿意为改善中日关系做努力。放眼未来，赵启正也抱有期待，寄语中日两国的年轻一代："要积极地了解、学习对方的文化，传递自己的文化，了解对方的见解，传递自己的见解。双方新一代的年轻人要成为朋友。"

回顾日本之"缘"

采访组：多年来，您频繁访问日本，在您眼中日本有怎样的变化，其中又有哪些令您印象深刻的事情？

赵启正：我在 1991 年担任上海市副市长，并负责上海外事工作。最频繁的时期，我曾在一个月内连续两次访问日本，一次是率上海市代表团，一次是率长江流域城市市长代表团。当时我感受最深的就是日本有很多对中国友好的人士。除了接见我的当地官员外，我还接触了一些普通日本民众，他们会唱一些中日友好相关的歌曲，表现了很深的对中友谊。

但是，在那以后中日关系发展是曲折的，有时会遇到一些艰难的问题，有时也会有所倒退。

采访组：在多次访日和交流期间，您也结识了许多日本友人，包括我们这次采访的日本前首相福田康夫先生。在您眼中，福田先生是怎样的人？

赵启正：福田康夫前首相还在做日本官房长官、做国会议员时我们就曾见过。他有一个很突出的特点，就是能直率、认真地直面实际问题。比如谈到中日关系复杂的背景下媒体应承担怎样的责任这一问题，他也认为有些日本媒体是有问题的，有些报道不准确。他也想改进这个情况，但是并不容易。

在中日恢复邦交正常化及日本天皇访问中国后，都是中日关系较好的时期，我们时常一起回忆这段时期，并都愿意把中日关系继续向前推进。福田先生本人推动了《中日关于全面推进战略互惠关系的联合声明》的签订，他的父亲福田赳夫对中日关系同样有重大贡献，推动了《中日和平友好条约》的缔结。

福田先生把推动中日关系作为他政治活动的一个重要宗旨，自始至终无论身处何职都是抱着这一宗旨，因此我对他的使命感十分钦佩。

赵启正（右）与福田康夫，摄于 2012 年 6 月
图片来源：赵启正友情提供

采访组：在您看来，这样的老一辈对华友好、了解中国的人士在中日关系中发挥了怎样的作用？

赵启正：日本老一辈政治家中，我熟悉多位对中日关系有贡献的人士，例如在中日恢复邦交时参加谈判、在田中角荣首相时期担任官房长官的二阶堂进先生，又如曾担任日本自民党干事长、前内阁官房长官的野中广务先生，他们都曾跟我有过很深的交流。

二阶堂进先生曾跟我提及，中日恢复邦交正常化过程中，周恩来总理说服了田中角荣首相起初坚持的先解决钓鱼岛争端再谈复交；最终双方同意了先搁置钓鱼岛的问题，认识到如果不搁置的话，谈判就进行不下去。野中广务先生曾带着日本老兵访问南京，一些老兵在南京的城头上忏悔了以前的罪恶行为。可是有的日本媒体却因此对野中广务先生发动了攻击。

这样的老一辈日本政治家为促进中日关系做了很多的努力，但也付出一些代价，日本国内有一些"右倾"势力会攻击他们，但他们都能够承受住。尽管如此，这样对华友好、了解中国的人士现在大多也不在世了，我的愿望是能有新的朋友、新的友好人士出现。

中日关系发展的几个"高潮"

采访组：1992年，您曾参与天皇夫妇访问上海的安排。您是否能与我们分享当时的筹备和实施过程的一些细节？

赵启正：1992年，明仁天皇夫妇访问上海时，我是上海市副市长，并负责外事工作，因此和日本方面事先进行妥善安排这次访问的会谈。日本方面参加协商的是时任外务省亚洲局局长谷野作太郎，我们讨论了很多细节问题。

中方也为此开了几次会议，因为天皇夫妇在上海的时间只有24小时，因此我们对每一场活动都做了精心安排。比如在机场迎接时，我们要先开飞机后门，请日本记者们先下来，避免遗漏天皇下飞机的镜头。此外，我们还对与天皇夫妇握手的人数和时间做了限制，以节省出时间来安排其他活动。

明仁天皇夫妇8月27日中午到达，中午过后就到了上海交通大学海洋工程实验室参观并与学生们进行了交谈。接着，天皇夫妇与上海各界人士见面，我当时陪同并一一做了介绍，其中有许多精彩对话。例如上海天文学家叶叔华当时对明仁天皇说，中日两国的天文学家合作测量发现，东京和上海之间的距离每年都会缩短3厘米。当时天皇回复说，那很好啊，东京和上海就更靠近。这一场景令我印象深刻。

其中，大家很关切的是我们在上海给天皇夫妇准备的一场晚宴。当时，上海锦江饭店给他们准备了大闸蟹，日本方面说吃大闸蟹可能很费时间，实际是怕日本记者拍到一些"吃相"难堪的镜头。我们回复说，"请放心，大闸蟹是已经剥好了的，打开之后吃起来很方便的。"

还记得当时，天皇夫妇要到南京路和外滩看一看，晚宴结束时间已经推迟了20分钟，南京路提前断绝了交通，但南京路的两边被挡住的行人都非常耐心地等待。同行在南京路，天皇夫妇感受到了上海民众欢迎的心情，非常高兴。

事后，日本外务省的先生们告诉我，外务省给上海的接待评为120分。他们说，你们的安排完全符合国际标准，符合中日文化，同时也对我们表示了感谢。

采访组：对于很多民众来说，这段经历可以算是中日关系发展中的一个"高潮"，回顾这50年，您觉得还有哪些可以被称为两国关系的"高潮时刻"？

赵启正：我觉得《中日和平友好条约》的缔结应该也算一个"高潮"。此外，后来福田先生签订的《中日关于全面推进战略互惠关系的联合声明》，也是困难时期中的一个"缓冲"。

当然，在两国关系的发展过程中我们遇到了很多困难，中日关系的障碍严格来讲还是在日本政府和议会方面，其中难以解决的问题就包括钓鱼岛问题和对中国台湾的态度。

无论如何都不能说台湾地区的事情就是"日本的事情"，这是干涉中国内政。这样的声音虽然有日方明智人士明白是错误的,但由于右翼势力和媒体对钓鱼岛和台海问题的不断渲染,也使得日本民意对中国好感程度下降。这些情况造成了中日关系改善的困难。

中日关系需要"扶持"

采访组:您曾将中日关系比作"盆栽",就当前的中日关系而言,您认为这一"盆栽"正处于怎样的生长状态?您如何评价当前的中日关系?

赵启正:在中日关系发展较为良好的时期,我曾对福田康夫先生说,中日关系并不牢固、比较脆弱,必须由双方来维护。当时我比喻,两国关系就如同一个"盆栽",如果不适当浇水,不给予阳光,它就枯萎了。盆栽终归是脆弱的,但将来若是成长得很好,我们也不妨把它移到花园的土地上去。

当时,福田先生对这一说法表示肯定,他告诉我,中日关系太脆弱,我们得共同来扶植。的确,两国关系比我们原来预期的进步是很慢的,甚至可以说是退步的,但我们并不因此气馁,我们还要努力把中日友好扶持起来,我是这样的一种想法。

中日关系改善的希望还是在于两国民众,如果民众之间有友好的感情,也会对两国政府产生重大的影响。前几年,我曾请中国一位画家根据中国成语"吴越同舟"画了几幅国画赠送给几位日本朋友。在日本,"吴越同舟"是常用的一个成语,但是很多人并不知道这句话来自中国的《孙子兵法》。当时吴越两国互相敌视,但两国民众在过河的时候遇到了暴风雨,就暂时摒弃前嫌,同舟共济,一起战胜了风暴,从而化解了敌意。

我觉得这个故事特别适用于中日两国,在我跟日本朋友解释了这个故事的来由后,他们也对此十分赞同。

采访组:您经常讲述"吴越同舟"的故事,您认为中日两国目前存在哪些课题,又有哪些能够合作的方面?

赵启正接受采访
图片来源：澎湃新闻

赵启正：在中日关系中，我觉得日本政府应该注意，不要做那些伤害两国关系的事情，如南海问题、钓鱼岛问题、台湾问题。日本曾有侵占台湾的历史，中国人对此更是敏感，希望在这方面日本应当有所收敛。

我对于加强两国的民间往来抱有更高的期待，如果政府往来障碍难以消除，民间往来也日渐减少，那么中日关系如何走出困境将成为难题。所以对于两国媒体我也有期望，就像此次你们的"50年50人"计划一样，积极采访日本各界人士，了解他们的想法，同时也采访中国人士，使双方通过媒体进行交流，这也是在新冠肺炎疫情这样一个特殊时期克服双方见面困难的好办法。

当然，中日之间可以交流的课题有很多，比如2020年新冠肺炎疫情严重时，日本方面给予中国很多帮助，直接运来了一些防疫用品，还写上中文的词句来鼓励，当时中国民众很感动。当然在日本疫情严重期间，中国也做了回赠。

但是，两国之间也有更多事情应该做、可以做，但没有做。例如在新冠疫苗和新药研发方面，中日这么近，我们又都是亚洲血统，也许研究起来更有针对性，但实际两国并未能在这方面开展更多合作，这令人遗憾。

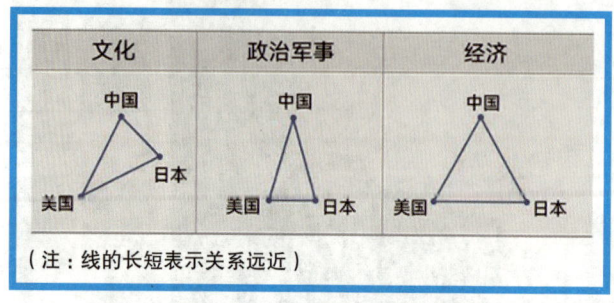

2022年8月17日,赵启正谈到中美日在三个不同领域组成的"三角关系"
制图:澎湃新闻记者 王基炜

采访组:您曾提到中日关系比中美关系复杂的原因之一是美国因素,美国对中日双方都产生着影响。回顾这50年,您认为中日美三国之间的关系如何互相影响?

赵启正:中日关系的确受中美关系严重影响,中国、美国、日本组成三角形,但要用三个三角形的关系来表达。文化上中日比较靠近,中美、日美较远,所以这个三角形有一边是很短的。在政治上,美日比较接近,离中国则相对较远。还有一个三角形几乎等边,就是经济关系,中美、中日、美日经济关系都很密切。

我们可以画出三个三角形:文化、经济、政治军事。关于如何来处理这三个三角形,经济要保持,文化要发挥。日本自身也应当防止美国在中日关系方面的影响,如果(日方)能够自己对此有一些自主感觉才好,但这点或许也是我们不能奢望的。确实日本受美国影响太大了,明智的日本政治家都明白这一点,他们都很清楚。

采访组:放眼未来,您对日本如何处理中国和美国的关系有怎样的期待呢?

赵启正:未来很难预测,因为从目前趋势来看,从中日政府之间的关系来讲,并没有一个明显的向好趋势。所以当下我还是寄希望于加强双方的沟通,除政府方面,民间更是沟通的重点。在这其中,媒体要积极、客观,要促进友好,要报道全面的消息。

中日 50 年 "公共外交"

采访组：您一直致力于用公共外交推动中日关系前进，50 年来，中日公共外交和民间交流也获得了长足发展。您如何评价过去中日公共外交方面的发展及作用？

赵启正：公共外交中国有，日本也有，做法上有相同的方面，也有不同的地方。中日公共外交应如何做，其实我和日本方面也有过交流。

我曾经写过一本书是《公共外交与跨文化交流》，由日本亚洲共同体文化合作机构顾问王敏教授译成了日文。但在译成日文时遇到一个小小的问题——日文的"公共外交"怎么翻译？

原来在日本，这个词是按英文的译音、"public diplomacy"的片假名来呈现，但是"公共外交"这四个字日本人都认识，又短又一目了然，我和王敏教授一块协商决定就用这四个字，出版社也接受了。此后，和日本前首相野田佳彦见面时，我将这本书送给了他，他说"公共外交"这一译名挺好，很明白。这个故事也算是已经在进行公共外交的交流了。

当然，公共外交是每个中国人、每个日本人都可以进行的，只要有接触对方的机会就可以进行交流。交流中，"既要说，也要听"，可以讲本国的故事，可以听听对方的故事，还要解答对方的问题，这是最有效的一种解疑释惑的方法。这里面也不需要用到过多的政治词汇，不需要太多条条框框，只是讲自己真实的思想、传达真实的感情就可以了。

采访组："北京－东京论坛"是中日间一个特别重要的公共外交平台，自 2005 年至今已举办了 17 届活动。作为当时中方的主要创建人之一，您认为这个平台在开展和推动中日交流中起到怎样的作用，有怎样的意义？

赵启正：我本人在 2005 年作为中方的倡议者之一，推动了"北京－东京论坛"的举办。每年都有关心两国关系的人士参与该论坛，包括福田前

2021年10月20日,北京,第十七届北京－东京论坛"中日民意调查"新闻发布会现场　图片来源：视觉中国

首相,还有曾在联合国担任过副秘书长的明石康和宫本雄二前大使等热心参与改善中日关系的政界、经济界、媒体界、外交界和安全界人士,多是曾在这些领域工作过的,也有少量的现职人士。

该论坛已经召开了17届,虽说不见得大大促进了中日关系,但至少也维持了一个民间沟通的渠道,至少我们为提升中日关系尽了心、尽了力。虽然这个论坛的交流是直率的,交锋的问题是尖锐的,也能在不少问题上取得共识,但效果还没达到我所期待的,双方还要继续努力。

"北京－东京论坛"召开了17届,参加的人很多,但终归对更广泛的群体,例如大学生们或其他年轻人还距离遥远。我们曾试图在论坛当中去促进与这一群体的交流,例如我到东京大学、日方来到北京大学与学生们座谈,效果很好,希望今后还可以继续。

采访组:在东京大学的演讲中,您是否有印象特别深刻的事?

赵启正:我们几位中方人士到东京大学去与学生们座谈时,谈了国际问题也谈了国内方面,当时大学生们很直率地与我们进行了交流。和年轻人士之间的讨论与和政治家不同,更为直率,更有趣味。论坛期间日方也曾到中国的大学来交流，但这一活动在疫情期间暂时不能推行，等疫情好转之后，看看能不能恢复这种扩展论坛的形式。

采访组：第18届"北京－东京论坛"即将举行，在中日邦交正常化50周年之际，您个人有怎样的期望？

赵启正：现在"北京－东京论坛"已形成一种风格，在论坛期间大家都很直率，不必说太婉转的话，意见不一致，可以讨论，可以辩论，最后还会发表一些共识。共识也是很珍贵的，我们就政治、经济、文化、安全、媒体这几个主题都有专门的分工小组，推动行业内的人进行交流。

寄语青年往来

采访组：当前民调显示中日两国民众的好感度不高，您认为影响中日相互好感度的障碍是什么？您觉得应如何加深两国民众的互相理解？

赵启正：我们发现一个事实，就是两国之间曾去过对方国家旅游或工作的人，对对方的好感度都会高一些，也就是说看到"真实"的日本或"真实"的中国，都会使对方提升认识、提升友好的程度，这是一个普遍现象。

如何使旅游更加开放、更加方便，这是我们需要做的事情。实际上过去我们也做了一些事情，例如日本到中国上海的飞机一度只能在浦东机场降落，后来我们也增加了到上海虹桥机场。日本也是，原来只开辟了一个机场，后来也增加了羽田机场，这就是一种实际的促进措施。

所以，如何尽快在疫情之后加强开放是一个新的课题，如果长期这样下去，会阻碍中日关系的发展。中日双方需要在这方面进行沟通、研究，需要走在其他国家的前面，这是我期望的。

采访组：在澎湃新闻的此次采访中，多位嘉宾都提及应培养新一代热衷中日友好的力量这一话题。对此您如何看待？

赵启正：的确，在中日恢复邦交之前，周恩来总理就亲自推动中日之间的民间往来，当时中国有很多对日本了解的人士，包括廖承志、孙平化、郭沫若等等，日本方面也有很多，如，西园寺公一先生、松村谦三先生、冈崎嘉平太先生等等，但都已经过世了。两国年轻的一代应该出现新的推动两国关系的人物。

这也是我们所期望的。所以在公众往来中，青年往来应该被列为重点。就像我之前所说，"北京－东京论坛"今后如何使中日双方的青年参与，这也应该作为一种方向和办法。

采访组：您对于肩负着未来50年中日关系发展和中日两国友好的下一代们有什么寄语和期待？

赵启正：我觉得年轻人要积极了解、学习对方的文化，传递自己的文化，了解对方的见解，传递自己的见解。新一代的年轻人要成为朋友。

Kong Xuanyou
孔铉佑

采访对象：孔铉佑，1959 年出生。2019 年 5 月—2023 年 2 月任中华人民共和国驻日本国特命全权大使。曾担任外交部副部长、第十三届全国政协外事委员会委员。作为一名资深外交官，孔铉佑多次常驻日本工作，长期工作于中日外交一线，是中日两国关系发展的参与者和见证人。

采访日期：2022 年 7 月 29 日
采访地点：中国驻日本大使馆

孔铉佑：
盼中日关系稳定向好的"沉默的大多数"始终存在

50年前，中日两国老一辈领导人为了实现中日和平友好，做出邦交正常化的重大决断，揭开了历史新篇章。那时的孔铉佑正是乘着中日友好发展、各领域交流活跃的这股势头迈入了大学校门，开始学习日语。

"我至今记得，当时同学们都是每天花费大量时间跟着录音机复听复述日本的时政新闻录音。通过这种比较原始的学习方式，一方面提高了自己的日语听说能力，同时对日本社会以及中日关系有了一些初步了解。"孔铉佑回忆道。

大学毕业后，孔铉佑进入外交部。如今近四十年过去，他也伴随着中日关系的发展逐渐从一名外交新兵成长为奔走于两国关系第一线的关键使者——中国驻日本大使。

50年里，中日双方交流合作不断扩大，也积累了四个政治文件[1]的重要原则精神。当前中日关系机遇和挑战并存，孔铉佑2022年7月在谈及当前中日关系时说道："回顾50年来，中日关系历经风风雨雨，始终在曲折中向前发展。同时我们也要看到，在当前百年变局、世纪疫情以及中美博弈、中日国力变化等新的时代背景下，中日之间新老矛盾复杂交织。"

---

[1] 四个政治文件：中日两国实现邦交正常化以来，双方已签署四个政治文件，分别是1972年恢复邦交时发表的《中日联合声明》，1978年两国签署的《中日和平友好条约》，1998年双方发表的《中日联合宣言》及2008年两国发表的《中日关于全面推进战略互惠关系的联合声明》。这四个政治文件从法律上巩固了两国关系的政治基础，是中日两国发展合作关系的基石。

面向未来和中日下一个50年，孔铉佑也提出了自己的期待，并呼吁两国青年到对方国家走走看看，他相信这一定会带来很多意外的惊喜和收获。

以史为鉴不是为了延续仇恨，而是为了更好地面向未来

采访组：孔大使您好，1979年您开始学习日语，1985年开始从事对日外交工作。2022年是中日邦交正常化50周年，您个人也见证并经历了这段历史。最开始您是如何同中日关系结缘的？在多年的外交生涯中，您对日本的认识与了解发生了怎样的变化？

孔铉佑：实施改革开放的那一年，我有幸考入大学学习日语。我至今记得，当时同学们都是每天花费大量时间跟着录音机复听复述日本的时政新闻录音。通过这种比较原始的学习方式，一方面提高了自己的日语听说能力，同时对日本社会以及中日关系有了一些初步了解。这期间，中日两国乘着和平友好条约缔结的势头，高层之间密集互访，经济文化各领域交流非常活跃，两国关系得到长足发展。这些更加激发了同学们刻苦学习专业知识的热情。

我还记得，大学期间有一个小插曲，1981年年底，在日本大阪，中国女排以七战全胜的佳绩首次夺得世界冠军，也是女排的第一个世界冠军。当时我们每个人都是心潮澎湃，热血沸腾，几乎所有人瞬间聚集到校园，高声喊出"团结起来、振兴中华"的口号。每个人心中此刻都升腾起了挥洒青春、报效祖国的豪情壮志。正是带着这样一种心态，我在大学毕业后进入了外交部，至今在外交战线工作了近40年。

我工作后从事对日外交的时间比较长，对日本的认识总结起来主要有以下几点：

首先是地缘相近、文缘相通的近邻。我们常用"一衣带水、一苇可航"来形容两国间近在咫尺。距离上的接近赋予了中日交流得天独厚的优势，这种渊源从2000多年前的秦汉时期绵延至今。来自中国的汉字、儒学、茶

道、建筑、饮食等不仅深刻影响了日本人的生活，也塑造了中日两国社会共同的文化交集。在2022年年初举行的北京冬奥会上，以中国农历二十四节气为主题的开幕式视频深深打动了许多日本民众，我想这种共鸣、共情就来自两国相似的文化源流。

其次，两国是互利共赢的合作伙伴。1972年中日邦交正常化之初，双边贸易不足10亿美元。2021年在新冠肺炎疫情持续冲击的复杂形势下，这一数字达到了创纪录的3700多亿美元。目前，中国是日本最大出口对象国，日本也位居中国第二大贸易伙伴国。近些年来，数字经济、节能环保、医疗康养等朝阳业态也正成为中日间互利合作的新增长点。两国之间的经贸合作堪称互利共赢的典范，也反复印证着中日关系发展为两国人民带来实实在在的利益。

再次是共担责任的国际社会重要成员。中日作为世界主要经济体，对维护国际地区和平稳定与繁荣振兴肩负着重要责任，对应对全球性课题和挑战有着义不容辞的责任。日本外交长期主张和平发展和国际协调，拥护多边主义和自由贸易体制。当前，面对百年未有之大变局加速演进以及"和平""发展"两大主题空前凸显，中日关系早已超越双边范畴，越来越具有世界性影响和意义。

当然，不可回避的是，中日两千年友好也曾伴随五十年干戈。近代，日本军国主义发动的侵略战争，给中华民族造成深重灾难，日本人民也深受其害。这段历史是中日关系史上最为黑暗和沉重的一页。日方应该切实汲取历史教训，承认加害责任，坚持和平发展，避免悲剧重演。以史为鉴不是为了延续仇恨，而是为了更好地面向未来，特别是更加坚定两国人民共同维护和平、实现世代友好的决心意志。

基于这些认识，我认为中日之间应当坚持和平、友好、合作的正确方向，我与同事们也一直在为此不懈努力。

2022年9月29日，中日邦交正常化50周年纪念日当天，纪念活动在东京新大谷酒店举行，中国驻日本大使孔铉佑出席活动并致辞　图片来源：受访者

希望中日关系稳定向好的"沉默的大多数"始终存在

采访组：2019年5月28日，我们有幸在您出使日本之前采访了您，当时您就谈及中日关系的发展与曲折。在您出使日本的三年时间里，我们经历了"山川异域，风月同天"，也面临一些问题。中日关系站在当前这个历史十字路口，出现了哪些新的情况与挑战？中日双方应该如何承上启下？

孔铉佑：2022年是中日邦交正常化50周年，这是一个重要的历史节点。回顾50年来，中日关系历经风风雨雨，始终在曲折中向前发展。我到任以来的三年多时间里，中日关系同样经历了起伏。在此期间，两国领导人达成了构建契合新时代要求的中日关系的重要共识。我们见证了疫情之下中日双边贸易额逆势创下3700亿美元新高，也见证了疫情前双向人员往来突破1200万人次大关，两国关系应该说取得了新的发展。

同时，我们也要看到，在当前百年变局、世纪疫情以及中美博弈、中日国力变化等新的时代背景下，中日之间新老矛盾复杂交织。双方政治安全互信依然非常薄弱，历史、台湾、钓鱼岛等老问题不时凸显。同时受来自美方等外部因素干扰，日方突出意识形态分歧、干预正常经贸合作、利用多边场合指责抹黑中国等消极动向明显增多，两国关系面临新形势下的新问题。

站在邦交正常化50周年新的历史起点，展望下一个50年，中日关系注定不会一帆风顺，既迎来重要发展机遇，也难免遇到各种困难挑战。只要双方坚守邦交正常化初心，汲取历史经验教训，牢牢坚持把握和平、友好、合作的正确方向，就一定有智慧、有能力开创新时代中日关系美好前景。双方要恪守中日四个政治文件各项原则，坚持以两国领导人重要共识精神为指引，不断增进政治互信，深化互利合作，扩大人文交流，不断为两国关系注入正面的积极动力。同时，双方也要重信守诺，切实尊重彼此差异，有效管控矛盾分歧，为两国关系行稳致远排除风险、隐患、障碍，共同努力打造更加成熟稳健、牢固坚韧的中日关系，我们对此有充分的信心。

采访组：我们此行采访了多位日本"知华派"政治家和学者，他们给我们的一种反馈是，日本国内现在反华或者说对华强硬成为"政治正确"，反而"知华派"的声音相对于之前几年更少有人听，甚至没有日本政治家敢于对日本当前对华政策提出反思，您如何看待这样的情况？您觉得在中日关系中，这些了解中国的人士发挥了怎样的作用？面向未来，上述情况应该如何克服？

孔铉佑：回顾中日关系发展历程，日本各界众多知华友华人士在对华关系上始终坚持发出理性声音，付出积极努力，为推动日本国内树立正确对华认知、促进中日关系改善发展做出了重要贡献。你刚才提到日方"知华派"人士的担忧，反映出当前日本国内涉华政治、社会舆论环境的严峻现状。

一段时期以来，日方一些政治势力不断渲染"中国威胁"，鼓吹对华示强，积极配合美对华打压遏制，给两国关系稳定发展带来严重的消极干扰。一些媒体推波助澜，散布传播对华偏见和不实、负面信息，严重误导涉华民意。我走访过日本很多地方，同日方社会各界和普通民众接触时，明显感受到日本民间和地方对华交流积极性很高，民众之中希望中日关系稳定向好的"沉默的大多数"始终存在，但受限于当前政治、社会舆论氛围，这些积极理性的声音往往难以浮出水面。

面对日本国内涉华政治舆论现状，我们一方面表明中方严正立场，坚决维护自身利益，守住原则底线，敦促日方切实端正对华认知，奉行积极、建设性的对华政策，以实际行动体现中日"互为合作伙伴、互不构成威胁"的政治共识，不要走上以邻为壑的歧途。与此同时，我们面向日本社会和广大民众，积极讲好中国故事，传递中国声音，努力塑造可信、可爱、可敬的中国形象。我们希望日本媒体摒弃对华偏见，回归事实真相，向日本国内呈现一个客观全面、立体真实的中国。我们也愿同日本各界有识之士一道，积极发出更多理性声音，传播友好正能量，共同反对一切破坏两国关系言行，悉心守护邦交正常化以来中日关系来之不易的发展成果。

望两国青年积极走近对方，更客观全面准确认识彼此

采访组：我们在采访中，更多感受到的是中日两国民间友好以及两国人民之间友谊的力量。有几件事令我们尤为印象深刻，首先是在汶川地震、"3·11"东日本大地震的抗震救灾以及近年的抗疫过程中，中日之间的同舟共济，守望相助。再比如在体育交流中，我们看到中国教练毫无保留地教授日本儿童乒乓球，日本教练同样也在冰雪运动、花样游泳等项目上同我们分享经验。还有大熊猫，我们感受到日本朋友们对于中国国宝大熊猫格外喜爱，在上野、和歌山、神户的大熊猫都得到了双方悉心呵护和民众欢迎。在这些方面您的感受和体会是什么？

孔铉佑：习近平主席多次指出，中日友好的根基和希望在民间。民间友好是中日关系的独特优势。这既源于两国悠久的文化渊源，长期的交往

历史，当然也凝聚着各界友好人士长期以来的辛勤汗水和无私奉献。对此，我有几方面比较深的感触：

中日友好深深植根于两国社会。虽然两国在发展，时代在变化，但中日友好的土壤始终深厚。除了大家熟悉的日中友好七团体之外，几乎日本所有的都道府县都建有日中友好团体。在中国各地也都有推动中日友好的民间机构。我还记得，本世纪初，2001年，两国友好团体代表汇聚北京，共同发表《新世纪中日民间友好宣言》，联合发出推动新世纪中日友好交流与合作的倡议。2022年适逢中日邦交正常化50周年重要节点，我应邀参加了新时代中日地方民间友好组织负责人交流大会、西日本地区中日友好交流大会、九州中日友好大会以及双方友城举办的一系列交流纪念活动，与大家重温邦交正常化初心，思索描绘两国关系未来发展前景，从中深深感受到两国各界对发展中日友好事业的热情和信念。

中日友好迸发于患难之中。四川汶川大地震时，日本救援队是第一支进入灾区的国际救援队。当时在日本国内，许多民众自发走上街头为灾区捐献善款。"3·11"大地震发生后，中方第一时间向日本灾区派遣了国际救援队，援助了大量救灾物资，中国企业三一重工为日方应对福岛核事故无偿捐献应急装备，华为公司为灾区恢复通信提供了坚实保障。新冠肺炎疫情发生以来，中日携手抗疫的佳话也有很多，日本女孩小美身着红色旗袍在寒风中为武汉频频鞠躬募捐，无锡"十倍奉还"日本友城丰川口罩，中日为救助罹患心脏病的中国研修生小孙展开"爱心接力"，这些故事都凸显了患难之中中日友好的力量。

中日友好成长于互学共进。近年来，体育交流成为中日互学互鉴，深化友好的重要平台。许多日本运动员曾在中国的乒超联赛中历练成长。不少中国优秀乒乓球运动员长年扎根日本社区和企业队执教，为日本乒乓球总体水平提高做出了重要贡献。冰雪运动虽在中国起步较晚，但中日"冰雪奇缘"却有长达40余年的历史。1980年，中国首次参加冬奥会的赛前集训就是在日本长野县白马村完成的。北京冬奥会上，中国单板滑雪运动员苏翊鸣与日本教练佐藤康弘合力为中日冰雪运动交流添加了沉甸甸的金牌。而在赛前，日本花滑爱好者拜托中国观众为日本运动员羽生结弦加油声援得到中方的热烈回应。这也不禁让我联想到1998年长野冬奥会时，日本友人们特意安排中国同胞赴赛场为中国花滑名将陈露助威喝彩的动人往事。

我作为中国大使在日本履职，肩负着促进两国睦邻友好合作关系的使命，但如果请日本民众选出一个中日友好交流使者的话，憨态可掬的大熊猫也许得票会比我更高。大熊猫在中国是国宝，在日本同样也集万千宠爱于一身。1972年，第一对旅日大熊猫"康康"和"兰兰"作为中日邦交正常化的"和平使者"被送往东京上野动物园，由此掀起了一股经久不息的"熊猫热"。此前，得知上野动物园明星大熊猫"香香"租借期满要回国，数百名日本民众向使馆寄来联署信件，对"香香"极力挽留。2021年6月，一对大熊猫龙凤胎在上野动物园降生，吸引了近20万名日本民众参与征名活动。令"晓晓"和"蕾蕾"体验了"出道即巅峰"的超高人气。

在长期的对日外交工作中，我有幸结识了日本各界的许多友人，也经历了中日友好交往的许多感人瞬间，深感中日友好是人心所向。在我看来，中日关系蕴含着无数的闪光点值得去聚焦，也有无数的正能量值得去发掘，我们应该珍视中日友好的精神和传统，并不断发扬光大。

采访组：最新民调显示，中日两国民众整体的好感度近年来处于低点，您觉得直接和深层次原因是什么？从两国的角度来说，应该如何改善这一情况？对于肩负着中日关系未来50年的两国年轻一代，您有何寄语和期待？

孔铉佑：中日民众对彼此国家的好感度出现下滑令人遗憾。日方在历史、台湾、领土主权等问题上的消极动向不断刺激着中国民众的感情，挑战中方的原则底线。同时，日本国内的一些对华偏见和涉华负面言论带偏了舆论焦点，毒化了民意环境。这种局面是任何关注中日关系，期待中日和平共处、共同发展的人都不希望看到的。究其原因，归根结底在于日本对华的认知问题。特别是日方能否客观、积极、正确看待中国发展，能否

孔铉佑接受采访　图片来源：澎湃新闻

正确定位契合新时代要求的中日关系，能否把两国在地区的角色责任定位清楚。

我长期在对日外交一线工作，可以负责任地讲，中方始终践行"中日互为合作伙伴，互不构成威胁"的政治共识，从未把日本当成自己的对手或敌人，始终主张中日和平友好、合作共赢。在这方面，日方应当及早纠正错误认识，调整好对华心态，真正化竞争为协调，不要任由对中国的误解误读影响两国民意，干扰两国关系正常发展。

需要特别指出的是，多项民调显示日本民众认为日媒的涉华报道不够客观。很多人表示，访华后的感受与自己从媒体上获得的涉华信息和中国印象差异巨大。考虑到媒体在塑造社会思潮过程中的独特作用，这一点应该引起日本传媒界深刻反思。改善民意是一项需要两国社会共同参与的、复杂的系统工程，也是推动中日关系行稳致远的关键因素。在疫情得到有效控制的情况下，双方可以积极探讨激活各领域交流，创造增信释疑的机会条件。当前应以纪念邦交正常化50周年为重要契机，通过开展形式多样的纪念活动，推动两国民众良性互动，营造良好舆论氛围。

青年是中日关系的希望和未来所在。习近平主席鼓励中日两国青年加强交流互鉴、增进相互理解、发展长久友谊，为开创两国关系更加美好的明天做出积极贡献。作为过来人，我希望两国青年能扮演好三个角色：

一是中日世代友好的传承人。中日友好既是传统悠久的历史财富，也是需要接续传承的"希望工程"。青年时代播撒的友谊种子会随着岁月积淀参天成长，最终成为支撑中日关系大厦的栋梁。希望两国青年主动接过推进中日世代友好的接力棒，肩负起时代赋予的责任，把友好交流的"朋友圈"越扩越大，让友好事业的原动力越来越足。

二是中日理解互信的促进者。青年人对彼此国家的认知对于塑造两国关系未来具有重要影响。大家思想活跃，善于接受新鲜事物，应当秉持开放包容心态，培养独立自主的思考。希望两国青年积极走近对方，通过主动接触和实地体验，更加客观全面准确认识彼此，积极传递维护和发展中日关系的理性声音，为两国社会增进理解互信注入活力。

三是中日互利合作的生力军。以数字化为特征的第四次产业革命方兴未艾，5G、大数据等新业态层出不穷，这为青年们提供了广阔的交流合作空间。百年变局与世纪疫情叠加，维护人类卫生健康、构建低碳社会、实现2030可持续发展议程等全球性课题需要两国青年携手贡献智慧力量。希望大家把握时代脉搏，不断寻找和创造互利共赢的契合点，在携手共进中实现各自梦想，造福两国人民。

我还想讲一个故事。"3·11"大地震发生后，中国政府曾邀请多批日本灾区青少年访华疗养，宫城县石卷市的本川启就是其中一位。因为亲历地震，本川曾一度对人生陷入迷茫。2011年12月，本川应邀访华，那是他第一次走出国门。在华期间，他跟中国同龄人一起踢足球、爬万里长城，还到中国少年徐扬家寄宿。在与徐扬的交流过程中，中国学生在学业上的勤奋刻苦给他留下深刻印象。回国后，本川发奋努力考上自己心仪的大学，大学期间他曾到许多国家游学，并决心在毕业后从事国际教育工作。用他自己的话说，与中国少年的相遇给了他努力奋斗的契机，也让自己未来的世界变得更为广阔。

  在这里我愿通过你们向两国青年发出呼吁，希望两国青年有机会到对方国家走走看看，相信一定会有很多意外的惊喜和收获。

Cheng Yonghua
程永华

采访对象：程永华，生于1954年，吉林人，现任中日友好协会常务副会长。1973年，程永华作为中华人民共和国第一批赴日留学生到日本求学，累计在日本学习和工作30年，见证了中日关系的发展和日本社会的变迁。40余载外交生涯，程永华曾长期在中国驻日本大使馆工作，也曾担任过外交部亚洲司副司长、中国驻马来西亚大使、中国驻韩国大使。2010年，程永华出任中国驻日本国特命全权大使，2019年卸任，是任职时间最长的中国驻日本大使。

采访日期：2022年8月17日
采访地点：澎湃新闻北京办公室

程永华：
无论喜欢与否，中日关系的重要性不会改变

"一支笔与一把剪刀"，是程永华对日外交生涯的起点。1973年，程永华作为新中国首批公派留学生前往日本，累计在日本学习、工作30年，遍访日本47个都道府县，见证了中日关系发展和日本社会变迁。

9年3个月，是程永华创下的中国驻日大使最长任期的纪录。在这期间，中日关系一度陷入邦交正常化以来的最严峻局面，最终峰回路转。程永华则用16字来回顾这段难忘的一线工作经历——波澜起伏、迂回曲折、爬坡过坎、重回正轨。

2019年5月卸任中国驻日本大使，为程永华40余年的外交工作画上句点。退休后，程永华踏上了促进中日民间和平、友好的新征程。作为中日友好协会常务副会长，他将延续两国民间交流的传统，带着对邦交正常化以来中日关系经验与智慧的总结，为增进中日民众的相互理解与友好感情做出新贡献。

三十载见证中日关系变迁

采访组：从1972年中日邦交正常化之后，您作为新中国首批公派赴日的留学生算起，您在日本学习和工作超过30年，见证了中日关系的变迁。在这一历程中，您对日本的印象发生了怎样的变化？您又是如何一步步走上对日外交的道路？

程永华：2022年是中日邦交正常化50周年，回想起来，这对于我的人生恰恰也是很值得纪念的一年。1972年，我很幸运地经过选考成为外交部出国学员。在当时特殊的年代能够成为一名外交部的出国学员，这是很难得的

经历。

从在日本留学的经历算起,我在日本的时间前前后后正好是30年,在这一期间我也见证、经历了日本发展的整个过程,以及中日关系这50年来的风风雨雨。

就对日本的印象而言,1973年的日本已经是发达国家了:高楼林立、高速公路、高速铁路(新干线)……呈现出一派很发达的景象,刚到日本时很有感触。

但从日本经济发展的过程来讲,我也经历了日本高速增长之后的"硬着陆"阶段。这主要是受到第一次石油危机、"尼克松冲击"(编注:指美国前总统理查德·尼克松于1971年采取的一系列经济措施)、1985年《广场协议》的签订、1991年日本经济泡沫破灭等一系列事件的影响,日本经济受到了冲击。

和日本相比,我们国家特别是改革开放以后,在一些领域的发展速度快、质量高,已经超越日本。不过,日本经济也有其特点,它的基础扎实、科技力量较为雄厚,在节能环保、循环经济等方面做得很有特色。

至于从事对日外交工作的契机,留学日本之后,1977年,我就留在中国驻日本大使馆工作。当时的情况下,没有人教(怎么开展工作),就是跟着老同志学,眼睛看着,手底下跟着学。比如,最简单的就是,"一支笔、一把剪刀,开始工作"。现在都是电脑处理工作了,但那时候的工作只有一支笔,在报纸上搜寻各种各样的信息,再把需要的内容用剪刀裁剪下来留存。我对日本开展调研、了解日本的情况就从这里开始。

除此之外,我们也跟着老同志出去,与日本政界、经济界、文化界的朋友交流。在这个过程中,和老同志学习怎样开展对外交流。1978年邓小平同志访日是一个重要的机遇,那是新中国领导人第一次对日本进行访问。我当时有幸作为邓小平同志身边的一名联络员,从事筹备日程、礼宾等方面的工作。

之后,中日之间的高层交往等多种类型的交往越来越多,我也跟着去领会、学习领导人的战略思维、对日政策的思考,逐渐充实自己,就这样一步步地在对日外交的道路上走到现在。

采访组：您自2010年2月担任驻日大使以来，任职超过9年，成为任期时间最长的驻日全权大使。在这期间，中日关系历经起伏，甚至一度面临两国邦交正常化以来"最严峻局面"。如今，来到中日邦交正常化50周年的重要节点，您会如何概括担任驻日大使的这9年3个月的经历？

程永华：对于我任驻日本大使9年3个月这段经历，我曾经用几个词来概括：波澜起伏、迂回曲折、爬坡过坎、重回正轨。

从我2010年2月任中国驻日大使，一直到2019年5月卸任，我自己在一线工作的体会是，前三分之二的时间大概是属于"严峻、困难"的时期，到后面三分之一的时间两国关系开始转向改善。

特别是对2012年前后那段时间发生的事情，我们将之定位为中日邦交正常化以来"最严峻局面""最困难时期"。那种严峻的气氛没有在现场经历的人很难想象。但是经过中央的决策、前后各方的努力，最后使得中日关系重回正轨，日渐改善。

这一期间，中日出现了各种各样的问题，涉及历史、领土主权、对中国发展如何认知和定位等。问题背后的深层原因是2010年中国GDP超过日本以后，日本对中国的态度、政策发生了整体性变化，也可以说日本没有能够及时调整到位。

围绕中日之间发生的冲突，2014年11月7日，经过多轮密集的磋商，双方就处理和改善中日关系达成了四点原则共识，其核心是通过管控分歧，对话解决历史、领土主权等问题。之后，2016年9月，习近平主席和当时的日本首相安倍在杭州会晤，经过双方领导人的决策，两国关系开始一步步地走向改善。这个期间的经验教训值得汲取，最后所取得的成果也值得珍惜。

作为中国驻日本的大使，我在一线经历了两国关系的变化，我有几点感受：要坚定地维护国家权益，维护国家主权、安全和发展利益；同时，要着眼外交全局，着眼中日关系大局；要敢于斗争、善于斗争，同时思考如何克服困难，解决当前的问题。

新征程续写民间外交传统

采访组：您从一名致力于中日关系的外交官，到如今担任中日友好协会常务副会长，推进两国民间外交。您如何看待这一身份转变？在您看来，相较于官方外交途径，开展民间外交有哪些特点？

程永华：在我担任外交官的大多数时间里，都是从政府层面从事对日本的工作。2019年5月份离任回国，结束了我的外交官的生涯。2020年开始担任中国日本友好协会常务副会长，这是一个身份的转变，同时对我来说也是新的使命和征程。我愿意在新的岗位上继续发挥自己的作用，为中日关系、两国的民间外交事业做出一份贡献。

中日友好协会是一个历史悠久、基础深厚，有着优良传统的团体。该协会是1963年经过周恩来总理的关心和指导成立起来的一个对日从事民间交流的团体，首任会长是廖承志先生，从事对日外交方面工作的人都亲切地称他为"廖公"。

实际上，对日的民间外交有声有色，很有传统，在中日友协成立之前便开始了。50年代初，日本就有国会议员访华；1954年，当时的中国红十字会会长李德全女士带队访问日本，这也是中国第一个访日代表团。在中日两国官方没有直接往来的情况下，两国民间交流已经较为活跃。

到中日邦交正常化以后，甚至在中日关系的困难时期，两国的民间外交始终没有中断，一直在持续。对于我来说，中日友协的岗位是新岗位，但我对这个工作并不陌生。我在中国驻日本使馆开展外交工作期间，也从事了很多民间交流的工作，我也愿意运用这些经验推动中日之间的友好往来。

采访组：多年来，我们对中日两国民众友好的力量深有感受。例如，新冠肺炎疫情暴发之后，日本最先运送医疗物资到中国，两国相互支持；日本2011年"3·11"大地震发生后，中国驻日本大使馆的工作人员第一时间赶赴灾区，协助当地救灾。而您本人更是先

2011年日本大地震后，时任中国驻日本大使程永华（左）在使馆欢迎第一批赴灾区救援归来的馆员　图片来源：人民网

后"五进"灾区援助。您认为，这些友好的经历在两国关系中发挥着怎样的作用？

程永华：中日民众之间的交流与友好感情，已经深植于两国民众心中，其基础是深厚且牢固的。

在发生地震、疫情等紧急情况时，中日两国作为邻里互帮互助。比如，新冠肺炎疫情发生之后，日本的医疗物资最先抵达中国。我记得当时100万只口罩在2020年正月初一当天就已抵达成都，随后转运至武汉。在这一过程中，日本各个团体、企业，特别是友好城市向中方提供了大量的医疗物资。一个多月之后，日本的疫情开始暴发，中方友好团体也在加倍地支援日本。

日本"3·11"大地震也是让我终生难忘的一个重大事件。当时发生了9.0级地震并引发特大海啸，又导致了核泄漏事故。面对"三灾并发"的重大灾情，我们驻日本大使馆与临近的总领馆，一起坚守岗位，一方面了解灾情进展，救助我们的侨胞；另一方面，协助日方抗击灾情。在这一过程中，我们的救援队最先抵达重灾区，最后撤离，获得诸多好评。地震重灾区大船渡市市长多次表达对中国救援队的感谢。2012年年初，当时的明仁天皇也对中国政府和人民协助日本抗击灾情表达了感谢。

当然，两国民众之间的帮助是相互的。2008年四川汶川地震发生后，日本救援队也是最先进入灾区支援，给中国带来了大批救援物资。

尽管两国的政治关系会出现一些负面因素或者波动，但民众之间的交流是持续不断的，这种好的传统应该继续发扬下去。最近的一个例子是，在东京奥运会期间，女子游泳比赛结束后，中国选手张雨霏与战胜白血病的日本选手池江璃花子拥抱，并送上了祝福。

采访组：不过，也有民调显示，中日两国民众整体的友好程度在近年处于低点。您如何看待此类民调？数据背后是哪些深层次原因所致？在缓解两国民众对彼此的负面情绪方面，您有哪些经验可以分享？

程永华：民调结果我们要重视，同时也要注意分析。尽管民调能从侧面反映民众之间的好感度或是民意趋向，但却不能完整地反映民意。民调的问题设置、发布时间的选择，都会影响民调结果。近一两年，中日民众对对方的好感度明显下降，这也反映了中日关系当前的气氛。

我在一线担任中国驻日本大使期间，也在思考应该如何看待此类民调。观察发现，调查对象的年龄段对民调结果有所影响。如果将参与调查的群体按照年龄层划分，就会发现60岁左右的日本人对中国的好感度最低，而20岁左右的年轻人对华好感度相对高一些。

这一现状背后有一定背景因素，通过我在一线和日本人的接触和交往，发现70岁至80岁左右的日本人较为了解日本军国主义过去侵略中国的历史，他们对中国有一种历史负罪感；相较之下，60岁左右的人恰恰是在日本高速增长阶段成长起来的一批人。1968年，日本GDP超越当时的联邦德国，成为世界第二。在当时的氛围下成长起来的一代人，他们对外界的感受和思维可能会影响其一生。

而与60岁左右的日本人相比，日本20岁左右的年轻人（思维上）没有"包袱"。他们接受信息的渠道更为广泛，例如有人在和中国留学生接触过程中，会发现中国年轻人很开放，思维很活跃，知识面也很宽，他们也看到了中国的快速发展，也更愿意了解中国。

除了不同年龄层对民调结果的影响，接受信息的渠道也影响着民调结果。"北京－东京论坛"发布的民调也显示，日本的受众接受信息的渠道主要是主流媒体，这一比例高于中国的受众。也就是说，（日本）民众对中国的认知主要来自日本电视、报纸的报道。

据我了解，日本的一些家庭主妇，每天早上处理完家事后一般会打开电视。而早上9点到10点前后的电视新闻，很多内容都是无端炒作，因此也影响了一批人。在我离任前的那几年，随着中日关系的改善，日本媒体的舆论环境也开始变好。但这一两年，随着政府政策的变化，日本媒体的负面炒作也开始增多。所以，日本媒体的负面报道，加上一些政治家的政策主张，以及日本政府的政策取向，形成了一个负面的循环。

针对上述民调情况，我们要研究如何应对。首先，要多交流。让日本民众，特别是年轻人多了解中国的一手情况。我去日本各地访问的时候，基本都要安排一场演讲，有时面对大学生，有时是到当地议会、经济界、媒体界，向他们介绍中国的国情和政策主张。

此外，我们还要鼓励更多日本人到中国访问。在2012年左右，由于中日关系面临严峻局面，两国政府之间官方、固定的大学生交流中断。从中国驻日大使馆的角度来说，此类交流的中断对中日关系长远发展来说是不利的。所以，中国驻日大使馆从2014年开始尝试组织中日大学生之间的交流活动，并逐渐扩大交流规模。

2017年、2018年，中国驻日本大使馆与北京大学合作，组织了中日大学生千人交流大会。活动期间，两国学生可以自由交流、练习书法、参观实验室、在学生食堂吃饭，最后呈现的效果很好。这就说明只要交流，就能增进理解，增进日本民众对中国的好感，也有利于中日友好合作发展。

采访组：从长远来看，发展中日友好新生力量，是我们面临的重要课题之一。对此，中日友协是否有一些具体的想法和计划？对于那些致力于促进中日关系的年轻一代，您有什么寄语与期待？

程永华：中日友协作为两国开展民间交流的主要渠道，是中日人文交流磋商机制的重要成员单位，也参与了中日青少年修学旅行等机制。但遗憾的是，疫情发生以后，两国民众面对面的交流基本中断，中日友协与日方对口单位、友好团体只能通过开展线上会议进行交流。在疫情结束之后，

2022年9月24日，程永华在中日邦交正常化50周年民间纪念活动上发言
图片来源：中国公共外交协会

中日友协希望尽快恢复两国青年之间的面对面交流。

年轻一代对外界的感受能力最强，接受新信息的能力也最强。希望两国年轻人的交往，能够让他们更加认清中日关系以及邻国友好合作的重要性。同时，期待两国青年人能通过多种渠道交流，了解第一手信息，增进对彼此国家的友好感情与相互理解，这样有助于今后两国的交流、合作，也有利于中日友好的长远发展。

维护中日合作的大方向对两国有利

采访组：您之前提到，在您担任大使的最后几年，中日关系一直处于改善过程中。立足当下，您认为目前的中日关系相较于您驻日后期发生了哪些变化？如何看待近期日本国内的一系列变动？

程永华：确实，我离任以后的这三年，特别是最近两年，中日关系又发生了一些从我个人层面来说不愿看到的趋向。

我离任的时候，中日关系处于改善向好的势头，双方当时已经商定我们的最高领导人对日本进行国事访问。后来，随着疫情的发展，高层交流中断，两国关系当中的一些负面声音，特别是日本方面针对中国的一些负面声音在上升。最近，不利于中日关系发展的一些负面因素也在增多，这是令人遗憾的。

举例来说，近年来，在日本几乎听不到"中国的发展对日本是机遇"这样的话，也没有人提及中日之间第四个政治文件中《中日关于全面推进战略互惠关系的联合声明》所包含的"全面推进战略互惠关系""两国互为合作伙伴，互不构成威胁"等内容。

这实际上也反映了日本对华认知的一个错误方面。从表象上看，这里面既涉及历史问题，也涉及一些现实的分歧、纠葛。此外，这可能也满足了日本国内政策的需求，通过对外找个借口，炒作"中国威胁论"等，推进其所谓"修宪"、扩军等目标。

同时，日本也更贴靠美国等西方国家在涉台、涉港、涉疆等问题上的立场，跟风炒作。特别是在佩洛西窜访台湾，大陆方面采取反制措施之后，日本政府跟随美国西方等发表声明，这属于一种主动"选边站"的做法，不利于中日关系的健康发展。

日本需要思考的是：一个怎样的中国对日本有利？一个混乱、动荡、落后的中国对日本有利，还是一个稳定、发展、繁荣的中国对日本有利？日本作为一个亚洲国家，要冷静、客观认清大的形势，处理好与中国以及其他亚洲邻国的关系，不要做火中取栗的事情。

采访组：2022年8月初，美国国会众议长佩洛西窜访台湾之后，中日双方在台湾问题、台海局势上存在一些争论。您如何看待台湾问题在两国关系中的位置？

程永华：妥善处理涉台的问题，是中日关系中的一个敏感问题，也是维护中日关系健康稳定发展的一个基本原则。这实际上是在1972年中日邦交正常化时，以及此后中日四个政治文件中都有明确规定的。

日本政府当时郑重表态，承认中华人民共和国政府是代表全中国的唯一合法政府，也充分理解和尊重台湾是中华人民共和国领土一部分的立场。

程永华接受采访　图片来源：澎湃新闻

同时，日本政府遵循《波茨坦公告》第八条的立场（编注：第八条明确规定，必须履行《开罗宣言》各项规定，即日本必须返还非法侵占的他国领土，同时，本条还明确规定了日本合法领土范围）。

但令人遗憾的是，这些年日本逐渐歪曲、错误地解释与台湾所谓的非官方关系。我们对此要保持警惕，特别是考虑到日本对台湾曾有过50年的殖民统治，我们更要注意日本在台湾问题上的言论和行动。

这一两年，日本方面有一些政客在台湾问题上做过出格的表态，甚至声称"台湾有事，就是日本有事"，这违反了中日关系中的规定和原则。包括在佩洛西窜台之后，针对中国大陆方面采取的反制措施，日本还跟风美国等西方国家，发表七国集团外长涉台声明等。这是令人遗憾和气愤的。作为一名对日外交工作者，我奉劝日方不要火中取栗，不要在错误的道路上越走越远。

采访组：您经常提到，中日互为"搬不走的重要邻居"。基于您开展对日外交的经验和智慧，面向中日交往的下一个50年，您认为两国应该如何应对双边关系中的挑战，扩大共同利益？

程永华：我经常说中日是搬不走的邻居，这是一个基本客观存在。同时，中日关系对于中日两国都很重要，这也是一个客观存在。我曾在离任招待会上说过，无论你喜欢与否，中日关系的重要性都不会改变。

回过头来看，中日邦交正常化50年来的历程并非平坦、顺畅，但成果丰硕、显著，值得珍惜。展望今后的50年，中日关系可能也会出现波折，关键是怎样应对。中日之间有一句话叫作"和则两利，斗则俱伤"。所以，我也希望日本各界充分地认识到，和中方相向而行，维护好中日友好合作的大方向，对中日两国有利、对两国人民有利，对亚洲乃至世界的繁荣都是有利的。

Wu Hailong
吴海龙

采访对象：吴海龙，1955 年出生。中国公共外交协会会长。曾先后担任外交部部长助理，中华人民共和国驻欧盟使团团长，常驻联合国日内瓦办事处和瑞士其他国际组织代表团特命全权大使、常驻代表，中国人民外交学会党组书记、会长等职。在担任中国公共外交协会会长期间，他多次访问日本，积极推进中日两国公共外交事业发展，助力两国友好交流。

采访日期：2022 年 9 月 2 日
采访地点：中国公共外交协会

吴海龙：
中日是搬不走的邻居，友好是最明智的选择

自 1978 年从北京外国语学院毕业进入外交部工作后，吴海龙始终站在中国多边外交的第一线。41 年的外交官生涯，吴海龙见证了中国走近世界舞台中央的过程。

如今，身为中国公共外交协会会长，吴海龙肩负着增进中国人民与世界各国人民之间的理解、信任和友谊的新使命。就促进中日民间交流而言，自 2013 年公共外交协会成立以来，协会在推动两国智库、媒体、青少年等交流方面均发挥了积极作用。

时值中日邦交正常化 50 周年的重要历史节点，中国公共外交协会联合澎湃新闻策划了中日"50 年 50 人"系列采访。吴海龙期待以此次中日采访活动为契机，回顾、发掘过去 50 年间两国交往中的动人故事，进而增进中日两国民众之间的友好感情。他也始终坚信，中日是彼此搬不走的邻居，唯有相向而行，维持双边友好关系才是明智选择。

2022 年 9 月 5 日，"50 年 50 人"——中日邦交正常化 50 周年系列采访活动启动仪式在京举行，中国公共外交协会会长吴海龙在会上致辞　图片来源：澎湃新闻

友好合作是中日关系唯一正确的选择

采访组：在中日邦交正常化50周年之际，您能否谈谈中国公共外交协会策划举办中日关系系列采访的初衷和设想？

吴海龙：此次中日"50年50人"系列采访是纪念中日邦交正常化50周年的重要活动之一。目的是通过采访中日双方参与过中日友好交往和活动的50名人士，回顾中日交往的动人故事，挖掘两国之间有价值、有共鸣、有温度的故事，拉近、增进两国民众之间的感情。采访还专门策划制作了抗震救灾、体育合作、熊猫保护、通婚夫妇与留学生等四个主题视频纪录片。

比如，在抗震救灾主题上，着重回顾了2011年东日本大地震期间中国救援队对日本大船渡市的奔赴援助，同时也回顾了2008年汶川地震期间，日本救援队在青川县、北川县的经历，此外还讲述了新冠肺炎疫情期间中日两国"山川异域、风月同天"的故事，用生动的事实告诉中日两国民众，只有携手互助才能战胜天灾。

采访组：中国公共外交协会深度参与、全程指导了此次系列采访。您本人也一直关注采访进展。在这一期间，有哪些让您印象深刻的细节？

吴海龙：我们注意到有些民调数据显示有九成日本民众对中国有负面印象，但在实际采访日本各界人士中，中国记者们感受到更多的是友好与善意。在两国政治关系面临挑战的背景下，许多日本人士依然对中国有着积极的认知和好感，对中日关系抱有期望。

举个例子，在中国坚持植树超过30年的高见邦雄先生、坚持为中日文化交流奔走的青木丽子女士等日本友人，对中国文化、风土人情的了解甚至超过了采访团队中的中国记者。包括福田康夫、二阶俊博、宫本雄二等日本政治家，客观理性地阐述对中日关系和中国发展的看法，强烈且积极地表达了尽快同中国恢复面对面交往的愿望。

吴海龙接受采访　图片来源：澎湃新闻

两国关系困难之际更需沟通与交流

采访组：您曾在日本东京参加公共外交协会主办的"2019 中国节"活动。这个活动当时也在日本受到了很高关注。在活动期间，您有哪些印象深刻的经历和感受？

吴海龙：2019 年 9 月，我本人率智库媒体代表团出席在日本东京代代木公园举办的"2019 中国节"活动。中国驻日本大使孔铉佑、日本前首相福田康夫、日本公明党党首山口那津男及日本外务省代表等许多人士出席了"中国节"开幕活动。协会还邀请了湖北省媒体和文化代表团参与"中国节"活动。

此次活动设置了超过 100 个展位，展示了中国的美食、物产以及文化产品等。开幕式上，来自湖北的中国武当功夫团表演了精彩的武术节目，赢得观众的掌声和喝彩。数万日本观众参加了"中国节"活动，现场热闹非凡，就像过节一样。

采访组：近年来。中国公共外交协会还做了哪些工作推进加深中日交流？

吴海龙：协会自 2013 年成立以来，为加强与日本民间的交往，主要开展了以下几方面的活动：

一是组织国内智库、媒体访问日本。协会共组织了六批次国内的媒体、智库等代表赴日访问，与日本媒体、智库及青年代表等座谈交流，促进相互间的沟通和了解。

二是为加强与日本政府各部门交流，协会共接待了九批日本政府各部门公务员访华团。通过走访各地，了解真实的中国。

三是加强青少年交流。2017 年 11 月，为纪念中日邦交正常化 45 周年，应日本外务省邀请，协会和环球网联合组织中国青年漫画作者代表团对日本进行为期 5 天的访问，与日本漫画家及动漫机构进行交流。

此外，2022 年为纪念中日邦交正常化，协会和日本驻华使馆共同支持举办了"永远的邻居——纪念中日邦交正常化 50 周年摄影展"，该展览共展出中日两国摄影家和摄影爱好者拍摄的 200 多幅图片，生动地再现了中日 50 年友好关系的历程。

新冠肺炎疫情发生以来，协会还组织国内相关单位向日本捐赠口罩等防疫物资，同时也协调日本企业向武汉捐赠抗疫物资，体现了两国人民之间的深情厚谊。

2022 年 8 月 23 日，"Z 世代"中日韩青少年交流活动在武汉开幕，吴海龙发表致辞　图片来源：长江云

采访组：在中日实现邦交正常化 50 周年的重要节点，您对未来中日关系的发展有何期待与展望？

吴海龙：我对中日关系的改善和发展抱有信心。人们常说中日是"一衣带水"的邻居，也常说中日是搬不走的邻居。在我看来，中日这两个邻居不但搬不走，而且也没有地方搬。中日友好是最明智的选择。

怎么做能让中日友好？那就要多交流，多沟通，而且越是两国关系困难的时候，越要沟通，越要交流。特别是青少年之间的交流。几天前在中国武汉，公共外交协会与有关机构合作，就举办了一场中日韩三国青年的交流活动。

我想只要中日双方共同努力、相向而行，中日关系就会有美好的未来。

Hu Zhengyue
胡正跃

采访对象：胡正跃，1953年出生。2015年至2024年任中国公共外交协会副会长。曾先后担任外交部部长助理、外交部驻澳门特别行政区特派员公署特派员等职。他长期关注亚洲，关注日本，多次率团赴日访问交流，为中日两国关系发展和友好交流奔走。

采访日期：2022年8月30日
采访地点：中国公共外交协会

胡正跃：
对日公共外交就是要多交、深交、广交朋友

对于曾长期在外交部主管亚洲事务的胡正跃来说，2006年至2011年是他处理中日关系具体工作最为集中的一段时期。

回忆起在这期间的对日外交经历，胡正跃至今仍记忆犹新——松下电器公司员工在雨中欢迎的队伍、松山芭蕾舞团演员的笑容、"3·11"大地震后中国代表团慰问灾民，这一幕幕画面的背后，是中日两国民众之间的友好情谊。在胡正跃看来，即使在两国关系遇到困难的时期，中日民间的这股"暖流"依旧潺潺流淌。

时任中国公共外交协会副会长的胡正跃强调中日需抓住新机遇，在经贸领域开展务实合作，巩固好两国关系的"压舱石"；同时，当务之急还需"做人的工作"，发掘致力于两国友好的有识之士，民意基础改善了，中日关系才能继续向前推进。

2022年9月5日，"50年50人"——中日邦交正常化50周年系列采访活动启动仪式在京举行，时任中国公共外交协会副会长胡正跃在会上致辞
图片来源：澎湃新闻

RCEP 为中日合作提供新机遇

采访组：在中日邦交正常化 50 周年之际，您能否结合此前的职业外交经历谈谈对过去 50 年中日关系发展、变迁的体会？

胡正跃：中日关系之所以重要，因为日本是我们重要的邻国，也是我们重要的合作伙伴。中日关系不是简单的双边关系，它涉及方方面面，伴随着互利合作的同时，也存在复杂性、敏感性，以及很强的政治性。

无论如何，在双方的共同努力下，中日关系这 50 年总体还是积极的，有利于两国人民。

我个人长期在外交部从事亚洲方向工作，其中 2006 年到 2011 年部分参与到中日关系的一些具体事务。关于如何看待中日邦交正常化以来的 50 年，我有以下几方面的体会：

第一，我们应该铭记中日两国老一代领导人为两国邦交正常化所做出的卓越贡献。没有他们的当机立断和高瞻远瞩，中日关系不会有今天。正是他们做出了这样一个重要、明智的决定，才换来了两国 50 年的和平相处、友好交往与深层次的合作。

第二，正因为中日关系有其敏感性、复杂性，两国关系要有依归、设计、安排。中日四个政治文件就是两国关系最根本的依归，只有遵循中日四个政治文件的精神，两国关系才能健康发展。中日四个政治文件是两国关系的"定海神针"。

第三，我们经常说，中日双方利益的融合、经济上的合作是两国关系的压舱石。这符合事实，而且现在的情况也是如此。今后，我们要把双方在经济贸易等领域互惠互利的合作做强做大、做得更好。区域全面经济伙伴关系协定（RCEP）的签署、落实对中日双方来说是一个新的机遇。

第四，人文交流具有重要性。考虑到中日关系有其特殊性，我们需要借助人文交流促进两国民众之间的相互了解和信任。在这一过程中，留学生群体、中日之间超过 250 对友好城市都可发挥重要作用。

胡正跃接受采访　图片来源：澎湃新闻

采访组：您刚提到 RCEP，据您观察，在 RCEP 框架下，中日双方可在哪些领域开展合作？

胡正跃：我不是这方面专家，近期接触到一些人士，较集中的看法包括以下几方面：

一是，中日两国在数字经济领域的科技创新合作。中国拥有全球最大的数字经济和智慧城市的应用市场，日本则拥有强大的技术储备和丰富的创新资源。两国在该领域合作潜能大，互补性强。应充分发挥各自优势，加速由新技术向新产品的转化，推动两国经济进一步发展。

二是，中日同为能源消费大国，加强节能环保领域合作是两国的共同利益所在。日本在节能环保、绿色循环经济以及可再生能源等高科技领域具备先进技术与成熟经验，两国可在技术创新和人员培训等方面开展合作。

三是，两国应拓展医疗康养、金融等现代服务业领域合作。根据中国国家统计局数据，中国 65 岁以上老龄人口已达 1.9 亿，占总人口的 13.5%，将为医疗康养产业带来千亿元级的生产和消费市场。日本早于中国迈入深度老龄化社会，在医疗健康、养老产业、相关设备制造、人才培训和管理方面有着丰富的经验与技术。这方面的合作前景十分广阔。

四是，中日双方在金融服务业领域合作也有很大潜力。无论是培育债券市场,还是相互增持国债、本币结算等举措都有助于稳定金融市场、储备资产的安全和规避风险,促进中日经贸关系的良性发展。

五是,可鼓励两国企业携手合作拓展东南亚市场。中日与东盟各国的合作都有良好基础。RCEP 的签署和落实为强化相互合作提供了更大的平台。中日两国企业可以积极探讨与同为 RCEP 成员的东盟十国的合作。可以考虑的重点领域包括:基础设施建设,电商经济、数字经济及新能源开发,现代化农业及旅游资源开发,等等。

总之,双方合作可以做的事情很多。做好了不仅有利企业发展,而且有利于带动整个地区共同成长进步。

中日民间"暖流"常在

采访组:您曾长期负责中国外交的亚洲事务。您也提到,2006 年到 2011 年,参与到中日关系的一些具体工作。在这一期间,有哪些对日外交事务给您留下了深刻的印象?

胡正跃:记得 2008 年 5 月 10 日,我有机会随同时任国家主席胡锦涛参访松下电器公司总部,几百名员工冒雨列队欢迎的场面至今历历在目。通过公司介绍短片《邓小平阁下与松下电器中国事业》,看到当年邓小平参访松下公司的历史画面,以及松下公司前辈访华决定进军中国市场的记录,不禁肃然起敬。

胡主席访问松山芭蕾舞团的场景同样给我留下了深刻印象。记忆中演员们盛装打扮,热烈欢迎胡锦涛主席,我能够真切地感受到他们的热情和真诚。

2011 年日本"3·11"大地震之后,时任国务院总理温家宝于 5 月下旬率团出席在东京举行的中日韩领导人会议,会前温总理专程前往福岛的灾民避难所表达慰问。温总理和灾民们聊了很长时间,聊得很耐心、很仔细,大家席地而坐,场面十分感人。

其中,有个小女孩给我留下了深刻印象,她大概八九岁,活泼好问,对答如流。如今 11 年过去了,当年的小女孩也已经快 20 岁了。希望今后

2008年5月，松山芭蕾舞团的演员们准备迎接时任中国国家领导人到访　图片来源：央视新闻

有机会再见她一面。记得当时我们还给几个受灾家庭的小朋友赠送了熊猫毛绒玩具，但还有一些小朋友没有拿到。所以，当我们离开时，小朋友们都依依不舍，围上来问道"还有没有panda panda"。还好我们准备充分，总共三箱都送给了孩子们。

在我们结束灾区访问，准备搭乘新干线前往东京时，大概有百名左右的日本青年自发地在车站等候和温总理合影。

"3·11"大地震后的几个月，我在杭州的一个会议上遇到了日本驻上海总领事，他本人也是资深的中国问题专家。他当时和我说，地震过去三个月了，还收到了一位中国老人的捐款。在这位日本总领事看来，尽管两国在政治层面存在争议，但两国民间仍存在一股"暖流"。我基本上同意他的看法，中日关系不是非黑即白的关系，即便在两国关系遇到困难的时期，坚持中日友好的那些人、那些组织依然还在。

2011年3月16日，在日本宫城县大船渡市重灾区，中国国际救援队队员利用生命探测仪进行生命探测　图片来源：新华社

发掘致力于两国友好的有识之士

采访组：作为一名资深外交官，您经历了从一轨外交到公共外交的转变。在您看来，两者有何异同？您认为如何才能做好公共外交工作？

胡正跃：职业外交工作主要是国事活动，公共外交则更多是民间活动。二者各有特点。

公共外交重要的任务之一就是多交朋友、深交朋友、广交朋友，对其他国家是这样，对日本更是如此。我们常讲"水能载舟，亦能覆舟"，两国关系的基础是民意，只有把民意基础搞好了，搞扎实了，两国关系才可以更加健康顺利地往前推进。

中日之间的公共外交，当务之急还是"做人的工作"。我们要发掘、重视致力于两国友好的有识之士，继续同他们加强交往，多做各领域人士工作。

为智库、媒体、教育、文化艺术、体育等各界人士交往搭建桥梁。民间友好工作永远在路上。

采访组：对于致力于推动中日两国友好、合作的年轻人，您有哪些期待和寄语？

胡正跃：对于致力于中日友好的青年人，我有以下几点期待：

一是通透。既然致力于中日友好事业，需要把两国关系的"前世、今生、未来"弄弄清楚，方向要明确，就是致力中日友好。

二是坚持。向前辈们学习，对于认定的事业，一定要持之以恒地将它做好。

三是务实。推动更多务实交流。交流不一定都是互相说好话，重在真诚，增进相互理解和信任。

四是创新。创新手段、创新渠道、创新形式。增加青年人之间的交流，培养新时代中日两国青年友好使者。

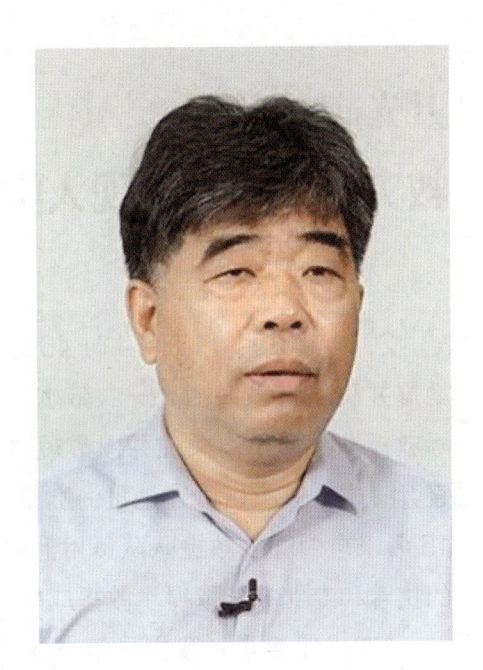

Yin Guanghui
尹光辉

采访对象：尹光辉，中国应急管理部风险监测和综合减灾司原副司长，中国国际救援队原领队。

采访日期：2022 年 6 月 9 日
采访地点：尹光辉北京家中

尹光辉：
救灾场景真实展现人类的命运与共

2011年3月11日14时46分，日本东北部海域发生9级强烈地震并引发特大海啸。一衣带水，守望相助，地震发生后，中国国际救援队立即予以关注并以最短时间完成出队准备，经日方确认后直奔日本地震灾区。在地震海啸重灾区岩手县大船渡市的8天7夜，15名来自中国的救援队队员用他们对生命的尊重、对人道主义事业的执着和专业技能取得了救援成效，感动了中日两国人民。

"在大船渡市，我们是第一支队伍来，最后一支队伍走。"应急管理部风险监测和综合减灾司原副司长、中国国际救援队原领队尹光辉带队参与了那次救援行动。时隔11年，他仍然记得在日本地震灾区救援时的许多场景和细节。日本"3·11"地震海啸灾区受到的破坏主要来自海啸的反复冲击，大量房屋建筑、汽车、船舶被冲走冲毁。

"天气恶劣，余震不断，海啸预警不断，生活保障困难，队员们就是在这样的环境条件下开展了7天救援行动。"尹光辉回忆说，作为第一支抵达和最后一支撤离大船渡重灾区的专业救援队，他们获得了当地政府、民众和同行的高度评价。他至今还记得当时在灾区搜救时获得的感动，这些感动来自灾区社会公众、政府职员和当地消防部门同行。

回忆起11年前的地震救援经历，尹光辉感慨，在灾难面前人类是命运共同体。作为同处于环太平洋地震带上的国家，他希望中日两国可借助防灾减灾救灾工作机制，在自然灾害防治领域开展研究、深化合作，特别是两国青年，应秉持和平发展、创造美好未来的理念，加强防灾减灾领域的沟通、交流和合作。

对日本在防灾减灾救灾领域的专业水准印象深刻

采访组：在防灾减灾领域，您对日本有什么印象？两国有哪些交流与合作？

尹光辉：中国和日本都地处环太平洋地震带，都是地震多发的国家。在两国的防灾减灾救灾历程中，双方的合作还是很广泛的，比如在地震科学研究领域，两国的科学家交往密切。

在防灾救灾方面，中日合作也富有成效。在平时的地震应急救援培训中，我们也与日本同行有广泛的交流和合作，比如日本的消防部门与我们的地震救援队伍多次展开专业救援的培训和训练。

采访组：2008年汶川地震时，日本国际救援队是较快抵达灾区的国际救援队。他们在汶川地震救灾中有哪些突出表现？

尹光辉：当时我作为国家地震灾害紧急救援队的领队，按照党中央、国务院的指令第一时间抵达汶川执行救援任务，在北川现场接触到了日本地震救援队。

我的印象是，他们展开的救援行动快速且专业，施救理念和方法科学，专业水准是比较高的。在北川现场开展施救行动的同时，他们也关注其他区域搜救行动的进展，给我们留下了比较深刻的印象。

在自然灾害面前人类是命运共同体

采访组：2011年3月11日，日本东北部近海发生9.0级地震并引发海啸。之前日本发生地震时没有接受过中国的救援队伍，得知将去日本救援，您和您的队伍做了哪些准备？

尹光辉：日本地震发生后，各大媒体不断播放地震及地震引发巨大海啸的消息，当时的新闻画面显示，海啸对日本的东部沿海城市、乡村产生了巨大的冲击破坏，当时我想这次灾害肯定是非常严重的。

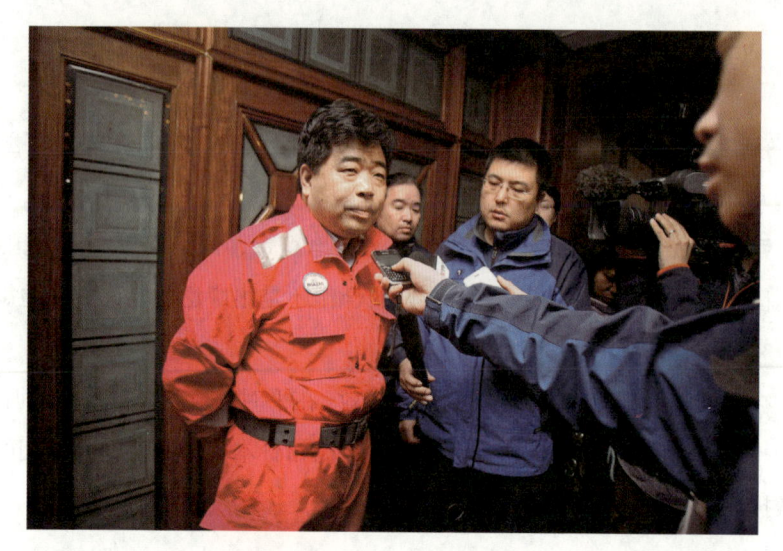

2011年3月13日，北京首都国际机场，中国国际救援队15名队员乘专机前往日本地震灾区救援。时任救援队队长尹光辉接受媒体采访　图片来源：受访者

2011年3月13日，中国国际救援队赴日救援前举行授旗仪式　图片来源：受访者

中国国际救援队2009年通过了联合国重型队伍标准测评,是一支有能力实施跨国救援行动的专业救援队伍。我想中国国际救援队一定要代表中国发挥负责任大国的作用,赶赴日本灾区开展人道主义救援行动。按照出队前的工作程序,队伍展开了相关准备工作,比如物资装备准备、人员准备等,并及时跟踪了解日本灾情的发展,关注各方面的信息和报道。同时按照行动规程,通过外交部门、驻日使馆等了解日本地震灾害和救援的信息。

日本福岛核电站一号机组爆炸后,全球的目光都聚焦在核辐射问题上。日本与中国的地震灾情特点不同,日本的地震通常还叠加海啸灾害。福岛核电站受损会给搜救行动带来什么影响?救援队成员面临着种种不确定性。

采访组:在日本开展的地震救援行动与以往的救援行动有哪些不同?

尹光辉:日本"3·11"地震发生后形成了巨大的海啸,产生了叠加的复合性灾害,表现出了一些灾害特征。救援行动方案和计划是有针对性地制定的。我们兵分两路,一路由搜救经验丰富的队员打头阵,利用人工搜索和生命探测仪结合的方式对废墟进行侦察搜索,确定有幸存者和遇难者可能存在的重点房屋房舍,另一路队员紧随其后,对重点房屋进行仔细搜索和排查。队员们连续进行了6天的排查搜索,排查总面积达到4平方公里,覆盖140余座重点废墟,包括其中的每一辆汽车和每一艘船舶。

救灾面临很多的困难。日本与我国的国情不同,我国面对重大自然灾害可以发挥制度优势,集中力量办大事,能够短时间内协调各种资源,恢复交通、通讯等设施。日本发生这种极端灾害后,道路、通讯、供水、供电难以做到及时畅通。我们所在的大船渡市当时物资比较匮乏,与在国内开展救援的场景有很大差别。

我有一个难忘的小故事:有一天救援收工路过一家商店,队员们想买点东西。店主看我们穿着中国救援队的服装,说不收钱要把东西送给队员,我们的队员说一定要付款,这样僵持了许久。最终盛情难却,我们把店主

尹光辉随中国救援队在救援现场　图片来源：受访者

送的小食品带回了营地。这说明当地的老百姓对我们中国地震救援队的到达、发挥救援作用心存感激。

在救灾场景下，"人类命运是共同体"得到了最真实的展现。

采访组：除了日本民众对你们表达友好外，日本政府对救援队是什么态度？

尹光辉：日本政府部门对我们的到来很重视。在羽田机场刚下飞机，日本外务省副大臣亲自迎接，在大船渡市的那几天，大船渡市市长多次到营地看望我们，表达谢意。大阪市消防署支援大船渡的救援人员，还有当地消防署的官员，对我们连续作战的工作作风和专业技能都大加赞赏。

当然，更多的感动来自于普通的灾区居民。很多居民回家搜索遗留物品的时候，看到正在工作的救援队员们，都会主动跑过来向我们致敬、鞠躬，用中文向我们问好，说"你们辛苦了""感谢你们来到日本"。

采访组：在这次救援过程中有哪些细节令您印象深刻？

尹光辉：日本地震多发并且经常引发海啸，给我印象较深的是，日本民众的防灾减灾意识、自救互救的能力很强，这是第一点。

第二点，日本在防灾减灾方面的法律法规、预案做得很细、较为实用。我们开展救援行动的大船渡市政府工作人员并不多，地震发生后他们分工明确，及时组织转移民众到地势高的地方躲避海啸，效率较高。

第三个突出的印象是，日本"3·11"大地震是一场复合型的灾害。大船渡市是海滨城市，地震发生后容易遭受海啸的威胁。大船渡市的居民建筑多为轻型木质结构，木质房屋容易直接被海浪冲走乃至坍塌、破碎，灾区基本上是一片木头废墟，废墟下面就是水。这与我们以往的地震搜救有很大差别，给我们带来了不小的挑战，让我们增加了这方面的搜救经验。

中日两国青年应加强防灾领域合作，多沟通多交流

采访组：日本在地震救援方面有哪些值得我们借鉴的经验？

尹光辉：日本本身属于多地震的国家，普通老百姓防灾减灾的意识较强，建筑物的抗震能力强。"3·11"大地震时，政府发布预警后，老百姓快速到达避难所避难，情绪稳定，灾区的秩序基本正常，没有发生哄抢物品的行为。加油站实行限量加油后，汽车有序排队加油。

减轻地震灾害需要多方努力，社会公众共同参与，做好各种应急预案，包括灾害风险评估、隐患排查等工作。应急预案要有良好的衔接，还要加强基层社区应急管理能力、人民群众的防灾减灾意识和自救互救能力建设。

采访组：您怎么看待地震救援行动对中日两国关系的影响？

尹光辉：在灾难面前人类是命运共同体，这不分国别、宗教信仰。中日两国同处环太平洋地震带上，属于地震灾害多发频发的国家。面对自然灾害，两国有着共同的救灾、备灾和应急准备等方面的基础，理念也相近。

当一个国家发生灾难的时候，不管是通过人员实行跨国支援展开救援行动，还是在物资等其他方面给予支援，都是为了一个目的：减轻灾害造

成的损失，尽快让社会秩序恢复到常态。

我们国家在发生汶川地震以后，日本派出搜救队到现场支援，日本"3·11"大地震后，中国派出搜救队到达日本展开地震救援行动，这都是在救灾领域施行人道主义行动。中日两国是睦邻，是一衣带水的国家，是搬不走的邻居，救灾行动中中日两国人民的互动，能够使两国之间、两国人民之间友好的睦邻关系得到加强，这是一个促进的、积极的力量。

采访组：在防灾减灾领域，今后中日两国还能从哪些方面加强合作？

尹光辉：随着气候变化，发生极端天气的频率也在增加，这意味着以后混合型灾害叠加的场景会增多。中日两国可借助双边、多边机制，在自然灾害治理方面深化合作，特别是两国青年，应秉持和平发展、创造美好未来的愿景，加强防灾领域的沟通、交流和合作。

Wu Jinan
吴寄南

采访对象：吴寄南，1947年生于上海。曾任上海国际问题研究院日本研究室主任、院学术委员会副主任、院咨询委员会副主任和上海市日本学会会长、名誉会长等职。现任上海市日本学会顾问、上海日本研究交流中心学术委员会主任、上海国际问题研究院研究员。访日近百次，历任日本综合研究开发机构（NIRA）客座研究员、东京大学客座研究员和庆应义塾大学大学院（研究生院）访问教授。主要研究方向是日本政治、外交和中日关系。

采访日期：2022年8月16日
采访地点：澎湃新闻上海总部大楼

吴寄南：
中日关系新常态下须"任凭风浪起，稳坐钓鱼台"

无论是日本前首相福田康夫、鸠山由纪夫这样的老一辈政治家，还是像野田圣子这样现今依旧活跃的日本内阁大臣，吴寄南都曾面对面打过交道，至今还记得会面时的有趣细节和交谈内容。

时任上海市日本学会名誉会长的吴寄南在日本研究领域耕耘近40年，访日近百次，他的记忆中珍藏了许多与日本各界人士交往的经历，有过推心置腹的畅谈，也有过面红耳赤的争论。他说"我要有一个泱泱大国、华夏学者的风格和品位"，涉及敏感问题该争就争，但也不过分拘泥细枝末节。

对于中日关系研究，吴寄南往往能洞察日本政坛水面下的暗流，辩证地看待横亘在两国之间的悬案。他说，中日关系正处于爬坡过

福田康夫（左）与吴寄南　图片来源：受访者

野田圣子（左）与吴寄南
图片来源：受访者

坎的时期，接下来将是既竞争又合作的局面，我们要"任凭风浪起，稳坐钓鱼台"。

家宴招待与唐代边塞诗

采访组：您是在何种契机下接触和了解日本的？

吴寄南：我出生在上海一个普通劳动者家庭，小时候对日本人没什么好感，刚懂事的时候，父亲就跟我说，他当年在一家麻袋厂当童工，经常遭到日本"拿摩温"（解放前上海工厂工头的俗称）的毒打。我老家在上海北站附近，"八一三事变"对这一带造成了很大的破坏，到上世纪60年代还有日军炮击留下的断壁残垣。小学二年级的时候，同桌送了我一张中国银行在1915年发行的10元钞票，那张钞票中间盖着"用此票买日货断子绝孙"的印戳，那是当年抵制日货运动时，一些青年学生盖的戳。

我和日本结缘始于1972年。当年9月中旬，根据中央指示，北京、上海和沈阳正在为时任日本首相田中角荣访华开展一个大规模的宣传教育活动。那时候我在上海一家纺织厂担任党总支宣传委员。老实说这个活不好干，因为厂里好多同事对日本侵华战争有惨痛的记忆，情绪很抵触。当时恰好厂里有一位师傅作为工宣队员参加了上海芭蕾舞团的赴日演出。她告诉我，日本人民也是那场战争的受害者，好多日本人都说中日两国不能再打仗了，要世世代代友好下去。我把她的访日经历介绍给身边的同事，宣传教育活动的效果很好，我也由此对日本产生了兴趣，想要了解一个真实的日本。

1973年上海人民广播电台开了日语广播讲座，我是它的第一批听众和学员，从"あ、い、う、え、お"开始，先后念完了4册教科书，能够初步浏览日文报刊，结结巴巴地与日本朋友对上一阵话。我发现自己面前又打开了一个了解世界的窗口。

1982年我调到上海国际问题研究所[1]日本研究室。这是我在日本研究领域耕耘近40年的开始。

采访组：加盟上海国际问题研究所后，您曾频繁到访日本，在东京等地进行研修和调研，您是如何与日本各行各业人士拉近距离的？

吴寄南：我跟日本朋友打交道有几个体会。首先要过语言关，打好基础，然后就要广伸触角，拓展人脉，在交友过程中坦诚相待、以情感人。这些年来，我在日本结交了不少年龄各异、背景不同的日本友人，了解到很多鲜活的情况和有用的信息。

上世纪90年代，上海市老市长、时任海协会会长汪道涵让我关心一下战后出生和成长起来的日本新生代政治家。他指出：日本新生代政治家的崛起有其历史必然性，这一现象和日本所处的国内外大环境有非常密切的关联，新生代政治家掌控最高权力后，势必会对中日关系的走向产生影响。他强调，对日本新生代政治家的研究一定要本着实事求是的精神，说到兴头上，他随手在一张空白信纸上写下"摆事实，讲道理，明是非，求共识"，送给我做纪念。

在汪老的勉励下，我利用各种机会频繁赴日调研，先后会见了9名日本前首相和朝野两大阵营的60多名国会议员。在深入调研的基础上，我在2002年8月出版了《日本新生代政治家》。

从学术研究方法的角度来说，对日本人士进行访谈实际上是一种"田野调查"，对研究者而言，搜集和梳理第一手资料十分重要。

---

1 上海国际问题研究所2008年更名为上海国际问题研究院。

汪道涵写下"摆事实，讲道理，明是非，求共识"

我在日本交朋友还有一个特别的渠道，就是家宴招待。我有过几次在东京长期逗留的机会，每次都说服爱人请长假作为家属陪同访日。我和她经常利用周末在暂住的公寓里宴请日本客人，常来的有大学教授、编辑记者、外交官、国会议员等，既加深了彼此间的感情，又了解到许多有关日本的知识。

采访组：您在与日本朝野两大阵营的政治家以及外交官交往过程中，怎样就中日关系进行思想碰撞，遇到意见分歧时如何应对？

吴寄南：日本前驻华大使横井裕跟我说过，"见日本政治家不太容易，因为见他们的人实在太多了，你又是一个外国人，但是你要努力争取。见过一次，第二次第三次就比较容易了。"

所以，有好多日本政治家我都见了多次。他们一开始往往对你有些警惕，毕竟彼此不了解，且很多观点不一致，特别是涉及中日关系的一些敏感问题，有时候免不了会有一些思想碰撞。这个时候我就想到该争的时候就是要争，我要有一个泱泱大国华夏学者的风格和品位，大道理要讲清楚。

日本前驻泰国大使、外务省首任国际情报局长冈崎久彦是安倍前首相的外交智囊，他的许多观点很出格。我和他每次聊到台湾问题时总会争执不已。但我有对付他的办法，就是用数据增强说服力，包括两岸贸易增长的数据，还有民调数据等。在数据面前他也不好继续纠缠。实在争执不下，我还有一个"秘密武器"就是换一个话题，和他聊聊唐代王昌龄、岑参的边塞诗，他们是冈崎最尊崇的诗人。这时候他就像变了一个人，马上掏出笔在餐巾纸上默写起相关诗句，令人不快的争执就这样化解了。

和日本政治家接触时经常有一些思想碰撞，但也有意气相投、交流愉悦的时候。我第一次和前首相福田康夫见面时，就跟他说中日四个政治文件有一半是你们父子的功劳，他听了很高兴，因为他很为自己任内能和中国签署中日第四个政治文件而自豪。和日本前首相鸠山由纪夫见面时，在东亚共同体问题上就发现彼此的意见很接近，觉得中日间应该着眼大局，更多地展望未来。

"哨兵""谋士""说客"和"人梯"

采访组：您长年深耕日本政治外交研究，不仅是一名研究员，还为政策制定者建言献策，同时充当中日之间的发声者。您如何看待学者的多重角色？

吴寄南：作为国家级综合性智库的成员，我觉得除了做好学者本分工作之外，还要给自己定位为"哨兵""谋士""说客"。

所谓哨兵就是要做有心人，在风起青萍之末的时候，敏锐地觉察其动向。如果出现对中国的核心利益造成危害的潜在威胁，就要及时发出预警警报。比如，我是国内最早就日美酝酿拟定新防卫合作指针发出警告的学者之一，对日本和中国台湾在军事领域的互动，也很早就发出了预警信号。

"谋士"就是要为中央决策出好点子。上海国际问题研究所是为国家外交政策建言献策的智库。要在把握国际国内两个大局、精准判断日本未来走向的基础上，就对日外交的战略和策略适时地向有关领导部门提出一些建议。

"说客"就是要引导舆论、主动发声，包括两方面：一个是在国内的各种报刊、电视台上就日本的重大动向进行评论，要主动亮出自己的观点，

鸠山由纪夫（左）与吴寄南　图片来源：受访者

不能让网上不负责任的言论误导民众；二是要在日本主流媒体上释疑解难，澄清误会。包括日本广播协会（NHK）在内的日本主流媒体都登过我的投稿或对我的采访。我也是日中协会举办的"日中恳谈会"上演讲次数最多的、来自中国的讲师。我觉得讲中国故事就是要用日本人喜闻乐见的形式，让他们知晓和接受。

随着年龄的增长，我给自己多了一个定位，就是要做"人梯"，辅助年轻一代的日本问题研究者，做他们的"垫脚石"，让他们更快地成长。

采访组：上海国际问题研究院为中日关系发展提供了许多智力支持，能否分享助推中日关系的案例？

吴寄南：上海国际问题研究院的前身是成立于1960年的上海国际问题研究所，而日本研究室成立于1982年。我们所这些年来就中日关系发展向中央建言献策要从老所长陈启懋说起。1990年夏天，陈启懋所长向中央提出，要以日本为突破口，打破西方对中国的制裁。当时日美矛盾尖锐，美国把日本看成是苏联解体后对美国最大的威胁，贸易战打得热火朝天。陈启懋所长的这个建议得到了中央的认可。经过努力，日本率先解禁了对华日元贷款。尤其是1992年日本天皇、皇后访华，不仅让中日关系迅速升温，也标志着美国和西方对中国发动的制裁完全破产。

1998年11月，中国国家主席江泽民首次访日，我在两次赴日专题调研基础上，和陈启懋所长共同起草了一份报告，建议将中日关系定位为"面向未来的、致力于和平与发展的友好合作伙伴关系"，这一建议得到了采纳，写进了中日第三个政治文件中。我们还在报告里建议向日本国民赠送一对朱鹮，当时日本的朱鹮已濒临灭绝。2006年我到新潟县访问时，县厅的朋友告诉我，中国送来的朱鹮已经繁殖成群，开始野外生活了。看得出，日本国民是赞赏中国这一举措的。

中日关系跌宕起伏、风波不断

采访组：中日两国迎来邦交正常化50周年，这50年里哪些关键节点和事件对两国关系产生重要影响？当下两国关系处在怎样的阶段？

吴寄南：如果梳理一下中日关系这50年的历程，我觉得大致可以分三个阶段。第一阶段就是上世纪七八十年代，可以说是一个蜜月期。日本首相大平正芳1979年访华时，第一次提出要向中国提供政府开发援助（ODA）。当时，日本可以说是我们改革开放的一个助推器或者是我们的领跑者，那段时期中日关系有很大的可喜的进展。

第二阶段是冷战结束以后的1990年代，我把它概括成"磨合期"。一方面中日两国在各个领域的交往都有很大的发展，互为对方最重要的贸易伙伴。另一方面，由于共同应对"北方威胁"的这种战略需求没有了，两国之间的一些固有矛盾就开始逐步凸显。

21世纪以后就是第三阶段，中日关系的"矛盾多发期"。这期间有一个标志性的事件，就是2010年中国GDP第一次超过日本，日本对中国的警戒心理明显上升，两国间的战略博弈加剧，从2001年起的20年来中日关系经历了一个冷热交替、曲折发展的变化。

近年来，由于新冠肺炎疫情暴发再加上日本政府首脑更迭，中日关系又一次跌到了低点。日本的对华认知在这期间发生了很大变化，可以说合作的诚意少了,警惕的心理深了,所以中日关系进入了一个比较微妙的时期。学者怎么在中间做工作,我觉得很重要的就是要清晰地认识为什么会出现这么一种情况。

采访组:造成中日关系跌宕起伏、风波不断的根本原因是什么?

吴寄南:我个人认为,中日关系出现种种波折,大约有5个方面的因素。首先,日本朝野对中国迅速崛起不适应、不接受,处于心理调适期。1990年时中国的GDP只有日本的1/9,十年后变成日本的1/4,我们慢慢追赶上来了。2005年是日本的1/2,2010年就反超了,日本媒体称之"世纪大逆转"。2000多年来,中日之间几乎一直是中强日弱,所以这种根深蒂固的历史记忆使得日本人在中国迅速崛起之后,比其他任何国家都有更多焦虑感。由于在人均GDP上中国与日本还是有差距,日本在某些硬实力领域还有一些优势,所以有些日本政客觉得还有一个机会窗口,可以阻止中国的迅速崛起,至少是延缓崛起,还要同中国搏一搏。这种不接受、不适应、不服气,试图倒转历史车轮的冲动,是第一个原因。

第二个原因是,中日两国意识形态和社会制度存在差异。事实上在中日邦交正常化相当长的一段时间里,意识形态问题、社会制度差异并没有成为一个突出问题。相反,两国给世界树立了一个不同社会制度国家和平共处的典范。但是,进入新世纪以后情况就变了,日本政坛一些老政治家隐退了,目前掌权的新生代政治家都是在西方的意识形态熏陶下成长起来的,对东方文明知道得很少。像大平正芳他们都能够写汉诗,现在的政治家可能连汉字怎么念都不知道,所以在这种情况下,意识形态、社会制度差异就慢慢凸显出来了。

第三个原因是,日本大众媒介在商业化运作模式下持续发酵对华负面报道,导致日本主流社会的对华认知明显偏离现实,出现了两种互相矛盾却极端偏颇的判断。一种是夸大中国经济高速增长中的困难和矛盾,认为中国经济濒临崩溃,以此获得心理上的自我安慰;一种则断言中国"国强必霸",怀疑中国要对日本"秋后算账",是对日本的现实威胁。这种极端

吴寄南接受采访　图片来源：澎湃新闻

的对华认知使得日本当权者处理涉华关系时往往逆时代潮流而动，将两国关系推向迎头相撞的危险边缘。

第四个原因是，日本政坛力量对比严重失衡，对错误外交政策缺乏纠错机制。这些年来，日本的政党格局呈朝野政党"一强多弱"态势。目前在参众两院，最大在野党立宪民主党与自民党席位相差悬殊，失去了与自民党分庭抗礼的资格。加上在野党彼此间积怨甚深，难以抱团，已无法在参众两院阻止执政联盟通过任何法案。自民党内也同样严重失衡。安倍派拥有参众两院议员共96人，是自民党内最大派系，其余5大派系都难以与安倍派相匹敌。正如日本一位政论家所指出的，日本政坛似乎可以说是"一强"之外一无所有了，反对势力完全消失了，自民党内和党外都没有，这才是最可怕的。

第五个原因，美国加大遏华攻势诱发日本当权者借机打压中国的战略盲动。新世纪进入第二个10年后，美国将中国视为最大的安全威胁和头号战略竞争者。日本虽在应对美国的单边主义、保护主义压力上与中国有共同利益，但其毕竟是美国在亚洲的最大盟国，日美安保条约是其外交基轴。这就导致从安倍内阁、菅内阁到岸田内阁都产生追随美国、打压中国的战略盲动。在很多情况下，与其说日本是在美国压力下言听计从，亦步亦趋，还不如说是日本主动作为，造声势，带节奏。

所以我认为，现在日本的对华政策可以用几个"失"来形容：首先是"失信"，日本没有遵照中日四个政治文件和一系列共识，违背了诺言；第二个是"失衡"，日本本来在中美之间处于一个非常有利的位置，同美国结盟的同时与中国保持密切合作，但现在却完全倒向美国；第三是"失控"，就是首相管不了阁僚，政府管不了国会；最后就是"失算"，到最后违背日本的国家利益。

做最坏准备，争取最好结果

采访组：对于日本政坛的一些反常和偏激声音，我们该如何看待和应对？

吴寄南：我们在处理这个问题的时候，脑子里面要有几个"两"：首先是两分法，我们要把日本政府的所作所为和日本民众区分开来，要把日本统治阶层内部反华比较强硬的鹰派和主张知华、友华的温和派势力区别开来，要把时任岸田文雄首相有些极端的言论和他本身的一些理念区别开来，这个很重要；还有一个"两"就是我们要有两手政策，硬的要做最坏的准备，但是另一方面，我们要争取最大的可能，让日本国内的一些进步力量、健康力量来阻止少数当权者在这个问题上倒行逆施。

对岸田文雄这样一个政治家也要做两分法。一方面他有自己的政治需要，要坐稳自民党总裁和首相的位置，必须稳住保守层的基本盘，因此有时候他要对中国说些硬话、狠话，对此我们要充分警惕，并予以坚决反对。另一方面也要看到，岸田文雄是大平正芳创立的"宏池会"的第九任会长，而"宏池会"一向被认为是自民党内比较温和的鸽派势力，有主张同中国友好的历史。所以岸田身上也有这种政治基因。比如他在同习近平主席电话会谈时提到，以中日邦交正常化50周年为契机，建立稳定的、建设性的中日关系。他这次内阁改组顶住了保守势力的压力，让林芳正留任外务大臣，实际上也是释放一个信号，或者是预留了一个改善对华关系的空间。因为相比其他政治家，林芳正积累了更多对华经验。

采访组：可否展望一下中日关系的未来走向？围绕下一个50年的对日外交有何建议？

吴寄南：日本政坛在经过安倍的长期执政以后，我认为又进入一个相对动荡的时期。但是不管首相怎么换，外交基调是不会变的，日美同盟是它的外交的基石。要说有什么变化，无非就是调整与亚洲国家的距离。

我对于中日关系总体上持谨慎乐观的态度。眼前确实有很多困难，我们正处在一个爬坡过坎的时期，但是国际形势的主流还是和平发展。这是时代的主题。而且，中日关系有一个重要的"压舱石"，也就是经贸交流。中国是日本最大的贸易伙伴，中日贸易总额占日本对外贸易的20%左右，差不多是日美贸易占比的一倍。两国的民间交流也在持续。所以，我们对中日关系还是要做最坏的准备，但要争取最好的结果。

我想我们有一个基本的判断，中日两国由于内外各种因素的交互作用，特别是历史的恩恩怨怨跟现实利益对立交织在一起，在相当一段时间里，两国将是既竞争又合作的局面。这可能是中日关系的一个新常态，危机和希望并存，挑战和机遇共处这么一个状况。对我们来说，还是要"任凭风浪起，稳坐钓鱼台"，保持战略定力很重要。

具体来说我觉得有四件事情很重要。第一就是要夯实中日关系的政治基础，那就是四个政治文件和两国之间的一系列共识。第二是深化经贸领域的互利合作。中国是日本最大的贸易伙伴，日本企业在中国生根那么多年，两国在经济上的联系是无法切断的。第三，要努力弥补安保领域的交流短板，恰当管控分歧，防止偶发冲突，并加强安保对话，避免战略误判。第四，要促进民间交流和人文合作。

Huang Xingyuan
黄星原

采访对象：黄星原，资深外交官，现任日中友好会馆中方代表理事。1986 年进入外交部工作，先后在外交部新闻司、中国驻长崎总领馆、大阪总领馆、驻日使馆、中国人民外交学会工作，担任参赞、新闻发言人、副会长等职。

采访日期：2022 年 7 月 7 日
采访地点：日中友好会馆

黄星原：
把握中日关系的大局和前途，不能被偶发事件影响

1989 年，黄星原任中国驻长崎总领事馆随员，第一次来到日本。三十多年来，黄星原的外交生涯中有超过一半的时间都在同日本各界打交道。

黄星原对 50 年来两国关系的起起伏伏和当前遭遇的问题有着自己的理解。如今，他在"中日友好七团体"之一的日中友好会馆担任中方代表理事。

"我有许多来自日本的朋友，他们都认为，如果有人在中日之间挑事，实际是在破坏日本的国家利益和人民利益，对此他们必须反对。但是，目前日本对中国的认知以及日本对自己的认知可能都需要纠偏。"黄星原说道。

当前，民调数据显示，中日两国的多数民众对对方国家持负面态度，但与此同时，大多数民众仍然认同中日关系是"重要的"。

黄星原说，中日关系需要克服一种恶性循环的怪圈，"现在我们经常探讨中日双方民意好感度变差、民意基础薄弱，有些政治人物就会以民意基础不好为由发表不负责任的言论，而这个言论可能又变成媒体炒作的点，进而进一步影响民意，最后这就变成了一个恶性的怪圈，两国关系在怪圈里边打转。所以，怪圈上的每一个链条都需要我们很好地去处理。"

黄星原接受采访　图片来源：澎湃新闻

民间友好可以多做一些地方工作、青少年工作

采访组：1989年前后，您第一次来到日本，那时候您对日本的第一印象和感受是什么？

黄星原：我最早去的长崎给我最大的冲击。长崎是日本的一个边远山城，虽是山城，但和（日本）其他大城市区别并不大，也就是说当时日本城乡差别不会太大，这是我的第一印象。

当时我感受到日本地方上对中国的感情或者说对中国人的感情还是非常友好的。所以我们为什么讲民间友好可以多做一些地方的工作，多做一些民间的工作，多做一些青少年的工作等，我们的立足点是正确的。日本地方上和中国的交流本身就多。就拿长崎县举例，它从历史上就是与中国联系最紧、最密的一个城市。长崎时任县知事高田勇对华特别友好。我记得当时他搞了一些欢迎仪式，其中谈到他的经历以及他对中日关系、对中国的看法，对中国文化的迷恋，后来长崎多任知事都在延续这样一个友好的源流。长崎的百姓也展现了对中国文化的迷恋，具体表现在他们愿意多了解中国，愿意了解中国各式各样的展览，所以我们日中友好会馆现在也会把各种展览放在长崎举办。

采访组：您到访过日本多地，几十年过去，能请您谈谈对中日两国文化上共通和不同地方的理解感受吗，我们在发展推进中日友好时应该如何把握这一层面的因素？

黄星原：实际上中国和日本共同的文化财产非常多。首先讲到文字，日本使用的片假名、平假名等文字，就是发源于汉字。其次，人们经常用同根同源来形容中日文化，两者都是东方文明。历史上，日本是向中国学习的国家，但是现在来看，我们发现日本有很多东西跟中国不太一样。中国是一个没有断层的文明，一直延续下来的文明。而日本在后来脱亚入欧等发展进程中，文明走向了另外一边，也就是它更多地去接受西方文明。也正是由于日本文化过于西化，最终日本把西方竞争概念，甚至把战争哲学引入，导致日本一度走入歧途，对此我们仍然应该警惕。

所以我们讲中日之间应该继承发扬什么，应该注意规避或者是警惕什么元素，这种区分很重要。我们今后可以挖掘我们两国共同的文化遗产，把它发扬光大，甚至逐渐培养成我们的共同价值观。

采访组：您在日遇到过一次恶性事件，就是日本右翼分子驾驶一辆汽车冲撞中国驻大阪总领事馆，在这之后日方正式道歉。这一事件在当年并没有给中日关系造成极大的损伤。结合应对此事的处理，能否请您谈谈我们应该如何管控中日关系中那些危机和敏感因素呢？

黄星原：分歧或者矛盾不管控好，它就会被无限地炒作和无限放大，会让我们之间的共同利益或者长远利益受损。所以，危机管理以及分歧管控既是我们双方政府需要特别注意的事情，也是执政能力的体现。一些敏感事件经常会在中日关系中出现，包括日本右翼特别是极端右翼经常会滋事。本身它是有背景的，有些人专门指使他们做这些事情，试图借此破坏中日关系。我们如果被这种势力给带到沟里或者说天天总在处理偶发事件，被部分因素所影响，就没有把握住中日关系的大局和前途，也就没法规划好今后的中日关系。

大国关系都是这样，国家之间都存在一些矛盾。有些矛盾是结构性的矛盾，我们怎么样去管控好这些矛盾，让双方共同利益最大化，让自己的国家利益和对方的利益诉求能够有效地在一个合理区间里相向而行，特别重要。

采访组：曾深入中国采访的日本记者加藤高广，想必您会印象深刻。您能说说他的故事吗？他的故事对中日关系和友好有什么启发？

黄星原：中国为人类做的重要贡献之一就是脱贫，而在这份事业中，除了动员全国人民力量之外，我们国际上的很多朋友，包括日本朋友，也做了工作。在我挂职云南省麻栗坡县副县长时，日本放送协会（NHK）发觉中国政府很认真地在帮助边远地区的老百姓脱贫，对此很感兴趣，所以派了一个记者组去采访，加藤高广就是其中之一。我们一起翻山越岭，一起访贫问苦，一起去看当地老百姓的生活情况，去吃当地老百姓种的粮食和菜。最终采访完成之后，日本记者们深深被感动，并且做了一个全面介绍中国扶贫的专题节目。但很可惜加藤先生在后来的一次采访中不幸因交通事故去世了，当时他才33岁。而正是因为他去过中国的扶贫县，有过这样的经历，并且总是念念不忘地回顾这次经历，所以加藤夫人把他未完成的事业通过捐献抚恤金的方式加以延续。我记得当时她把几百万日元的抚恤金全部捐出去了，建立了一所高广希望小学。后来从这个小学里毕业的学生，至少也上千人了，我想他们应该感受到日本友人的善意。现在日本有些媒体跟风炒作我们新疆问题等，谬称存在所谓的"种族灭绝"，这种无原则的报道和当时很认真地报道我们对少数民族地区进行扶贫的行为形成了非常鲜明的反差。

中日关系行稳致远需要市场、政治、舆论、民众等多维度的合力

采访组：您在日本各界都有许多朋友。即便是在中日关系面临一些困难的当下，两国的有识之士也从未停止努力。您认为在中日关系和中日友好中，应该如何做好"人"的工作？发挥"人"的作用？

日本前首相中曾根康弘　图片来源：视觉中国

黄星原：无论是国与国的关系，还是与其他方面的关系，人的要素是第一要素。我们现在所做的外交其实也是做人的工作。公共外交最重要的一个目的就是让对方的人能听得懂我们的一些外交政策，入耳入心，最后变成行动的一部分，这个非常重要。

我接触过日本的许多政治家。给我印象比较深刻的，一位是中曾根康弘前首相。他对日本一些政治人物不顾对方的利益和感觉、一味坚持所谓自己原则的做法提出了批评。他认为，必须要考虑对方国的国民和政府的一些感受，才能把关系持续下去。

还有一位令我印象深刻的日本政治家是海部俊树。他和我交流他在33年前是如何有勇气打破西方制裁，带头率日方代表团访问中国的。他回忆说："我做这个事情并不是为了取悦中国，实际上我恰恰是为了日本的国家利益，因为中日之间必须友好，中日合作必须坚持开展。可能用现在人的观点看我那次的举动有点疯狂，但是对于今后的中日关系来讲，我的举动是非常正确的。"

很多日本的友好人士都认为，中日之间是搬不走的邻居，是剪不断的关系。他们认为，如果有人一定要在中日之间挑事，实际上这是在破坏日

日本前首相海部俊树　图片来源：视觉中国

本的国家利益和人民利益，这个东西他们必须反对。其实日本还是有许许多多能够坚持这个正确主张（的人），他们知道什么是他们真正的利益，什么是急功近利，这给了我很多的启发。

采访组：我们特别希望援引您之前的一段话，中日有两千年的交流历史，疫情前最多时每年有1000多万人次的人员往来。同时两国间每年贸易额最多时达到3000多亿美元。频繁的人员往来与密切的贸易关系本应使中日关系如同一艘大吨位巨轮沿着友好合作的航道行稳致远。然而现实中的中日关系却总像风雨飘摇中的一叶扁舟，经常在不大的沟渠中剧烈颠簸。这种深层次的原因是什么？

黄星原：我的观点不一定正确，但是我想讲一点，中日关系不完全是中日关系，某种意义上它就是中美关系。所以在中日关系当中，美国因素有时候起了很重要的干扰，这是我想强调的。

首先，日本对中国的认知以及日本对自己的认知可能都需要纠偏。他们需要意识到中国这样一个首先致力于自己老百姓安居乐业、致力于自己国家复兴这两大重要任务的国家，以及在世界上致力于和平与发展目标的国家，本身并不是威胁。但日本媒体经常是"中国威胁论""中国崩溃论"等的始作俑者，欧美媒体随后跟上，最后泛滥。所以对当下中国和未来中国发展方向的错误认知，导致日本心态上总是出现一些波动，这也是导致中日关系波动的一个重要原因。

此外，日本对自己的认知也需要纠偏。日本安全到底是怎么样的安全？是绑在美国战车或者是绑在战争火药桶上更安全？还是在亚洲大家庭中践行平衡、全面、综合的安全观更安全？日本未来发展的前途又在哪里？日本本来就是一个资源匮乏的国家，它提出贸易立国、科技立国、人才立国以及环境立国等一堆立国方针。而中国作为它的最大市场，它的邻居，如果没有了同中国的合作，这些方针根本就立不住。

所以过去的50年，中日有很多值得纪念的东西，因为这50年给我们带来了和平和发展，带来了深度的广泛合作，中日融合的深度和广度是其他国家无法比拟的。但即便是这样，中日关系也经常出问题，比如我刚才说的认知偏差。这就还需要政治家的智慧，需要媒体正确的引导，需要老百姓冷静的应对，这几个方面合在一起，才会使中日关系行稳致远。

这几个方面无论是哪个方面出问题，都会变成恶性循环。比如说我们经常探讨双方民意好感度变差，民意基础薄弱。然后有些政治人物就会以民意基础不好为由，"顺应民意"发表不负责任的言论。而这个不负责任的言论，可能又再度变成媒体炒作的点，进一步影响民意。最后这就变成了一个恶性的怪圈，两国关系在怪圈里边打转。所以这个怪圈上的每一个链条都需要我们很好地去处理。

采访组：最近几年的舆论民调显示，中日民间友好指数处于低谷，与此同时不少日本民众仍然认为中日关系是"重要的"。日本民众了解中国往往通过日本媒体。您与日媒打交道多年，如何看待他们对中国的报道，您认为中日之间亟待破除的误解有哪些？

黄星原：中日之间首先的问题是信息不够对称。其实我同日本媒体打交道也有几十年了，经常会被问到一个问题，就是"人咬狗是新闻，还是狗咬人是新闻"。"人咬狗"的新闻观在西方媒体中特别畅行,但是"人咬狗"不是常态,我们需要弄清楚这点。"人咬狗"很能抓眼球,但真实情况是人不总咬狗或者很少有人去咬狗,这才是现实。

所以媒体怎么样把现实的、真实的情况反映给老百姓,这个很重要。不一定要抓眼球,也不一定要歌功颂德,只要实事求是,它本身就是"德",就能让大家从中得到很好的启发。

我希望不管是日本媒体,还是世界上其他国家的主流媒体,都可以重新回归实事求是,回归事实本身,让老百姓更多去了解事实真相。媒体要相信国民是有判断能力的,给他们呈现事实真相就足够了,多余的东西不要做。

保证中日世代友好能够支撑双方可持续发展

采访组:您作为日中友好会馆中方代表理事,能介绍会馆正在主要推进的事情吗?在"中日友好七团体"之中,会馆和其他团队有什么不一样的地方?

黄星原:日中友好会馆是中日双方出资出人,建立一个中日友好的共同事业平台,这个可能跟其他团体不太一样。日中友好会馆本身有五大支柱,

2022年6月16日,"透过艺术看中国——北京国际美术双年展精选作品展"在东京日中友好会馆美术馆开幕　图片来源:日中友好会馆

2022年7月20日,为纪念中日邦交正常化50周年暨日本云南联谊协会成立22周年,首届中国·云南节在东京中国文化中心盛大开幕　图片来源:中日友好会馆

2022年6月,日本青年参观"透过艺术看中国——北京国际美术双年展精选作品展"
图片来源:日中友好会馆

包括经济、文化、教育、青少年交流、日中学院。这五大支柱全面介绍中国以及中日关系，促进中日经济、文化、教育等各方面的交流，主要是做普通民众的工作，所进行的项目设计和希望达到的目标，也是以此为重点的。当然作为七团体之一，不可能说自己就能把所有事情都做好。我们配合着政府外交，配合着其他各个友好团体一起来完成中日友好这个共同事业，最终让中日关系能够健康稳定地发展。

采访组：作为资深外交官，您如何看待当前日本政府的对华政策，它符合日本或者说中日共同利益吗？面向未来，作为邻邦的中日两国应该发展怎样的中日关系？

黄星原：中日两国最大的共同利益，在我看来是同在亚洲，首先要保证我们的世代友好能够支撑双方可持续发展。日本要恢复经济，中国也要持续发展，要实现我们各自的战略目标，我们努力让整个环境以及我们的关系支撑我们各自目标的实现。如果偏离了这样一个目标，中日就无法可持续发展，两国在亚洲以及在世界上的存在感就会减弱。

采访组：如今，中日两国青年人都被对方国家文化所吸引，当然也许当下日本文化对中国年轻人的影响更大。放眼未来，对肩负两国未来的年轻人和下一代有何寄语和期待？

黄星原：中日关系的未来在于年轻人。现在的年轻人很现实的一点是，他们没有太多的偏见，也没有太多的历史包袱。他们看待彼此的眼光是平视的，彼此交流也是畅通的。我刚才讲了一个例子，日本年轻人到了中国之后，对中国的印象很好，中国的年轻人来到日本旅游之后发现印象也不错，这种往来才会支撑我们。中日人员往来在疫情之前每年要超过1000万人次。我觉得年轻人、青少年的交流特别重要，有助于相互增强文化认同感。中日青年人天天做宅男宅女（宅）在家里是不行的。

中国今后要做的事情不仅仅是发展自己，还要向世界特别是向自己的周边国家、向日本展示我们的魅力，展示我们文化的吸引力，能够让他们更多接受发展中的中国、正面的中国以及积极向上的中国。日本要做的工作也有一样的部分，为了自身可持续发展，日本还应该吸引更多的，包括中国在内的世界各方面的人才。如果都能做到，我相信今后中日关系发展和合作前景会很好。

Shi Ming
史铭

采访对象：史铭，现任中国国际商会中日韩企业交流中心主任。中国人民大学管理学硕士，日本中央大学经济研究所客座研究员。2002年进入中国国际贸易促进委员会国际联络部开始从事经贸促进工作，其中2004至2008年在中国贸促会驻日本代表处工作。2017年由中国贸促会派遣至中国国际商会创立中日韩企业交流中心，致力于推动中日、中韩以及中日韩经贸交流与合作。

采访日期：2022年8月26日
采访地点：澎湃新闻北京办公室

史铭：
望不断扩大"朋友圈"，深化中日地方经贸交流与合作

20年前，大学期间主修日语的史铭进入中国国际贸易促进委员会工作。20年来，他给五任贸促会会长担任过翻译，参与接待过近百个日本经济界访华团，为推动中日经贸交流发挥着桥梁和纽带作用。

2017年5月以来，作为中日韩企业交流中心主任，史铭还组织了十余次中国企业家代表团访问日本。在这样一来一往的频繁互动中，中日企业家互访学习、双向投资的氛围逐渐形成。即便是在两国政治关系遭遇挑战的时期，中日经济合作的趋势也从未改变。

2022年年底，史铭将再次启程，二度出任贸促会驻日代表。谈

2017年5月26日，中国国际商会中日韩企业交流中心在北京正式揭牌成立。图中由右至左：韩国驻华大使馆商务参赞李镐俊、日本驻华大使馆商务参赞垣见直彦、中国国际商会副秘书长蔡国枫、中日韩企业交流中心主任史铭　图片来源：受访者

到这次"履新"旧职的目标时，史铭期待着推动日本47个都道府县与中国地方城市深化经贸合作，不断扩大中日地方经济交流的"朋友圈"，将中日友好落到实处，真正做到互利共赢。

搭建桥梁，助力中日企业互访学习

采访组：中日邦交正常化50周年之际，您如何看待中日韩企业交流中心成立以来，在推动中日两国企业交流与合作方面做出的努力？您能否分享走上推动中日两国企业交流之路的契机？

史铭：大学期间，我是日语专业。20年前，我到中国国际贸易促进委员会参加工作，主要负责贸促会和日本工商界的交流与合作，每年我们都会接待大量的日本代表团。20年间，我给五任贸促会会长当过翻译。我也就此走上了促进中日经贸的工作岗位。

2017年，正值中日邦交正常化45周年，中韩建交25周年，中国国际商会设立了中日韩企业交流中心。中国贸促会和中国国际商会一贯重视促

2019年3月7日至11日，中国企业家代表团访问日本。3月8日，代表团访问全日空公司羽田工厂　图片来源：受访者

进中日韩经贸交流与合作。中心成立5年来，我们进一步强化了为企业服务的手段，更加注重倾听企业的呼声和诉求，致力于为企业做好服务。

在新冠肺炎疫情暴发前，我们组织了十余次中国企业家代表团访问日本，与日本工商界进行了广泛的交流，以向日本企业学习的姿态寻找双方合作的商机，受到了企业家的好评，也进一步促进了中国企业走出去。

采访组：在您看来，在中日邦交正常化的50年间，中国与日本企业的交流与合作发展历经哪些重要阶段？取得了怎样的成果？

史铭：50年来，中日企业增进交流，深化合作。特别是中国改革开放以后，迎来了日本企业投资的高潮阶段。日本企业积极参与中国的经济建设，在这个过程中，企业自身也获得了投资回报，这是一个互惠互利的过程。

到上世纪末，随着改革开放不断扩大，我们也欣喜地看到越来越多的中日企业开始进入合资、合作发展阶段，中日双方的企业通过合作共赢的模式谋求共同发展。

近10年来，日本开始出现吸引中国企业投资合作的需求。特别是一些中小企业，希望能获得中国企业的投资，瞄准中国巨大市场，谋求未来可持续发展。同时，不少中国企业，尤其是一些有实力的民营企业，也愿意去日本投资，收购一些技术或者中小企业。可以说，目前这个阶段，中日双方已经形成了一种双向投资的局面。此外，在"一带一路"倡议下，中日企业在第三方市场的成功合作案例越来越多。

采访组：您曾多次陪同日本经济界访华团参观日企在华工厂，也时常率团赴日开展企业交流，发挥着中日经贸合作"桥梁"的作用。在与中日企业较为频繁的往来之中，您有哪些印象深刻的体会和经历？

史铭：应该说中日企业交流自两国邦交正常化以来从来没有间断过。从1972年邦交正常化以来，中国贸促会每年都会接待日本经济界的代表团访华，我在贸促会工作20年间，参与接待了近百个访华团，我也见证了日本企业在中国交流与合作的过程。同时，（中日韩企业交流）中心成立5年来，我们组织了10余个中国企业家访日团。通过我们的努力，中日企业家已经逐渐形成了一个双向交流、互访学习的良好氛围。

在中日企业交流、合作的过程中，我注意到一个有趣的现象，日本的代表团都是一些大企业负责人，代表团主要成员大多是60岁以上，副团长以上级别的重要成员是七八十岁的老者。而我们中方代表团则以民营企业、新兴企业为主，这些企业的负责人，年龄以三四十岁的居多。

这或许也从侧面反映了中日两国企业的发展状态。日本企业的发展历程比我们要久得多，而中国企业，特别是民营企业，大多是从改革开放以来成长起来的。从这个现象来看，中国企业真正做到世界知名企业还有很长的路要走，应该向日本的百年企业加强学习。

采访组：我们注意到中国国际商会注重推动中日企业地方合作，例如，2021年时，中国国际商会曾承办首届长三角中日地方合作（苏州）峰会。能否进一步介绍开展此类地方合作的初衷与取得的成效。

史铭：随着中日经济交流与中日合作不断发展，两国地方间合作、

2018年12月4日至8日，史铭协助唐山市赴日本东京、大阪招商引资，举办招商说明会和签约仪式　图片来源：受访者

交流的需求也越来越旺盛。这种地方交流也将进一步促进中日双方的企业合作。

除了直接为企业提供服务外，中日韩企业交流中心成立5年来，也致力于为地方政府招商引资提供服务，促进中日地方城市的经贸交流与合作。迄今为止，我们已在包括苏州在内的十余个城市举办中日或中日韩经贸活动，不断推动地方城市与日韩工商界的经贸交往，为地方间经贸合作搭建机制性交流平台。

砥砺前行，在挑战中推动双方经贸合作

采访组：近两年来，受到新冠肺炎疫情影响，中日之间的企业交流或在不同程度上遭到冲击。面对这一挑战，两国企业做出了哪些调整，以继续推进经贸合作？

史铭：疫情对中日经济交流确实造成了一定影响。总体而言，中日两国企业携手抗疫，共同应对挑战。

据我了解，由于物流受限，双方企业在供应链上采取了一些措施。例如，部分日本企业为了应对疫情，调整了自己的产业链和供应链，尽量采用本地化的供应渠道，将疫情对生产的影响降到最低。

采访组：与此同时，随着中日关系的调整与变化，两国企业交流、合作或也会受到影响。您如何看待中日政治与经贸领域的互动关系？当两国关系遇到挫折时，如何维持企业间的稳定合作？

史铭：应该说中日两国在政治关系上经常会面临一些困难和挑战，但总体来说，邦交正常化50年以来中日经济合作的趋势一直没有改变，无论政治上出现什么问题或是波折，两国企业家总体上仍互相协助。50年来，两国经贸关系不断发展，双边经贸额和投资额不断增长。不断扩大的双边经贸额也充分表明了两国消费者对美好生活和优质产品的向往与需求。

在我看来，这是"在商言商"的体现。对日本企业来说，他们的目标是更多地融入当地社会建设和经济发展，把更好的产品带给消费者。所以

他们的在华投资应该是 10 年至 20 年这样较长的阶段，不会因为某一个政治事件影响到企业的发展。

从贸促会和国际商会的角度来说，"以经促政，以民促官"是我们的传统和使命。越是在两国政治关系遇到困难的时期，越需要两国在经贸领域加强合作，发挥积极作用，这能在一定程度上改善两国政治关系出现的一些问题。在同日本工商界的交流中，我们也发现日本经团联、日中经济协会、日本贸促会也有同样的想法。

采访组：谈及中日关系，绕不开美国因素的影响。在此情况下，日本企业是否会面临"选边站"的压力？若如此，据您观察，日本企业和商界会如何应对与抉择？

史铭：工作中我也经常会与一些日本企业谈及这个话题。应该说日本在中国和美国之间确实面临着选择。但实际上，我在和日本企业负责人的交流中发现，日方更看重企业自身的发展，如果说不得已要做出选择，他们会尽可能地将美国和中国的业务剥离开来，使其不会互相影响。举例来说，日本企业在中国生产的零部件，如果想再出口至美国，可能会受到一定影响。在此情况下，日方或考虑将出口至美国的零部件转到其他国家生产，以减少政治因素的影响。

此外，在与中美两国企业进行合作的过程中，部分日本企业也会和该国政府有关部门提出建议，希望减少政治因素的干扰。

面向未来，两国在多领域经济合作潜力巨大

采访组：2022 年 1 月 1 日，《区域全面经济伙伴关系协定》（RCEP）正式生效。在此协定下，中日首次建立双边自贸关系。从中长期来看，该协定会对中日双边经贸关系带来怎样的变化与发展？

史铭：中日两国作为世界第二、第三大经济体，是 RCEP 的重要成员国。这一协定的生效，中日在协定框架内可以发挥更大的作用，开展更紧密的合作。

有数据显示，2022年上半年，从贸促系统RCEP原产地证书（对出口企业颁发的证明）出口目的国来看，日本连续6个月排名首位，每月签证金额占比均超90%，这说明RCEP的实施，对我国向日本出口的拉动效应显著。我也相信在关税减免等优惠条件下，随着协定生效时间的延长，RCEP对中日两国以及其他成员国之间的经济合作有很大的推动作用。

采访组：此前，您曾多年担任中国国际贸易促进委员会驻日代表处代表一职，您年底将再次赴日担任贸促会驻日代表。此次"重返"驻日代表这一岗位，您有哪些新期待和目标？

史铭：作为中国贸促机构的海外代表处，必将在未来的中日经济各领域合作发挥更大作用。我认为中日双方在农业、节能环保、健康养老、职业教育、创新领域以及地方交流等方面合作潜力巨大。

讨论中日之间的合作不能脱离中国的发展，而上述合作领域也和中国国内经济发展息息相关。例如，在农业方面，我们已经实现了全面脱贫，开始推进农村振兴。而日本的农业发展走在前面，有很多经验、技术、产品值得我们学习。

在职业教育方面，日本的职业技能生培训体系较为完善。而我们要想提高"中国制造"水平，也需加强对技术人员的培养。中日可以在该领域加强合作。

在地方合作上，中日之间的地方交流自恢复邦交50年来延续至今。据日本自治体国际化协会统计数据显示，中日地方友城已超过300对。

但当前友城之间的合作多侧重于文化交流。比如，我曾接待过一些到中国做产品展示的日本地方政府。据我观察，日本地方人员来华后可能会出现找不到对口渠道，不知道联系哪些部门的情况。作为友城，日方此前主要是联系中方对应的地方外办，而外办主要负责促进友好工作。经贸领域的工作则由商务部门、地方商务厅负责。

因此，从我的角度来说，希望能发挥贸促会作为桥梁和纽带的作用，与地方政府相关部门一道，促进中日地方政府、地方中小企业等进行更为

2017年4月，史铭（右）与日本国际贸易促进协会会长、日本众议院前议长河野洋平合影。因工作原因，史铭与河野洋平先生成了忘年交。作为中日友好的前辈，河野洋平经常给予史铭鼓励和支持　图片来源：受访者

2022年9月5日，史铭出席"50年50人"——中日邦交正常化系列采访启动仪式　图片来源：受访者

深入的经济交流，不断扩大我们的"朋友圈"。近几年，也有人提出观点称，中日之间的友好不应只是挂在口头上，而应该是一种互惠互利、合作共赢的关系。在促进中日地方经济交流方面，我们还有很多工作可以做。

采访组：对致力于推进中日两国经贸合作的青年企业家，您有怎样的寄语？在推动合作落地的过程中，有哪些需要注意的地方？

史铭：青年是祖国的未来，越来越多的青年企业家已经开始在中日合作的大舞台崭露头角，相信在中日关系的下一个50年，两国青年企业家将为双方的经贸关系发展发挥更大作用。我们也愿意帮助两国青年企业家建立联系。

同时，我也建议两国青年企业家在交流之前加深对彼此的了解，包括对方国家的风土人情、经济状况、投资环境以及商业习惯等情况，以学习的姿态和对方进行交流，这样才能建立一种平等、长久的合作关系。

Dingming Fashi
定明法师

采访对象：定明法师，临济宗第四十七世，现任职福建福清黄檗山万福寺方丈，创办黄檗书院、黄檗学研究会、福建省黄檗禅文化研究院。曾任第十二届全国青联委员、北京市第十一届青联常委、北京市政府特邀建议人。曾参与 2012 年（香港）、2015 年（无锡）、2018 年（莆田）三届世界佛教论坛工作，参与北京佛教通史、中国汉传佛教思想建设、中国佛教讲经交流研讨会等多项国家重点项目与课题研究。

采访日期：2022 年 7 月 11 日
采访地点：福建福清黄檗山万福寺

定明法师：
隐元禅师东渡日本后带去了什么？

"四百年来沧海换，宗风不改隐元师。开山过海非常业，立德传灯无尽年。"300多年前，隐元禅师东渡日本，谱写出中日两国民间友好交流的一段佳话。

隐元禅师是我国明末清初高僧、日本佛教黄檗宗开山祖师。1654年，应日本佛教界邀请，花甲之年的隐元禅师率众弟子东渡弘法，于京都大和山（今京都宇治）创建寺院，命名为"黄檗山万福寺"，在日本开创黄檗宗，与日本禅宗的临济宗、曹洞宗鼎足而三。

自隐元禅师东渡开创黄檗宗开始，在129年里，共有16位中国福建黄檗山禅师应邀担任过日本京都黄檗山万福寺的住持，被写入《黄檗东渡僧宝传》的东渡传法高僧近80位，东渡人数之众、时间持续之长、空间跨度之广、传播文化种类之多，世所少见。

他们带去的中华先进文化、科学技术涵盖了儒学理学、佛学禅学、诗词歌赋、书法绘画、建筑营造、雕刻印刷、医学医药、农业种植、

定明法师　图片来源：受访者

饮食生活等，对日本的经济社会文化发展产生了重要影响，堪称中日文化交流互鉴的典范。

为纪念隐元禅师圆寂 350 年，2022 年 2 月 25 日日本天皇第七次加谥隐元禅师"严统大师"称号。2022 年适逢中日邦交正常化 50 周年，福建福清黄檗山万福寺方丈定明法师讲述了隐元禅师为中日文化交流所做的贡献，以及"黄檗文化"扎根日本并流芳海外的故事。

四次受邀后东渡日本

采访组：能否介绍下黄檗山寺的一些基本情况？

定明法师：黄檗山位于福建福清，因古时山中盛产黄檗树而得名。南北朝时代的梁朝诗人江淹来到黄檗山写了一首《游黄檗山》诗，诗中就提到这座山在过去有很多的修道者。

《黄檗山寺志》记载，唐德宗贞元五年（公元 789 年），当时福建莆田籍的正干禅师从六祖曹溪学法后回闽，行至福清黄檗山，看到山川灵秀，想起师父"遇苦即止"的赠语，因悟"黄檗味苦"，便在此开山结茅，募缘建寺，初名为"般若堂"，后唐德宗敕寺额"建福禅寺"。寺院始建于唐，鼎盛两宋，微于元，中兴于明清。

在明清时期，黄檗山成为东南沿海地区一座重要的禅宗传法道场，中天正圆禅师、密云圆悟禅师、费隐通容禅师、隐元禅师等多代高僧都付出了努力。

采访组：隐元禅师当时为何选择东渡日本？

定明法师：隐元禅师为临济宗第三十二世，一生通读三藏佛典，严持戒律，精研禅学。

其时，日本长崎僧俗在长崎奉行的许可下多次写信或派人诚邀礼请隐元禅师东渡弘法。在第四次诚邀下，顺治十一年(1654年)隐元禅师在63岁之际，由郑成功派遣船只护送，率领30余位弟子从厦门启航，至日本长崎弘法。

隐元禅师在佛学、诗学上有很深造诣，有《隐元禅师语录》《普照国师广录》《黄檗清规》等甚多著作，所写诗词达5000多首。他经常云游参访，在佛教界声望日高，著作、诗集也传至日本。

采访组：隐元禅师东渡日本后，新建的寺院也叫黄檗山万福寺？

定明法师：对。黄檗山的祖师们都有家山情结，这个情结从更早的历史来讲，可以追溯到唐代。唐代希运禅师在福清黄檗山出家，后来到江西弘法，因为不能够忘记家乡的这座山，把江西的鹫峰山改名为黄檗山。南宋时期有一首诗叫作"天下两黄檗，此中山是真"。在中国那个时期有好几座黄檗山，有两座黄檗山特别有名，福清的黄檗山是真正的源头。

公元1657年，隐元禅师东渡到了日本，获得幕府将军和天皇两大系统的共同支持。特别是幕府将军要给他一块地，让他自己去选择，他就选了京都太和山。

由于隐元禅师想念家乡的黄檗山，后来就把京都太和山改成了黄檗山。京都黄檗山万福寺的建筑规制，也是按明代黄檗山的建筑规制来修的。那里面传承的都是明代时期佛教丛林规制，这个规制里面所体现出来的是很浓烈的中国文化色彩。

正因为在京都黄檗山内，所见所闻无不是中国福建的元素，以至于日本诗人们说：进到京都黄檗山内仿佛到了中国，出了黄檗山才回到了京都。因此可以看到京都黄檗山里面所传承的中国文化的浓厚底蕴。

不仅传播了佛学讲义，还带去了先进文化和科学技术

采访组：隐元禅师东渡日本之后带去哪些东西呢？

定明法师：隐元禅师东渡日本，所带去的东西实际上是比较综合的，不仅传播了佛学经义，还带去了先进文化和科学技术。我们通过文献的梳

定明法师　图片来源：受访者

理、研究总结，发现这三大领域总共包含了十五大类，包含儒学、诸子学、闽学等先进的思想文化，建筑营造、医疗医药、雕版印刷、农业种植等科学技术。

隐元禅师东渡弘法，创建日本黄檗山万福寺，以及嗣法弟子们一次又一次、一代又一代东渡传法所形成的黄檗宗，是明清多元融合佛教的缩影，有着浓郁的明清福建风格。

日本黄檗僧俗至今遵循闽音来念诵经文，以此表达对黄檗宗祖隐元禅师和历代祖师传法的"永恒追忆"。在佛教领域，隐元禅师带去了正统的临济宗的法脉传承和福建佛教丛林生活的规制，对日本佛教影响是非常深远的。同时他还把明代的佛教传戒制度、禅林修学生活制度带到了日本，编撰《黄檗清规》，促进了日本佛教界道风的建设，被日本佛教界尊奉为日本禅宗中兴祖师。

采访组：日本皇室会定期对隐元禅师进行册封，是出于什么样的一种考虑？

定明法师：最早的册封是1673年，隐元禅师在日本圆寂的前一日被后水尾法皇册封为"大光普照国师"。此后，日本皇室每隔50年在隐元禅师忌日为其追加封号，他先后被册封为"佛慈广鉴国师""径山首出国师""觉性圆明国师"和"真空大师"。1972年中日邦交正常化，时值隐元禅师圆寂300年，他又被册封为"华光大师"。

隐元禅师门下法子、法孙也受到日本皇室册封。隐元禅师弟子木庵禅师加谥"慧明国师"，黄檗宗第五代住持法孙高泉性激禅师得赐"大圆广慧国师"，后加谥"佛智常照国师"；日籍法子、法孙之中，龙溪禅师得赐"大宗正统禅师"，铁眼道光禅师加谥"宝藏国师"，铁牛道机禅师敕谥"大慈普应国师"。

为什么日本皇室会定期给隐元禅师册封国师或者大师名号呢？我想这要从隐元禅师和他的弟子们东渡日本，传播中国先进文化、科学技术和禅宗临济宗的法脉，对日本文化产生整体的影响这个立场上去谈。

隐元禅师晚年身体不好，日本后水尾法皇就跟身边的人说："师者国之宝也，倘阳寿可续，朕愿以身带。"后水尾法皇认为，禅师是日本国的一个国宝，假如阳寿可以过继给隐元禅师的话，他愿意把自己的阳寿给隐元禅师。隐元禅师为日本传去三百年已灭之临济宗灯，为日本传去中国先进文化和科学技术，可以说，隐元禅师对日本佛教的贡献以及日本社会文明进步的贡献，都是居功至伟的。

"隐元禅师"不只是一个人

采访组：在你们的介绍中，经常提及"隐元禅师"不是一个人，而是一群人，怎么理解？

定明法师：日本佛教界把隐元禅师认定为日本近现代禅宗中兴之祖，可以说，他对于整个日本禅宗振兴都有很大的影响和帮助。

"隐元禅师"不只是一个人，我们很多时候讲隐元禅师是一个团队，是一群人，是一代又一代人。东渡时，隐元禅师随行弟子有30人，这30个弟子都是属于当时黄檗僧团的精英。这一批人去了以后，还有陆陆续续的弟子和徒子徒孙东渡。此外，当时东南沿海的大海商，也从福建或者江浙地区到了日本长崎，成为中日两国商贸文明的推动者和交流者。

隐元禅师和历代黄檗禅师为日本带去的先进文化、科学技术以及佛学经义，被日本社会公认和统称为"黄檗文化"。因此它不只是一个人，是一个团体，时间跨度将近一个多世纪。

采访组：您讲到隐元禅师的多个弟子，在对日交流方面也发挥了很大的作用。您能举一两个例子吗？

定明法师：刚才讲到隐元禅师和他的弟子们的影响贡献。其中有一个人叫即非禅师，他是隐元禅师在福建黄檗山的首座，后来也追随隐元禅师的足迹东渡日本。

即非禅师的祖上宋代大儒林希逸所注解的"三子口义"，即老子、庄子和列子的注释著作，在江户初期传到了日本。据不完全统计，日本这三百多年翻刻了几十种，翻刻量多达上千万本。其中《老子虞斋口义》，引起即非禅师的注意，得到整理刊行，对日本文化产生深远的影响。

即非禅师在日本时期编了一本科普著作《如语》，解释了"为什么会有地震""大海为什么会有潮汐""荔枝为什么长到一定程度会变成红色"等科普性问题，他也把中国的科技文明带到了日本。

另一位是独立性易禅师，东渡日本前就是一个全才性的人物，《佩文斋书画谱》有他的名录，日本知名岩国儒士宇都宫由（1633—1709）评价他"为人博览洽闻，涉猎儒书，出入佛乘，能书法，知医术，最长者诗赋也"。首先他是一个非常著名的医生，他掌握明代治天花的最先进医疗技术。他把明代治天花技术带到了日本，并且把这一技术传给了他日本的学生池田，池田家的后人后来成为幕府将军的御医，对日本近现代近400年医疗健康卫生的发展产生了深远影响。此外，独立性易禅师还把中国的造石拱桥技术带到了日本，特别是杭州锦带桥造桥技术带到了日本，指导并协助岩国修锦带桥。锦带桥后来成为日本国宝之一，促进整个日本交通的发展。

独立性易禅师还把独创的隶书、草书的书法风格带到了日本，并且撰写有关于书法理论的著作，对日本的书法艺术影响也非常深远。

我们可以看到，以隐元禅师为核心的黄檗山禅僧东渡日本不仅传播佛

定明法师　图片来源：受访者

教，还把明代先进的医疗、科技、建筑营造、饮食、生活、书法、绘画等诸多领域整体"搬迁"到了日本，从而形成黄檗文化。因此黄檗文化是一个多元复合的国际性文化。

黄檗文化影响持续至今，还将继续发扬光大

采访组：隐元禅师等高僧东渡日本，对于日本的影响如何延续到今天？

定明法师：隐元禅师东渡后的120多年间，从福建黄檗山派去或者请过去的高僧，担任长崎的各大寺方丈，有的被幕府将军聘请担任京都黄檗山的方丈。仅仅去京都黄檗山万福寺当方丈的禅师，就有16人（代）。担

任方丈被日本佛教写入到《高僧传》的有近80位禅师。

一个多世纪里，他们所传播的文化种类实际上是很多元的，空间跨度也是很广的，从长崎到京都到大阪到东京。后来人才输入被中断，但传播中所传承的那一套黄檗宗的传法制度、信仰、生活方式等，并没有间断，一直延续到今天，影响近400年。

黄檗文化已扎根于日本，在促进中日交流中扮演着重要角色。1972年以来，中日佛教界多次互访交流，成立黄檗文化促进会，举办黄檗文化国际论坛，促进文化交流。

采访组：请您介绍一下，近期我们做了哪些纪念隐元禅师和扩大黄檗文化国际影响的相关工作？

定明法师：福清黄檗山万福寺和京都黄檗山万福寺持续推动黄檗法脉的"东渡西来"和交流互鉴。

2022年3月以来，在北京中国美术馆举办了"黄檗文华润两邦——隐元及师友弟子的禅墨世界"展；福建黄檗山万福寺和美国亚利桑那大学佛教研究中心联合举办的隐元禅师圆寂350周年系列纪念活动在美国开幕，这是第一次在亚洲以外举行隐元禅师的大型纪念活动；在福建西湖举办了"一脉传承 花开两邦——纪念中日邦交正常化50周年黄檗文化展"等活动。

此外，为更好传播黄檗文化，福清黄檗山万福寺成立了黄檗书院、黄檗学研究会和福建省黄檗禅文化研究院，组织海内外专家学者深化学术研究。在疫情期间，我们也配合中国佛教协会对日本六七家佛教团体，包括临济宗和黄檗宗两家的协会捐赠了防疫物资。

采访组：除了上述活动，在传播黄檗文化方面，还做了哪些具体工作？

定明法师：首先我们从学术文化的层面去梳理：什么是黄檗？什么是黄檗文化的内涵？黄檗所传承的有哪些历史？黄檗所产生的影响到底是什么？从学术研究的立场出发，进行梳理，进行研究，进行总结。

只有以学术为基础的交流，才有可能提供历史参照和历史智慧。过去祖师们所传播的文化，所进行的交流、传承，一个个鲜活的故事，需要继续发掘和传播以推动两国的文明交流。这是从民间立场来推动。

采访组：对于中日两国年轻一代有什么样的寄语？

定明法师：我们有一种倡议，倡议大家要多学学历史，以历史为镜。

唐宋以来，中日两国在文化上、信仰上都有同文、同言的历史，历代佛教高僧的交流拓展了两国文化交流互鉴的形态，这个影响实际上是非常深远的。因为过去的交流，我们也看到曾经两个国家在文化上、信仰上乃至这一种情感上是比较亲切的。我们需要通过历史来了解，来研究，来走向未来的历史。

新时期两个国家的年轻人，应该要学习历史上隐元禅师、黄檗禅僧、黄檗外护东渡的历史，这有利于两国文化交流互鉴，社会和平安宁，民心互通，能够给大家带来幸福和长治久安。以史为鉴，才能够更好地交流互鉴，中日两国应该互相提携，互相成就，以维持长期友好和平。

Duan Yuezhong
段跃中

采访对象：段跃中，1958 年出生，湖南人，曾任《中国青年报》记者、编辑。1991 年赴日本自费留学，2000 年获得新潟大学博士学位。30 年来，他先后创立在日中国人文献资料中心，创办《日本侨报》、日中交流研究所、NPO 法人日中交流支援机构等，主办中日双语作文比赛，2007 年创立东京星期日"汉语角"。现任《日本侨报》出版社总编辑、日本湖南人会会长。

采访日期：2022 年 7 月 3 日
采访地点：段跃中工作室

段跃中：
把中日的故事说出来、写出来，一点一点增进友好

回首30年前初来日本闯荡的时候，段跃中常常开玩笑说自己最初是"三零青年"——日币零元、日语零基础、零社会资源。

如今的段跃中已是《日本侨报》出版社总编辑。他的办公室内，堆满了关于中日两国友好方方面面的书籍，多到给人一种难以下脚的感觉。对此，他表示，"为了中日友好，（年轻人）读一些正确介绍中国的书、有利于中日友好关系的书，写一些文章，到对方国家去旅游，和别人面对面的交流，这些做法都是最好的"。

1991年，为了和在日本留学的妻子团聚，身为《中国青年报》记者的段跃中做出了一个令人颇为意外的选择——辞职赴日自费留学。后来在日本的学习工作中，他越发感到日本媒体对中国尤其是对在日中国人的报道存在偏见，于是他选择重新拿起笔，希望用文字改变这一现状。

现在，除了经营自己的出版社之外，段跃中还坚持在每个星期日的下午举办"汉语角"活动。到目前为止该活动已经坚持超过了15年，举办了超过700期。除了因为新冠肺炎疫情短暂停止的半年，这项活动已经成为他日常生活的一部分，当然也占用了他陪伴家人的时间。

回忆这段经历，段跃中说道："这或许就是湖南人的一种倔强吧，有时候家人理解不了为什么要搞这么一个长期的志愿活动。但是我想孩子长大以后会理解我所做的这些公益活动的。现在他们觉得，父亲已经成为中日交流的桥梁。"

立志改变日本媒体对华报道偏见

采访组：您之前接受采访时说过，您来日本的一个主要原因是为了跟夫人团聚。我们了解到您其实在国内有一份正式工作，是一家很好的媒体。我不知道您当时做决定的时候有没有过顾虑？

段跃中：当然是有顾虑的，有三个原因吧：一是因为年龄比较大，当年来日本的时候已经33岁了；二是我不会日语，完全要从零开始，而且还不太了解日本的文化；三是没有钱，经济上没有储备，当时中国和日本的经济差距那么大。这些因素都曾经给我造成困扰。我记得从飞机上下来以后，我坐的是电车，就感觉电车很快。到了东京以后，我观察周围的人，从面孔来说的话，感觉大家都差不多，这就是日本给我的第一印象。当时有个小插曲，我在电车检票口时发现我的手提包没了，包里面放了护照和从中国银行兑换的外汇1万日元，可以说我所有最重要的财产都在包里面。然后我就赶紧到站台的电话亭寻找，包居然找回来了，里面东西都在，我很吃惊，那是刚到日本的第一天。

采访组：您到日本的前几年主要是在上学，在克服了一开始的语言障碍之后，从硕士一直读到博士。1996年，您创办《日本侨报》，这是出于一种什么样的考虑？您认为当时日本媒体对中国或者对中日关系的报道存在什么问题吗？

段跃中：刚来日本的时候，因为语言的关系我在日本很难找到比较理想的工作，所以我决定发挥在国内做过记者的特长——写稿。我给好几家华文媒体写稿，用过好几个笔名。我写着写着就发现这些华文媒体的读者只是我们在日华人，很难影响日本社会。后来，在我稍微能读懂日文报纸以后发现，日本媒体关于中国人特别是在日华人的报道，很多都是负面的。我的硕士论文的研究对象是（日本）华文媒体，在研究过程中我发现日本媒体关于华人的负面报道之中关注犯罪的非常多。当时经常报道一个词叫作"蛇头"，就是关于偷渡。1996年我在读博士第二年的时候有了创办《日本侨报》的想法，想办一家日本主流社会和研究者也能看懂的报纸，让他们知道在日华人并不只出现在负面新闻里。

总的来说，日本媒体有着资本主义国家媒体的特征，从这个角度来说，那些负面新闻更容易上重要的版面。我们看到这些负面报道时，心里就很不舒服，作为在日本的中国人，当然希望看到有关自己的正面报道。日本的记者知道他们的媒体存在这些问题，也有过一些反思。

事实上，除了政治、历史方面的一些问题，比如像岛屿、领土问题，更多的日本人对中国没有太多了解。这几年因为疫情关系去中国的日本人越来越少，中日朋友间直接交流的机会也少了。我们举办"汉语角""难忘的旅华故事征文"这些活动，邀请去过中国的日本朋友分享在中国及和中国人交往的故事。这让很多日本民众觉得非常新鲜，很吃惊，很感动，意识到中国有很多他们不知道的故事，改变了他们对中国的一些看法。其实从民间的角度，和日本人直接面对面交流，对改善两国关系会起到很好的促进作用。

主办超700次"汉语角"和6次旅华故事征文大赛

采访组：您刚才提到"难忘的旅华故事"征文活动，这方面您可以分享体会吗？

时任中国驻日本大使程永华为"汉语角"题字　图片来源：澎湃新闻

段跃中："难忘的旅华故事"征文活动面向日本朋友，现在已经是第6届了。在和日本朋友交往当中，我们发现他们希望有一个平台能够展示普通中日老百姓的交往。2017年我们开始向有留学经验的日本朋友征文，邀请他们讲述难忘的中国留学故事。首次征文活动结束以后反响很不错，还出了一本中日双语的获奖作品集。后来好多不是留学生的日本朋友就说他们虽然没有留学经验，但是都去过中国，也很喜欢中国，在中国也有很多的故事，问能不能也给他们提供一个写作发布的平台。从2018年开始，我们就把"难忘的留学故事"扩大成"难忘的旅华故事"，去过中国的人都可以写。他们虽然也通过个人媒体发布自己对中国的一些看法和想法，但是比较认真严肃地把用日文写出在中国发生的故事用日文写出来，并在日本以中日双语出版，再在日本公开上市还是第一次。

每年大概有300人参加征文活动，都是真名实姓的，从参与人员来看，包括国家公务员、外交官、大学教授、普通家庭主妇、学生，等等。去过中国的日本朋友都可以用日文把自己的故事写出来。他们没有隐瞒自己的观点，在中国的感受确实打动了他们。比如说，2020年获奖的一个日本小伙，他在一家24小时便利店里负责中国商品的采购，他们店里面摆的产品很多来自中国。他第一次去中国的时候，带着日本民众对中国产品的担心去了大连和青岛的工厂，他把从原材料的卫生管理到出口日本的整个路径全部考察了一遍。"如果你们像我一样去了中国，到现场看一看，你们就知道这个产品是可信的，质量是过关的，各个方面都是令人放心的。你们去了中国也会和我一样成为中国的粉丝。"他非常感动，把这个过程写了出来，真心呼吁并希望日本能够正确理解"中国制造"这个词。从某种程度来说，这篇故事消解了很多日本朋友对中国制造的担忧。日本朋友讲的真实的友好的中国故事对日本人来说会更有影响力。

采访组：我们再回到"汉语角"，这个活动您大概办了多少期？您估计到目前为止前前后后有多少人参与了？这期间您有没有遇到过一些困难，或是刚才说的那种印象比较深刻的事情？

段跃中：我记忆力还比较好，今天（2022年7月3日）正好是第707次"汉语角"。这个活动是2007年8月5日开始的，马上就要第15个年头了。我还记得第一次举办的时候，夏日炎炎，来了23个人。后来经过大家的努力，参加的人越来越多，并且不管刮风下雨大家都坚持来。累计大概有3万多人（参加过），多的时候一次有近200人，少的时候也有十几个人。"汉语角"固定是在周日下午2:00—5:00举行。新冠肺炎疫情刚开始的时候断了不到半年，后来就改为线上了。

第600次"汉语角"的时候，在公园做了一个很大的活动，孔铉佑大使还专门写了贺信。"汉语角"基本的流程是这样，下午2点到3点自由交流，来自各地的人互相认识，见面之后就报个到、签个名。3点开始就是全体会，第一次参加的人一定要用汉语、日语两种语言做自我介绍，日本朋友先用汉语，中国人就先用日语介绍。然后每次基本上都有一个主题发言，请日本朋友或者中国朋友讲一些中国的最新发展变化，有时候也请一些外界知名的学者发言。4点以后是分小组讨论。我记得有一次北京开通了新的地铁，有一位日本朋友从北京刚回来，拿着《北京晚报》从机场专门赶到"汉语角"，向大家介绍北京新的发展变化。也有到过张家界旅游回来的朋友，拿着自己拍的照片分享说从来没看过这么漂亮的风景。像这样的故事太多了。

采访组：在您坚持举办"汉语角"的过程中遇到过哪些困难？

段跃中：困难很多。我们的活动是完全免费的。对我的公司来说，发通知、写稿子、组织、请老师演讲、复印材料等等这些张罗的过程，虽然看起来算不了什么，长期来说也是一项开支。从我个人家庭来说，一开始时孩子还小，爱人有时候也会有一些怨言。

"汉语角"开始是我们夫妻两人一起创办的，后来在运营的时候，家人难免会觉得我的时间都被这个活动占据。现在孩子们觉得，父亲已经成为中日交流的桥梁，他们今后也要在中日两国间发挥作用，还要为国际交流做点什么。这也许是我的倔强或者说坚持给他们带来的一点影响吧。

段跃中在自己的工作室接受采访　图片来源：澎湃新闻

对未来的中日关系持乐观态度

采访组：在日本这么多年之后，您个人对未来的中日关系是不是还持一种乐观的态度？

段跃中：我对中日关系还是持乐观态度的。中国的发展越来越好，中日关系在这样的大背景下，只会走向更好的方向。我们从民间交往的角度，会继续努力做好出版工作，通过出版平台促进两国相互了解。总的来说，维护中日关系，面对面、心与心的民间交流发挥着至关重要的作用。"星星之火，可以燎原"，让去过中国的日本朋友讲述中国故事，把中国的发展变化讲述给更多的日本朋友听，这种中日交流方式会影响到更多日本人，改变他们对中国的一些看法。

采访组：2022年是中日邦交正常化50周年。中日友好七团体的很多成员现在都白发苍苍，中日关系的未来肯定还是托付给下一代年轻人。您作为前辈，对致力于中日友好交流的两国年轻人，有什么期待或者寄语？您认为中日两国友好交流的接班人应该树立什么样的理念，又应该克服什么样的障碍和误解呢？

段跃中：对年轻人来说，就是要坚信中日两国世世代代会友好下去的理念。当年的老前辈们，像毛泽东、周恩来、田中角荣，他们为中日邦交正常化做出了巨大努力。具体到每个人来说，我们要行动，哪怕是做一点很小的事情，就从自己先做起来。

年轻人要言行一致，如果要立志了成为中日友好的桥梁，必须先向老前辈学习，然后再不断创新，贡献自己的一份力量。其实，每个人都是这个桥梁里的螺丝钉，大家都做一点事，这份能量聚集起来，这就是我对今后青年人的期待。

Yang Bojiang
杨伯江

采访对象：杨伯江，现任中国社会科学院日本研究所所长、东海问题研究中心主任，研究员，博士生导师，兼任中华日本学会常务副会长、中国亚洲太平洋学会副会长。历任日本综合研究开发机构（NIRA）客座研究员、日本国际论坛客座研究员、美国哈佛大学访问学者、美国布鲁金斯学会访问学者、国际关系学院教授等。主要研究方向为亚太大国关系、中国周边安全、日本问题。

采访日期：2022 年 8 月 11 日
采访地点：中国社会科学院日本研究所

杨伯江：
建立观察"坐标系"，把握真实的中日关系

第一次去日本的时候，杨伯江还不满27岁。当时，杨伯江到日本的两个重要研究机构做访问学者，一个是1974年成立、由经济企划厅和国土厅共同管理的综合研究开发机构（NIRA），另外一个是1987年经外务省批准成立的智库机构日本国际论坛。

"我在这两个单位总共一年多的时间，并不是很长。但非常好的一点是，能够看到日本的国际关系研究，还结识了一批日本当时非常活跃的学者，这对我后来的职业生涯是非常有帮助的。"在杨伯江看来，这次经历也让他对日本社会，对日本的国民性有了一种感性认知。

此后的数十年间，杨伯江通过与日本各界人士的不断交流，并邀请日方青年学者访华，努力向日方传达"中国"的丰富内涵，展现出一个不夸张、不缩小、不修饰的中国形象。他也见证了一些日本朋友对中国的态度转变，从用比较挑剔的目光看中国，到以比较务实、脚踏实地的态度思考中日关系的转变。杨伯江寄语中日两国的青年学者们，在充斥着令人眼花缭乱的海量信息的当下，需要建立自己的观察"坐标系"，踏实、扎实地做好基础研究。

杨伯江认为，在中日邦交正常化50年的节点上，汲取正反两方面的历史经验，有利于把未来50年的中日关系经营得更好。而回顾历史，最令他感慨的，是当时中日两国领导人在复杂的形势下展现出的非同一般的勇气、魄力和智慧。

在民间交流中观察日本的意气风发与趋于谨慎

采访组：从研究者的角度来看，1972年中日邦交正常化以来的50年，中日关系的发展脉络大致可以分为哪几个阶段？有哪些关键要素影响着中日关系的发展与演变？

杨伯江：仅就1972年以来的中日关系而言，基本上可以分为三个阶段：首先是从1972年到20世纪90年代初冷战结束；第二阶段是从20世纪90年代初一直到21世纪的第一个10年，也就是中国的国民生产总值赶超日本（的阶段）；第三个阶段就是2010年以来。

影响中日关系的变量非常多，大致分为几方面：一是力量对比的变化。中日之间力量对比的变化会导致一系列变化的产生，各自的战略、政策、国内社会政治思潮等也都会发生变化。

二是国际大背景，包括国际格局、时代潮流、国际关系模式、国家间关系模式的变化。这种国家间关系模式的变化，又可细分成合作模式、竞争模式，或者是斗争模式。

三是中日关系本身的特质。即中日关系有着区别于中美或中韩等其他关系的特点。这既包括了两国关系中积极的方面，也包括矛盾、分歧，甚至心理等因素，它们客观上都是中日关系的一部分。

所以，当我们在研究中日关系时，就意味着要以上述这些特质为背景，要在这个前提下进行研究。没有真空中的中日关系，只有现实世界中的中日关系。

采访组：您曾多次参与"北京－东京论坛"，并同日本政界人士、学者等进行广泛交流。伴随着中日关系发展轨迹的变化，在与日方人士对话、交流的过程中，您有哪些观察和印象深刻的经历？

杨伯江：通过当前中日之间最大的民间交流平台"北京－东京论坛"，来观察中日关系发展演变的轨迹是非常有意思的。

第一，我们从中看到了国际形势的变化。比如，中日双方代表讨论问题的时候，心态上有微妙的变化。其背后影响因素是肉眼可见的，包括经济力量、生活水平，以及对自己国家未来发展前景的预期等。

我作为一个中国公民、北京市民，可以期待五年、十年后，这个国家发展得更好，这个民族会更有前途和光明的未来，这一点非常重要。所以，在"北京－东京论坛"发言的时候，中方的代表似乎都是信心满满。

相对来说，我们的日本同行和老朋友，感觉他们更为保守一些，甚至是消沉一些。心态、氛围趋于保守，是冷战后日本社会"整体保守化"的重要组成部分，这使得他们采取的基本政策以及对国家发展的预期都趋于谨慎。

回望2005年论坛创办之初，日方嘉宾还是比较意气风发的，能感受到他们的自信。当时"北京－东京论坛"召开的背景是中日政治关系进入僵局，中日希望借助民间力量推动双边关系转圜。所以，当年参加论坛的日方人员大部分都是友华或知华人士，讲话比较温和，对日本自身较为乐观。但在后来的十多年间，日方人士的参会状态确实发生了很大的变化。

第二点体会是，工作不光是在会上，也在会下。场合不同，开展工作的具体方式也有所不同。在开会时，我们两边会围绕一个历史事实的来龙去脉、是非曲直，进行非常激烈的争论。会议结束后，双方还是朋友。但

2021年10月25日，杨伯江（右一）在以"大变局下的中日关系及重塑国际合作——迈向邦交正常化50周年的思考"为主题的第17届北京—东京论坛上发言
图片来源：北京日报

这也不代表我们失去了各自原有的立场，只是换一种方式来继续讨论问题。在这一过程中，我接触到了不少日本保守派政治家，甚至是偏右的政治家。

中日的发展谁也离不开谁

采访组：日本外务省 4 月 22 日发布了 2022 年版《外交蓝皮书》。里面提到，日本在要求中方"采取负责任的行动"的同时，还需要与中国携手解决共同的课题，构建"建设性的、稳定的日中关系"。应该如何理解当前日本政府对华政策的"两面性"？这一政策导向背后受到哪些思维和意识的影响？

杨伯江：近年来，日本的《外交蓝皮书》越来越明显地体现出日本（政府）对华政策的两面性。概括而言，其背后受到两个方向力量的推动。一是出于冷战思维、地缘政治目的，出于美日同盟的需要，不是出于国际社会的公益，而是自身私利，对中国采取强硬政策。

但同时，还有一股强大但低调的力量推动中日关系朝着继续合作、和平的方向走。中日作为国际社会的重要国家，对国际社会，特别是我们所处的亚太地区负有特殊责任。同时，还有一些需要两国共同解决的问题，包括区域治理、公共卫生危机应对，等等。

实际上，就推动中日合作的那股力量而言，《外交蓝皮书》中不愿承认的是，中日的发展，谁也离不开谁。我们不否认中国的发展需要和日本合作，但同时，日本对中国的需求更是呈上升趋势。

举例来说，2021 年日本实际 GDP 增长 1.7%，这在发达国家当中算非常低的水平。经过新冠肺炎疫情冲击之后，各国（经济）普遍出现了报复性反弹，但日本的反弹非常乏力。而在这 1.7% 的增长当中，内需对日本经济增长的贡献为 0.7 个百分点，外需的贡献为 1.0 个百分点。由此可见国际市场对日本经济的拉动作用。所以，对于日本来说，国际合作特别是与近在咫尺的中国进行合作是必不可少的。

采访组：您曾指出，中日之间目前最需要的是对话与合作，双方应该就亚洲要成为一个什么样的地区形成共同愿景。如何理解"地区共同愿景"这一概念？目前，中日对于实现地区愿景存在哪些共识，又有哪些分歧？

杨伯江：共识大致包括：中日双方都以和平发展为基本路径，都不希望发生战争；都希望进行国际合作；希望维持开放式、对世界市场融入型的发展模式；都希望彼此的关系能够维持稳定的发展，最好是有建设性进展。

尽管我们提到了上述至少4点共识，但对于怎样达成这些目标，恐怕存在比较严重的分歧。我所讲的"亚洲未来的共同愿景"，具有一定针对性。原因在于，战后的亚洲并没有建立统一的、各方平等参与的、反映各方合理诉求的地区秩序。

这和二战后亚太的历史有直接关系。二战后国际秩序，包括亚太秩序的法理基础，建立在《开罗宣言》《波茨坦公告》以及日本投降书之上，这是二战后期以及战后初期对日作战各主要国家达成的共识。

但随着1947年冷战开始，美国背离了过去的共识，片面对日媾和，这就产生了1951年9月的《旧金山和约》。在当时的情况下，中国大陆和台湾地区都没有受邀参与旧金山和会，也没有签字。因此，中国这一力量在战后新的地区秩序当中应该占据什么位置、发挥什么作用，没有明确的定位。所以，战后的亚洲其实存在着两个分裂的世界：一个是现实政治的世界；第二是法理上的分裂的世界。所谓的"旧金山体制"，是造成亚洲包括中日之间在政治安全领域没有进入同一个秩序框架的最主要根源。

后来，1971年，中华人民共和国恢复了在联合国的合法席位，1972年中日邦交正常化，1979年中美建交。特别是在改革开放之后，中国作为联合国安理会五大常任理事国之一，经历30多年的发展，成为世界第二经济大国。但中国在亚太地区中究竟处在何种位置、扮演什么角色，依然没被给出明确的答案。

因此，我们应该就共同生活的地区，来讨论未来究竟如何安排，这就是我所说的"地区共同愿景"。

让日本年轻学者了解"等身大的中国"

采访组：从 2019 年 7 月 1 日开始，中国社科院开始邀请日本青年学者到中国访问。请问这个项目实施的初衷是什么？近些年来，在与这些来华的日方青年学者交流的过程中，您有哪些观察与发现？

杨伯江：应该说中国社会科学院推动这个项目是非常及时的，而且具有跨时代意义。首先，这个项目是中国社科院主动策划、提出，以日中友好七团体之一的日中友好会馆为窗口单位，让他们负责在日本国内的组织协调。

中国社科院的日本研究所具体承办了这个项目。这也是我几十年职业生涯中经历过的、直接参与的完全由中方单独出资的一个项目，确实是有跨时代意义。这也反映了中日两国经济力量、国家力量的变化。

同时，这个项目也反映出了中国方面的主动性和倡导力，这主要体现在对日本访华团行程的设计安排上。除了到北京相关部委进行座谈、参观养老机构之外，我们还邀请日方青年学者到中国的一些欠发达地区进行考察。例如，我们和日方学者去过甘肃，了解了当地沙漠化问题，以及老乡们努力奋斗改善生活的状态。

我们想传达的是，"中国"本身具有非常丰富的内涵。我们既有东部沿海发达地区，也有内陆欠发达地区。所以，我们应当让外国人，包括这些担负日本未来的年轻学者，了解真正的中国，用日语讲叫"等身大的中国"。

在与日方年轻学者的接触过程中，我们也能感受到他们的变化。近年来受国际舆论，包括日本舆论的一些不客观、不全面的报道影响，一些日本朋友，包括年轻学者、精英层面，他们对于中国的了解并不是全面、客观和深入的。所以我们 2019 年 7 月第一次和他们接触时，一些人看中国的目光比较挑剔，并非很友善。

2020 年、2021 年由于疫情未能进行线下接触，日方仍希望项目能够以线上的方式继续进行。随着项目进入第三年，当双方再次讨论中日关系时，

2019年7月2日上午，日本青年学者访华团访问中国社会科学院日本研究所并出席"中日青年学者交流会" 图片来源：中国社会科学院日本研究所

我们感受到日方学者，不同于之前带着先入为主的成见，而是以比较务实、脚踏实地的态度来思考问题。例如，不同学科背景的日方学者，提出的一些中日潜在的合作项目就相对具体，像是智慧城市共建、混动汽车开发等。

尽管日方学者在交流中也没有回避中日关系面临的一些困难，但也能愈发看到他们希望从地区和两国长远利益出发，促进中日关系稳定、健康发展的意愿。

采访组：我们注意到，近期的民调数据显示，中日民间对对方国家的负面看法比例呈上升趋势。如何看待和解读此类"民意"调查？

杨伯江：从某种角度来说，这是"正常"或者"自然"的现象，而非"理想"状态。如果我们要改变这种现象，就要对它的出现和形成有所理解。

前段时间，我刚好应邀参加中日韩三国合作秘书处组织的一个三国媒体交流项目，当时的题目恰好就是分析中日韩民众之间相互认知度下降的原因。

首先，这与中日关系的历史有关。我们经常讲中日一衣带水，一苇可航。但由于种种因素，中日之间有时"似近而远"，其背后是由多方面原因造成的。

作为研究人员，如果把中日关系的历史进行细分，大概是有三副面孔：

一副是友好交往、相互学习的历史；一副是兵戎相见、侵略与反侵略的历史；还有一副是没有交往交流，相互对立、隔绝的历史。这三段历史是我们理解日本和中日关系的基础。

比如，在日本1945年投降之后，一直到1972年中日才恢复邦交，而这段时期恰好也是战后国际关系和国家认知重构的重要时期。但中日两国在这一时期却缺乏相互深入了解的机会。

第二点是战后国际政治因素的影响。二战后，日本采取了加入西方阵营、靠美国庇护来恢复发展的路径，日美签订了《日美安保条约》。所以，在当时，中日双方分属东西方两大阵营，选择了不同的政治制度和发展模式。

除此之外，美国战略和政策对日本的影响也是重大而直接的。二战后，日本的保守派政权是依靠美国政府扶持的。一般来说，和美国关系不佳的日本领导人任期都不会太长。比较典型的例子是民主党出身的前首相鸠山由纪夫。而前首相安倍晋三与时任美国总统小布什围绕朝核政策的分歧，也是促使其第一个任期（2006年9月至2007年9月）下台的因素之一。

因此，当美国出于维护霸权的需要，推动其亚太地区盟友对华进行多边压制时，中日关系会面临更大的困难和挑战。

汲取邦交正常化以来的两方面经验

采访组：面对中日国内民众存在的情绪，两国有识之士应扮演怎样的角色？中日邦交正常化50年来，有哪些经验和智慧值得我们汲取？

杨伯江：我们回顾邦交正常化50年的历程，是为了从中汲取正、反两方面的经验，从而把今后50年的中日关系经营得更好，这个是出发点。

从正面经验来说，首先就是要有勇气、有智慧、有担当。回顾1972年9月29日之前的几年，日本的内政、外交以及中日之间官方与非官方的互动，就能够领略到在国际上和在日本国内均有势力反对中日邦交正常化。

而回看中日推动邦交正常化所采取的"两步走"模式，也会发现其区别于常规的建交模式。具体而言，"两步走"是先由双方政府发表《中日联合声明》，宣布邦交正常化。近6年后，两国于1978年签订《中日和平友好条约》，从法律层面确认了之前邦交正常化的成果，推动中日关系进一步走深、走实。

抚今追昔，最令人感慨的是，中日两国领导人能在当时复杂严峻的国际形势和日本国内形势下，勇敢地迈出这一步，真正展现了非同一般的政治勇气和魄力，同时又极富东方智慧。

第二点经验，就是要坚持中日和平合作的总基调。当两国出现分歧和矛盾时，中国一方面坚决捍卫国家利益、坚守原则，在一些重大、敏感涉及核心利益的问题上不让步，但同时又牢牢把握着和平合作的总体大方向。

第三就是要求同存异。这和第二点有联系，但要求在方法上做得更周延、更科学。问题本身固然重要，但用什么态度、思路去解决它，往往比问题本身更重要。

比如，中日之间所谓的意识形态的问题。前首相安倍进入他的第二任期以后，开始提出"价值观外交"。对此，我们想请教日方一个问题：为什么50年前价值观上的分歧没有成为中日之间邦交正常化的障碍，反而在今天成了两国进一步发展关系、深化合作的障碍？究竟是树在动还是风在动？是客观上发生了变化，还是主观上刻意而为之？所以，如何做到求大同、存小异，值得深入思考。

采访组：对致力于研究中日关系的两国青年学者们，您有哪些建议和寄语？

杨伯江：第一，应该认识到中日关系研究与日本问题研究的重要性。戴季陶在其所著的《日本论》中写道，"日本把中国放在手术台上、显微镜下观察了几千次"，以此说明日本对中国的研究和了解程度。

我们对于日本的了解恐怕还没有那么深入，研究还没有那么系统。所以还需要加大力气、深入研究。需要充分认识到日本在中国的安全与发展方面的重要性。

此外，一个国家对你来说重不重要，既要考虑其正面价值，还需看到

中国社会科学院日本研究所举办国际学术研讨会活动　图片来源：受访者

中国社会科学院日本研究所举办大江健三郎追思座谈会　图片来源：受访者

其负面价值。正面价值是我们发展过程中可借助的外部资源。与此同时，也不能忽略负面价值、破坏性价值（destructive value）可能导致的一系列连锁效应。从昔日梦想建立"大东亚共荣圈"开始，日本对地区乃至对美国的对华战略观和对华战略政策是具有不小的影响力的。

第二，不要追风，要踏实、扎实做好基础研究。现在是一个媒体资讯非常发达的时代，如果我们每天只看短视频的话，就会觉得世界非常热闹、眼花缭乱，也会因此失去自我，被信息牵着鼻子走，而没有建立起自己的观察"坐标系"。没有"坐标系"就不知道特定事件发生在哪个方位上，无法精准定位，我们应该如何看待，也不知道该事件所带来的变化与影响。

第三，日本研究需要开拓视野，要从国际关系全盘和中国外交全局的角度来加以定位和把握。日本研究有其特殊性，这是历史文化和"二战"后的国际因素造成的。比如，日语翻译过来的中文文本，通常不是那么通俗易懂。虽然日语中也有汉字，汉字是从中国传入日本的，但由于两国的发展道路、民族命运不同，中日对同一个词的理解往往渐行渐远。例如，中文的"手纸"，在日语里就是"信件"的意思。

此外，日本宣布无条件投降后，失去了海外殖民地，据1957年日本首份"外交蓝皮书"说失去了"国土"的46%，这也就意味着讲日语的人就是日本本土人。

基于这些因素，如果我们每天只看日本资料来进行日本研究的话，你时时刻刻接收的就只是日本官方、学界和媒体的信息和观点，缺乏比较分析与开阔的视野、宏观的把握，甚至是全面、公正的资料和角度。所以，我一直强调研究人员在日语之外最好能懂一些英语。目前在日本所四十余位研究人员中，大约有四分之一是可以用日语和英语双语工作的。

总而言之，我们把握中日关系和日本问题，要放到一个更宏观、开阔的视角之上，这样我们的结论、观点才能更接近事实本身，离真理更近一些。

Zhang Liling
张丽玲

采访对象：张丽玲，1989年赴日本留学，1995年东京学艺大学毕业，进入大仓商社株式会社就职。张丽玲历经4年拍摄制作了大型系列纪录片《我们的留学生活：在日本的日子》，其中《小留学生》《年轻人》《我的太阳》《家在我心中》等单元故事在日本电视台播出后，收获高收视率并在日本社会引起巨大反响。《小留学生》一片获得2000年"日本放送文化基金奖"最佳纪录片奖。1998年起，张丽玲出任日本大富（卫星电视台）董事长。

采访日期：2022年7月8日
采访地点：大富电视台办公室

张丽玲：
《红楼梦》里走出的日本电视台社长

张丽玲的大富电视台位于东京市中心最繁华的商业街银座的一栋颇有年代感的办公楼上。在这里，张丽玲和同事们每天都在为制作中日双语的各类电视节目而努力工作。

大富电视台办公室　图片来源：澎湃新闻

33年前，张丽玲已经因为饰演87版《红楼梦》中的丫鬟娇杏等一系列角色而小有名气，但她却选择去日本留学。

"那时有一种想法，总觉得如果是要走在时代浪尖上的人就都需要往国外走。我虽然在北京工作生活，但看到身边的一些朋友都出去了，就萌生了也出去闯一闯的想法。"如今的张丽玲仍记得当年的心路历程。

在这之后的旅日生涯中，她先后进入大仓商社工作，筹建大富电视台，推进中央电视台等媒体在日本落地。而这些经历之中最为人熟知的,还是她在工作之余自筹资金采访300多人拍摄的系列纪录片《我们的留学生活》,其中《小留学生》《年轻人》《我的太阳》《家在我心中》等故事现在还时不时在中日两国被提及。

在同事们或者同行们的口中,现在的张丽玲更多被称为"张社长"或者"董事长",其形象也更贴近"职场女强人",但在熟悉她的朋友眼里,张丽玲始终还是那个"逐梦者",那个一句日语都不会说,手拿8000日元独自闯荡异国他乡的留学生。

2022年是中日邦交正常化50周年,对于张丽玲来说,利用电视平台推进两国民众了解,加深两国友好已经成为自己的一种使命。

从《红楼梦》演员到赴日"逐梦"

采访组:您参演过87年版的《红楼梦》和88年版《聊斋》,当时您在国内已经有一些名气和基础了,但依然选择到日本留学。您来到日本之后,对这个国家的第一印象是什么?它和想象中的差距大吗?或者和中国的区别大吗?

张丽玲:来了日本以后,觉得和在国内感受到的情况是完全不一样的。那时候国内在物质方面相对比较匮乏,而日本当时就像我后来拍的纪录片《彼岸的青春》第一集中嘉宾韩松说的那样,"天堂可能也就是这样子",能感受到差距是相当大的。

到日本之后,我最不习惯的就是语言差异,我之前完全不会日语,也不是很爱学习的。到日本以后我在打开电视时才知道这个语言是这么难的,我觉得我是学不会了。我记得有一天我买了一包方便面,里面有一包干燥剂,我不知道是什么,我以为是调味料,就把它放进面里去了,结果很难吃。打那之后我觉得如果不好好学日语,在这里就没法生活,从此之后我就玩命学习日语了。

一开始我以为日本的文化都是从中国唐朝那时候"搬"过来的,所以应该很相通。后来才慢慢发现,虽然我们共同用汉字,一些日本人对中国的历史文化也很精通，但实际上两者很不一样，我有时觉得甚至比中国和美国在文化上的差异还要大。我在日本待了大约33年，待得越久，我越觉得日本人和中国人其实是很不一样的。但是我们的文字是相通的，心灵也是相通的，所以我觉得即便有差异，但双方之间还是能很好沟通的。

采访组：您在日本的大学学习的是舞台导演专业，但是毕业之后却进入了日本商社工作。我们了解到您当年从事和啤酒酿造相关的工作，这样的一份工作可能跟您一开始的专业并不契合，您当时是一种什么样的状态？

张丽玲：我当时没有执着于一定要从事自己所学的专业。既然来到了日本，我就想了解一下日本的文化、历史，还有为什么在短时间内日本经济如此迅速腾飞。所以我就想找一家有信誉、有实力，同时又能感受到日本文化的公司。然后我就查到大仓商社，它是最早进入中国的公司之一。我事先了解到这家公司有中国统筹部，我想我进去以后一定是被分配到这个部门，这样我既能了解日本社会，同时还可以发挥我会中文、是中国人的优势。没想到三个月实习以后，我被分配到"啤酒酿造原料部"，当时我十分震惊，马上去找人事部部长。我说这样的安排十分不合理，他说任命是不可以推翻的。我说这又不是在军队，他回我说"这就是和军队一样的，任命就是命令，只能执行，要是反抗或者是不服从，那就辞职"。然后我又去找公司专务，专务就跟我说，之所以把我安排在啤酒酿造原料部，是因为中国经历了改革开放，现在相关业务刚刚起步，只要我在这个部门学习好、消化好，相信未来回到自己的国家一定能做贡献，我非常感动。

在这家公司暖心的故事还有很多。我工作半年就开始筹拍《我们的留学生活》这个片子了，富士电视台的人告诉我必须征得所在公司同意（才能开拍），后来我就去和我们部长说这个事，他说我们部门有66个人，这66个人里面只要有一个人反映拍摄影响了我的本职工作，我就必须停止拍摄或者辞掉工作。最后结果就是我部门的前辈承担了我一半以上的工作，放我出去拍摄。

纪录片《小留学生》中的小留学生张素
图片来源：视频截图

拍完"留学生活"再搭建"划时代桥梁"

采访组：回到《我们的留学生活》这个纪录片，一开始是什么样的机缘巧合让您想到去拍这个纪录片呢？您的初心是希望促进两国的了解，还是说有您个人的一些考量？

张丽玲：当时没有想那么多，在我踏入日本的第一天我就开始想拍（纪录片）。当时与我一同赴日的飞机上那些同胞给我的冲击非常大。我自己是一句日语都不会，到了一个异国他乡，手上就8000日元。而站在我前面的同胞，有九个特别大的行李箱，身上还背着东西，他又兴奋又不安，那种表情刻在了我心里。我当时就想我们都是同样的命运，要是有一台摄像机就这么跟着拍摄，肯定会出现特别动人的故事。一个人为了自己的理想目标可以把所有都放下，赤手空拳到异国他乡，我觉得太震撼，太触动我了。所以一直在心里默默想着，一定要记录下来我们整个留学生活。所以到大仓就职半年后，生活一安定下来，我就觉得该开始做这件事情了。

我当时没有选择拍摄对象，只要是留学生全部都是我的对象，我不停地去说服他们，拿着摄像机一个个见他们，能当场同意让我拍摄就直接跟拍了；当场说服不了的，那我就放弃了。就这样像滚雪球一样拍了300多人。我前几天还碰到一位80多岁的日本老人，一听说我是中国人，他竟然问我"有一部《小留学生》纪录片你看过吗？那部片子很感动的"，我回答说就是我拍的，他很激动。一部片子为什么过去20多年了，他们日本人还能记得？我认为这值得我们的思考。

我自己的想法是，第一，日本人是很在乎过程的，这部片子记录了留学生在日本为了实现自己的理想而奋斗的过程，过程中大家所体现出来的精神和情感是共通的。第二，当时我自己是留学生，我跟他们是一个视角，所以我就不会去问他们为什么要来留学，那种高高在上的或者是俯视的提问是不可能有的。因为我自己本身就是留学生，我就很知道他们的处境、心境和不易，所以就很容易让他们敞开心灵。而只要是这种发自内心、很真实的东西，它的力量是无比强大的。我觉得可能也是这方面打动了日本人。从这个意义上来说，其实情感是没有国界的，中日两国人民也是完全可以沟通的。

采访组：这个纪录片获得了比较大的成功。后来您为什么又转型做电视台的落地工作，是怎么样的机缘巧合呢？

张丽玲：就像您说的，我认为就是机缘巧合，我自己其实从来没有这个方向的考虑。我只是觉得我在大仓的时候大家对我非常好，我想把这个纪录片拍完以后回去报答他们。我总觉得把这个纪录片拍完以后，我本应该给公司去做更多贡献，当时我只想了这么多。就在纪录片还没播出的时候，有中国国内媒体的人员到日本访问，和我说他们希望在日本落地。我当时的感受也是在和日本人接触以后，发现他们十分不了解中国。我觉得电视是最容易让人接受的一种方式，所以我就觉得这件事很有意义。

当时我不认识其他的公司，我只知道大仓和富士电视台。我自己（工作）的公司大仓方面说他们是一家商社，跟电视业务毫无关系，也毫无兴趣，说除非我拉进一家（日本）媒体参与。然后我就又去说服富士电视台。当时有朋友就跟我说，要是能把富士电视台拉进来，本身就是"外交胜利"。当时就是"无知者无畏"，后来最终结果就是两家愿意出资，为这家国内媒体在日本落地专门成立一个公司，叫大富。我还记得我们电视台刚落地的时候,《日经新闻》连续三天头条刊登。日本所有主流报纸也都说我们是划时代的桥梁。

后来到了2012年,我们的节目就实现双语播出了。一般的日本老百姓打开电视,不需要中文都能直接看得懂,所以在这种情况下,这就成为他们了解中国的最直接的窗口。当时程永华大使也在日本的主流媒体上两次发表贺词,说我们这个频道的作用和意义还是重大的。我们每年有40多场直播,只要是有关于中国重大事件的发布,一些媒体朋友和政界人士、学者都会第一时间守在电视机前看(我们的节目)。

采访组:从大富电视台在日本走过的24年经验来看,您觉得中国媒体应该如何"走出去"和落地,以寻求被当地受众接受,助力所在国与中国之间加深相互了解呢?

张丽玲:在20余年的实践中我们体会到,本土化不仅是一种运作模式,也是放眼国际,展望未来的思维方式。全球化和互联网时代,寻求被当地受众接受,助力所在国与中国之间加深相互了解的捷径包括,尊重适应当地国的经济、文化、政治环境,接受当地风俗习惯,重视并积极努力深入植根当地受众。虽然我们切身体会走这条本土化"捷径"很辛苦,并且需要持之以恒,然而走本土化发展道路,入境随俗,尊重包容,才能同体共生,这的确是24年来引领我们不断取得喜人成果的阳光大道。

中日关系是"你中有我、我中有你"

采访组:作为一名在日本工作的资深媒体人,在当前中日邦交正常化50周年的背景下,您觉得两国亟待破除的误解有哪些?

张丽玲:我觉得日本媒体比较喜欢报道负面的事情,当然也包括他们自己本国的负面新闻。所以对中国可能也有一定的偏见,报道是比较片面的。同时日本民众又比较信任媒体,所以我觉得这方面影响比较大。

之前有一些民意调查的结果说两国民众好感度较低,我觉得这并不能完全证明中日之间关系很差,就像一对夫妇,双方都共同怀揣着美好的愿望,想一直在一起，但是结了婚以后，越接触越会发现对方问题很多，不停吵架，但是也不会离婚。我觉得现在中日关系就是这种你中有我、我中有你，完全不可分割的状态，这样密切的关系肯定有很多的问题。刚才我也说了，大家对事物的认识不同，价值观也不同，自然就会有很多问题和矛盾。其实我在民间接触到的日本人还是非常友好的。日本也还是有很多朋友对中国很友好，并且很希望中日关系能一直保持稳定，持续友好下去。

采访组：您在日本工作生活几十年，未来我们总归是要把这份事业和理念传递给更多的年轻人，他们在中日两国的交流和友好方面也肩负着重大的责任。您对两国年轻人和下一代有哪些寄语和期待？

张丽玲：现在两国年轻人视野广，知识面也广，不像我们当年上大学的时候连电脑都没有。但同时这个时代也面临着选择和判断，这很需要自身的定力和实力。我觉得其中很重要的就是要自己去思考，去判断，要有梦想。尤其我认为中日关系这方面最重要的一点就是不要人云亦云，不要随波逐流，要有自己独立思考和判断能力。现在关于中日之间的有些报道是很片面的，要自己去判断去思考，自己去体验接触。总的来说，年轻人要有理想，要有信念，而且在中日之间要有自己的主心骨；要有自己的判断能力和思考能力，而且要有责任心。此外，更重要的是还要坚持，有一句话叫"坚持本身就是力量"。

Sa Su
萨苏

采访对象：萨苏，本名弓云，汉族，祖籍河北，生于北京。1992年毕业于北京师范大学，IT工程师、著名军史专家、日本问题专家，中央电视台、凤凰卫视长期嘉宾。曾兼任《环球时报》驻日本记者，现回到国内工作。他曾出版过《国破山河在》《尊严不是无代价的》《退后一步是家园》《京味九侃》《中国厨子》《嫁给太监》《梦里关山走遍》《与"鬼"为邻》等书。

采访日期：2022年8月18日
采访地点：澎湃新闻北京办公室

萨苏：
在感性中加入理性看待中日关系，会更有力量

萨苏说，他的自我介绍说起来有些复杂。

大学毕业以后，萨苏在北京保利大厦工作，此后，又在美国通用电气、AT&T、诺基亚、AMECO 等公司工作，当了 20 年的 IT 工程师，然而，他最为人知的身份却是旅日作家。他曾长久居住于日本关西的小城伊丹市，曾兼任《环球时报》驻日本特约记者，现回到国内工作。

在日本居住与工作的经历，让萨苏有了理解中日关系的不同的视角。

萨苏　图片来源：受访者

感性中加入理性看待历史，会更有力

采访组： 您认识很多日本朋友，在您看来，日本民间是如何看待中日关系，又为两国的交流做出了哪些努力？

萨苏： 以住在我楼下的一位日本作家大城一美女士为例，她写了一本书（《卡思米（一美）行遍亚细亚》），讲的是一个日本女孩横穿亚洲大陆的故事，从中可以看到当时中国的文化对于日本影响之深刻。

20世纪90年代初期，大城一美来到中国以后，发现中国和她想象的完全不一样，中国其实是一个充满魅力的国家，比如大街上时髦的服装。与中国的普通家庭接触也让她产生了深刻的印象，更让她写下这本书，以促进相互了解。

采访组： 这是20世纪90年代的案例，同时我们也会发现，每一个时代似乎都会有特定的时代情绪，它未必是真实的、确凿无疑的，但总是会机缘巧合地成为浪潮。您怎样看待如今弥漫于中、日社会中的情绪呢？

萨苏： 中日之间有时难免会产生一些矛盾。最近中日关系出现了一些问题，我看到的时候，第一感觉就是我们还任重道远。我花了很长时间做抗日战争的研究，看到在那个时代诞生了很多有气节的中国人，那时候整个中华民族的表现让世界为之动容。那之后就会想到，我们这一代人究竟应该为他们做什么，因为他们是我们的父辈、我们的祖辈，他们经历了一场战争。我们这一代人的历史责任就是让大家清楚地知道当时发生了什么，我们不忘历史，同时让我们也能够共同去疗愈战争造成的创伤。

现在看来我们其实做得还很不够，整个世界这一代人，战争之后的这一代人，做得还不够，所以需要我们的下一代人来继续疗愈战争造成的创伤。

我曾经到日本去，看到中国在甲午战争时被掠去的定远舰的舰材，放置在日本人为其建造的定远馆里面。我当时第一感觉非常凄怆，曾经为国家英勇奋战的这艘军舰，它的残骸就在这儿。当我去触摸它的大门的时候，我突然产生另外一种感觉，大门居然是热的，定远馆的大门是军舰上的一块装甲，上面还有炮弹打的弹洞。后来才明白是太阳把它晒热了，但当时我感觉它像一个人一样跟我血脉相通，在跟我讲述历史的事情，它像一个老人在告诉我们什么是历史，同时也告诉我们什么是温度。

由此，我们也始终需要对话，需要有更多交流合作的平台，使我们的下一代能够在清楚认识真实历史的基础上，友好相处。

采访组：疫情刚刚发生不久，日本曾给中国送来一批物资，上面写了"山川异域，风月同天"，这个事情其实很好地推动了中日民间互相的理解、帮助，然后当时也有许多人去回溯了中日曾经的友好接触历史。或许我们需要的，就是一个又一个这样的，体现着彼此的温情与善意的时刻。

萨苏：其实这个事件对我来说还是蛮有冲击力的，当初我还经历过另外一件事情，就是汶川地震。在汶川地震的时候，在日本每一个小便利店都可以看到一个捐款箱，为当时在汶川的受灾群众捐款。从这个角度来说，其实人与人之间的心灵可以很近。

萨苏在日本工作期间留念　图片来源：受访者

我们从这一点也可以看到，中日之间解不开的结，是历史问题，现在日本很多右翼也纠结于这件事情，始终说这是中日关系的一个重大的障碍。但是另外一方面我们可以看到，无论在中日之间关系发展的哪一个时代，双方都体现出了非常强烈的那种彼此友好的向往。这种彼此的善意实际上还是来自于地缘关系和历史中长期的交往。我们甚至现在也可以看到，日本的经济发展像个旋涡一样，这个涡是跟着中国经济走的，中国经济好一些，带着日本经济也好一些，中国经济差一些，日本经济也会出一些问题。

采访组：所以我们可能更需要一种客观的、理想的视角，去进入对中日关系的探讨。

萨苏：是的。比如吴阿萍事件。因为这件事情我当时也做了一个调查，调查到底有多少人还知道被东京国际法庭判处死刑的 7 名甲级战犯是谁？调查的结果是，有很多人不知道。当时进行东京国际大审判的时候，一共逮捕了 118 名甲级战犯嫌疑人，包括日本前首相岸信介。这 118 名嫌疑人是日本当时对中国发动侵略的最主要的责任人。

当我们在面对中日之间的这些问题的时候，应该冷静地去看历史，在这个基础上再去谈问题，我相信会更加准确。现在我们有很多朋友只是从感性的角度出发，如果能够在感性中加入理性，并不表示我们的调子会变低，相反的是，我们的力量会变得更加强大。

可以把日本当作镜子来看这个时代

采访组：说回到中日的历史交往，中日在历史上其实很长时间是深刻地互相影响的，您认为中日关系是否可以从更远的历史中寻找破局点？

萨苏：回顾中日之间的文化交流的历史，我认为是非常重要的。一方面，双方的文化有同源性，我曾经在日本的太宰府看到一块碑，上面立的是"和魂汉才"，立碑人是菅原道真，被称为"日本的诸葛亮"。他为什么立这碑？是因为当时日本在派遣唐使，他被问什么样的人才最合适，什么样的人是最成功的？菅原道真说首先要有日本的灵魂，第二要有中国人的才华。我看了以后还是很自豪的，中国古代对他们的影响真的很大，而且这个影响到今天也还能看到。

另外一点，中日之间的文化交流，我觉得有些地方是可以相互借鉴的。中国和日本在发展的阶段里都出现了很多问题，问题是类似的，解决方法各不相同。

比如说中国曾经发生过地沟油事件，日本也发生过，中国有过问题奶粉的事件，日本也是有过问题奶粉的事件。为什么这些事件都在社会大发展时期出现了，其实应该是跟社会的发展进程有关系。

所以我们也会发现，之前我们在中国看到的很多社会问题，不见得是政府的问题，因为中日双方政体完全不一样，但是也出现同样的问题。这应该是在社会发展过程中，大家都必然要经历的。

日本战后的30年大发展时代，他们有各种问题，包括贪腐问题、污染问题，都很严重，但是今天回忆起来，他们却说这是日本非常辉煌的30年，因为这30年里他们取得了前辈所没能取得的成就，而且他们也通过30年的这种奋斗认识到一个道理，日本其实不需要通过战争，而是用和平的方式就可以得到发展。

对我们中国来说也是一样的。尽管这个时代可能会有很多问题，但是我们依然会为这个时代而自豪。今天我们可以把日本当做一面镜子来看我们这个时代，我觉得这种对比，比我们只看古代历史的传承和传统文化的交流可能更加亲切，可能对我们来说更有意义。

采访组：这一点在出版中也有反映。我们会发现近些年有很多反映日本问题的书被译介到中国，也受到读者的关注，并觉得可以以此作为一种警示，来更有效地调整我们现在的生活。

萨苏：这种对比我觉得非常有意义，一方面是要看到问题，另外一方面还可以借鉴学习。

萨苏在日本走访采风　图片来源：受访者

鲁迅先生当年讲过拿来主义，日本有什么值得我们拿来的？日本人做事，战略上不见得怎么样，但战术上非常细致。我刚到日本去的时候，发现日本在很多地方是非常细腻，非常富有人文关怀的，这些非常细腻的考虑在将来对我们是很有价值的。因为我们中国是用了几十年的时间走过了别的国家可能上百年走过的道路，所以我们很多时候是把发展当作最重要的事情来做，发展起来之后，后面的问题是怎么样让人民过上充满人文关怀的生活。举个例子来说，画人行横道线，是画在便于警察管理的地方，还是画在大家过马路最多的地方？这个本身体现出对整个社会的人文关怀。而这些在日本社会中有很多值得我们借鉴的地方，我觉得可以是未来中日交流的重点。

采访组：中日文化交流在哪些部分可以持续向前推进？

萨苏：有的，双方国家有一个共同的地方，都是属于国土面积和人口比例相对来说比较拥挤的国家。人口密度比较高，怎么解决一些问题，日本其实给了我们很多经验和教训。现在两个国家发展的方向也很类似，都把高科技作为重要的发展方向。我们两国之间的相互合作，我相信主要的合作方向会是增进人民福祉。不仅仅是说增进中国日本两国人民的福祉，而且是增进整个世界人民的福祉。这些合作的前提都是日本要充分认识到中日之间有哪些存在的历史，合作的前提是日本要充分理解中国的立场，要尊重中国的底线，要能够在历史的问题上有真正的悔悟，这样才能共同促进两国的发展。

Xing Lida
邢立达

采访对象：邢立达，1982 年出生，古生物学者、中国地质大学（北京）副教授。"野比氏实雷龙足迹"发现人和命名者。

采访日期：2022 年 7 月 28 日

采访地点：澎湃新闻北京办公室

邢立达：
从《哆啦A梦》中获取恐龙足迹命名灵感

"为什么暴龙那么大，'手'那么小？"一名小女孩问。

"因为暴龙的头很大，'手'小才能保持重心平衡。"视频连线中，远在日本的日本国立科学博物馆副馆长真锅真认真解释道。

"暴龙的'手'这么短，怎么挠痒？"随后，一名小男孩问。

"可能可以蹭。就像其他动物一样，身上痒了可以找个地方蹭一下。"古生物学者、科普作家、中国地质大学（北京）副教授邢立达笑着答道。

这是不久前在日本驻华大使馆举行的中日恐龙交流会中的一个场景。这样的场景对邢立达来说，再熟悉不过。作为科普作家、恐龙达人，邢立达很乐于为孩子们进行有关恐龙知识的科普。

2021年，邢立达和他的团队还因将发现的新恐龙足迹命名为"野比氏实雷龙足迹"（Eubrontes nobitai）——以日本漫画《哆啦A梦》主角野比大雄命名，而受到中日两国网友关注。

邢立达说，这一命名引发关注后，有很多素不相识的日本人士给他写电子邮件，或者在他的脸书上留言。有人表示非常感谢，说他算是圆了他们的梦想；有人向他表示，他们也很喜欢中国的恐龙，等等。"不管是从科普的角度，还是从拉近中日两国人民关系的角度来说，这次命名的反馈都很正向。"邢立达说。

对恐龙近乎痴迷的邢立达去过日本很多恐龙博物馆，并与日本学者有着频繁的学术交流往来。在他看来，不管是对中日还是其他任何国家来说，加强交流都是消除误解的一个好办法。

"恐龙深受包括中日在内的各国小朋友、年轻人的喜爱，而中国很多地方有国宝级的恐龙化石，我觉得恐龙会是一个非常好的交流

2022年7月30日，邢立达（台上）在中日恐龙交流会上做分享
图片来源：澎湃新闻

的载体、桥梁。"邢立达表示，他在跟日本同行沟通，希望疫情形势好转后，能为中国民众做一场关于日本恐龙或日本恐龙足迹的科普，同时也把中国的一些有特色的恐龙或恐龙足迹介绍给日本的小朋友，以此促进中日双方学科交流、青少年交流。

"恐龙是没有国界的，我们可以用恐龙之间的无距离去拉近中日之间的距离。"邢立达说。

以日本动漫主角之名为新恐龙足迹命名

采访组：2021年，您和您的团队将在四川泸州新发现的恐龙足迹命名为"野比氏实雷龙足迹"（Eubrontes nobitai），初衷是怎样的？

邢立达：2007年开始，我们就在四川盆地做了大量的探索，发现了一批足迹的新类型，即新种或者是新属。物种概念中分"界、门、纲、目、科、属、种"，"种"一级是最小的单位。

我们经常有一些小烦恼，就是发现一个物种后到底给它起什么名字。那几年我们发现的新物种比较多，曾以科幻作家刘慈欣的名字命名过足迹新物种，也曾经把一些"种"名定为"中国某某足迹"，还曾根据新物种发现地的一些民间传说进行过命名。

2021年发现新恐龙足迹时，我们想了很久，觉得用地名来起的话比较单调。后来想到我们课题组出去考察之前，大家一起看了电影《哆啦A梦：大雄的新恐龙》。我们的组员都蛮喜欢大雄这个角色，后来我灵光一闪：把名字给野比大雄，大雄就圆梦了。

因为在漫画、动画片里，大雄都提过他老是被欺负。他还说过"你们现在欺负我，以后我成为学者，要以我的名字命名一只恐龙"这类的话。我们当时觉得他还是挺有志气的。而且我想到我小时候跟大雄有点像——性格偏内向，朋友也不是很多。大雄很幸运，他有机器猫哆啦A梦可以陪他；我一般没人陪，恐龙可能是让我找到归属感的一个东西。所以，取这个名字多少是因为我在某些方面能够跟大雄共情。

采访组："野比氏实雷龙足迹"这一命名出来后受到中日网友的广泛关注，不少人认为此举架起了中日友好的桥梁。您对此怎么看？命名之初，您预料到会引发这么高的关注度吗？

邢立达：这么高的关注度远远超出了我的想象。生物领域的命名中有很多比较特殊的，像这次影响这么大是我们没有预料到的。其实此前我们还以日本电视动画《火影忍者》中的技能"螺旋丸"给来自缅甸琥珀中的一种奇怪的果实化石命名，叫"尖刺螺旋丸"。

这次命名引起这么大的关注，可能是因为《哆啦A梦》在日本是一个国民级的漫画，它承载了很多人的童年回忆。而且，野比大雄是一个比较弱势的角色，他可能更容易引起大家的共情，会让人有一些代入感。

我也知道，有些网友有疑问：我们中国发现的足迹为什么用日本的一个角色来命名？其实，这种命名对科学家来说有时难以面面俱到。总体来说，人众对这次命名的反馈还是比较正面的。

采访组：回头再看，您怎么看"野比氏实雷龙足迹"这一命名的意义？

邢立达：从学术上讲，命名是为了记录一种新的恐龙足迹形态，方便我们讨论古生态或古环境信息等。

从科普角度讲，这次命名引起大家这么大关注后，很多人会去了解到底什么是恐龙足迹，或者什么是恐龙足迹的命名系统等等，进而会主动去拓展与恐龙有关的知识。如果这次命名能吸引一些普通人去关注恐龙有关的知识，我觉得这就是一次很成功的科普。

因为这次命名引发关注后，有很多素不相识的日本人士给我写电子邮件，在脸书上给我留言。有的人对我表示非常感谢，说我圆了他们的一个小小的梦想；还有的人告诉我，他们也很喜欢中国的恐龙，等等。总之，反馈都很正面。

因儿时看日本影视作品而对恐龙产生浓厚兴趣

采访组：听说您是《哆啦A梦》的粉丝，您是从什么时候开始关注《哆啦A梦》的？您平时还关注哪些方面的日本影视作品？

邢立达：我们上世纪80年代初出生的这一代人，小时候刚好接触到了一些从日本引进的动漫。

我记得我上学的时候，《哆啦A梦》《圣斗士》《七龙珠》等漫画都很受欢迎。相比而言，《哆啦A梦》是最温馨的一部动漫。里面没有打打杀杀的场景，每一集都有一些大开脑洞的发明创造，并且还有我喜欢的恐龙元素。比如，通过时光机可以穿梭到任意一个恐龙时代去，这跟小朋友对恐龙的想象很契合，很容易让人获得很强的代入感。

我关于日本和恐龙的记忆，最早可以追溯到6岁在家里的电视上看日本特摄片《恐龙特急克塞号》，里面有救小恐龙或者救大恐龙的场景，以及照顾小恐龙的情节，还综合了一些古生物知识等等。此外，里面还有美丽的公主、外星人、时空战士等。这些内容我很喜欢，觉得非常有意思。

《恐龙特急克塞号》和再后来的电影《侏罗纪公园》构成了我和很多80后的童年恐龙回忆。

采访组：您是从《恐龙特急克塞号》开始对恐龙产生兴趣并且一直追寻着恐龙足迹的吗？

邢立达：可以这么说吧。我生长的城市广东潮州非常小，没有大城市那么多教育资源。当时电视和书籍成为我了解恐龙的唯二载体。

看过《恐龙特急克塞号》之后，我去我们当地书店把所有跟恐龙或者跟化石有关的书都买了，总共也就六七本吧。其中有一本漫画我非常喜欢，具体名字我现在不记得了。但我记得里面讲到，一个日本小朋友不经意之间发现了一只非常完整的蛇颈龙化石——日本蛇颈龙目的铃木双叶龙特别有名。这个故事对我触动很大，当时我看完漫画之后还让我爸爸带我去了附近采石头的矿场。我在采石场到处翻，希望自己也能找到一个恐龙化石。

那时我只知道潮州野外山地很多，却没有地质学概念，不知道潮州其实并没有恐龙时代的地层。

采访组：您是从看《恐龙特急克塞号》开始知道日本和了解日本是中国之外的另一个国度吗？您最初对日本有哪些认识或印象？

邢立达：我生长于教师家庭，很早就会认字了，看的书也比较多，应该是在幼儿园时就知道日本了。我小时候就对地理非常感兴趣，小学时玩过有关"大航海时代"的游戏，就是开着船在地球上转，去不同的国家。当时对世界上一些国家，尤其是对亚洲、欧洲的国家比较了解。

另外，当时有很多爱国主义教育，有些老师会讲到中国近代史。像跟中国近代史关联比较密切的俄罗斯、法国、英国、日本等国家，我都比较熟悉。

与日本恐龙研究者结缘始于年少时自建的"中国恐龙网"

采访组：您第一次去日本是什么时候？当时有没有一些让您印象深刻的人或者事？

邢立达：第一次去日本应该是在我参加工作后不久。我们潮州人经常吃鱼、吃米饭，有时也去日料店吃日料，我感觉中日饮食文化比较相似，

邢立达接受采访　图片来源：视频截图

但又总感觉自己吃的日料跟电视里的日料不太一样，所以对日本有比较强烈的好奇心。加之日本的恐龙文化传播做得非常好，当时我也想去日本看一些恐龙博物馆，想看看日本人是怎么去运作恐龙博物馆的，所以就去了。

我在日本问路时，包括去一些博物馆时，体验都非常好。像日本的福井县立恐龙博物馆、东京国立自然科学博物馆等，有很细致的讲解词，各种细节都做得很好，带给我的体验也都非常不错。

后来跟一些日本的同行建立合作关系之后，我去日本做学术交流的次数就更多了。

采访组：您第一次和日本的学界同行建立联系是在什么时候？是什么机缘？

邢立达：密切联系在2010年就开始了。那时我在加拿大读古生物学的硕士，我的同门就来自日本。可能是都来自亚洲的缘故，他对我特别照顾。而且我跟他很有缘，我高中时建过一个叫"中国恐龙网"的网站，其中有一个海外版块，里面的网友可以留自己的联系方式，大家可以互相交流。那时他就在我的网站活动，网页上还有他的照片。所以，当我在加拿大第一次见到他时，我感觉很眼熟。一聊天发现果然就是他。

他特别喜欢恐龙，并且很传奇，中学时就一个人到加拿大学习了，住在导师家。他的学问也做得非常好，我的很多恐龙知识是他教给我的，对我帮助非常大。毕业工作之后，我们仍一直保持着联系，他可能是我最熟悉的日本人了。

采访组：您最近一次跟日本的朋友或学者交流是什么时候？近期交流的关注点是什么？

邢立达：我现在跟刚才提到的日本同门仍保持密切联系。我们主要是在合作研究一些中国新发现的恐龙化石，会讨论一些与形态学、分类学有关的话题。

另外一个密切联系的人是日本国立科学博物馆副馆长真锅真老师。我们正在聊一些科普上的合作。

之前有一次国际会议在中国召开，真锅真老师也来到了中国。那是我第一次见到他，我见到他时非常热情，非常激动，甚至把他吓了一跳。

我激动是因为，此前在一些从国外翻译过来的科普书上，包括我自己在写科普书籍过程中参考的同行作品中，都会经常看到他的名字。我对他说，我是你来自中国的粉丝。他见到我也很高兴，因为他也看过我很多论文。

就这样，我们建立起了很好的联系。后来我还给他送过两个"野比氏实雷龙足迹"的复制品模型，他放在他们博物馆展示给大家看，分享背后的小故事。这些都是非常良好的互动，给我的感觉非常好。

我还跟日本北海道大学有一些合作。同时，我还带了一名来自日本的留学生，他是日本筑波大学的博士，在中国地质大学（北京）接受联合培养，我在指导他研究翼龙。这也是非常好的一个小伙子。

希望通过恐龙科普促进中日友好交流往来

采访组：在对日本的了解，包括与日本友人的交流相处过程中，您发现中日文化之间有哪些异同？

邢立达：我第一次去日本时发现，日文中有很多汉字，就算你完全不懂日语，还是能大概看懂文意；或者实在不行，你写几个汉字，他们也能

"连蒙带猜"猜到一部分。我觉得世界其他国家很难做到像中日这种程度的跨语言的文字交流。

另一件很有意思的事是，日本朝日新闻的一位记者来中国做恐龙相关的采访时，去了我家乡潮州。听他说日语，我发现数字1到10中，潮州话与日语至少有一两个数字的发音一模一样。我想，古代两国交流的密切程度可能超过我的想象。

采访组：您认识的这些日本友人对中国有哪些了解？他们怎么看中国文化？

邢立达：大家都是基于互相尊重的原则在交流往来。我和日本同行更多是就共同关注的学术方向、兴趣爱好进行一些讨论。

采访组：您觉得中日之间的包括民间的交流往来对促进两国友好发展起到什么作用？

邢立达：有更多的良性的互动自然是好事。在古生物学领域，中日关系比较融洽。在恐龙足迹研究方面，日本恐龙足迹学者非常支持我们的工作。我前不久在写一篇有关辽宁的恐龙足迹的论文时，曾向日本同行寻求帮助，他们的回应非常快。

现在有很多小朋友很喜欢恐龙，日本的小朋友也是。其实日本恐龙化石不太多，但可能因为他们有很多小朋友都有怪兽或者恐龙情结，所以催生了一个很大的恐龙产业。我个人特别希望去细致了解他们怎么去应对大量的恐龙爱好者，怎么去做好科普工作以及带来更大的社会经济收益。

过去，日本有关恐龙的书籍里介绍的主要是欧美的一些恐龙，对中国恐龙介绍不是很多。事实上，中国的恐龙（化石）很多，中国的山东、四川、东北可以看到一些真正的国宝级的或者重要的恐龙化石。我觉得恐龙可以作为加强沟通交流的一个非常好的桥梁、载体。我希望与日本同行一起做些科普工作来促进双方的学科交流、青少年儿童交流。

2021年4月30日，邢立达在广州讲述考古过程中的一些趣事　来源：视觉中国

采访组：根据您的了解，中日两国间是否还存在某些误解？您认为应该如何加深相互了解，提升两国人民友好关系？

邢立达：很多日本的小朋友来中国旅游之后告诉我，中国跟他们想象中的不太一样。他们会特别感慨上海或者北京的繁荣程度。日本的京都、大阪等城市节奏相对没那么快，他们觉得中国的城市非常有活力。这些跟他们以前了解到的中国不太一样。

所以我觉得，不管是中日，还是其他任何国家也好，加强交流都是消除误解的一个特别好的方法。

我经常跟日本同行说，恐龙是没有国界的，在恐龙时代中日所在地球板块应该是靠在一起的，所以现在日本发现的很多化石，跟中国本土的化石亲缘关系非常近。他们听了也都会笑，因为事实上确实如此。

我觉得可以用恐龙之间的无距离去拉近中日之间的距离。我也相信一些积极方向的潜移默化的改变，总比什么都不做要好。

我觉得现在的年轻人非常聪明，非常开放，这种开放使他们更容易去接纳更多的角度、更多的观点、更多的知识。我想，随着年轻人逐渐成长，中日两国会变得更加融洽，因为大家是近邻，有很多共同的话题。我对未来两国发展抱着美好期望。

Ren Zhengping
任正平

采访对象：任正平，1961 年出生于北京，1989 年毕业于北京外国语大学夜大学。1991 年至 1997 年底，在日本学习和工作，1998 年至 2008 年在北京龙头公寓工作，从 2008 年 4 月在北京日本俱乐部图书室工作至退休。回国后，经常帮助刚来中国的日本客人。2005 年参加过中日合拍电影《纯爱》的拍摄。致力于中日文化交流。

采访日期：2022 年 6 月 10 日
采访地点：北京

任正平：
20年守候一间有温度的日文书图书室

在北京建国门附近的长富宫办公楼，进门左手边有一间隶属于北京日本俱乐部的图书室，空间不大，高大的书架整齐排列，上面陈设着日文书籍。

北京日本俱乐部前身是北京日本人会，这是在北京的日本人于20世纪90年代发起、挂靠在中国日本商会下的非营利性组织。这些"日本人会"的成员在过去互联网还不够发达时来到中国，随着他们一起漂洋过海而来的，还有许多原装的日文书。会员们聚在一起阅读和分享，读完了就会把书留下，渐渐有了一个小图书室的样子，后来还定做了书架用以陈列这些书。

任正平与这座图书室的结缘，始于20年前。2002年，任正平经人介绍来到北京日本人会图书室，起初他从义工做起，每日负责借书、还书、整理书架、帮助客人找书、预定通知、收集捐书等等。2008年成为正式员工后，他作为管理员在此一直工作到2021年退休，目前以临时工的身份仍旧在这里帮忙。

任正平与日本也颇有渊源，他在20世纪90年代初留学日本，"在日本一个人生活，也特别想看中国的小说、影视剧等等，但是当时没有网络。后来我知道在东京池袋北口有'中华一条街'，当时东京最大的中国物产店知音社本店就在这条街上，我就常去租录像带或者借书买书。1997、1998年我回国时虽然赶上下岗大潮，但因为这段在国外的经历和语言上的优势，让我萌生了也为在异乡的日本人做点什么的想法，就在各种机缘巧合下来到这间图书室工作了。"

任正平介绍称，目前图书室登记在册的有3万多册书，其中90%的图书都是通过个人捐赠而来，"3万这个数字是'含金量'比较高的，因为我们每种一本，3万多册也就是3万多种。现在图书室的架子上放了2万多册，很多太旧了或者过时的书就自然淘汰了。"

"我印象最深的是有一个日本人在中国住了30多年，他的朋友也特别多，朋友走的时候会把不要的书留给他。他最后回日本时，一下子（给我们）捐了上千本书。"任正平回忆道。

如今，已退休的任正平仍在传递着这间图书室的温度——他会将别人新捐赠的书发送在北京日本俱乐部的会员群里，大家看到喜欢的、想要阅读的书就会预定。世界喧嚣纷扰，一本本书平静地陈列，等待着被郑重地捧起。

这里有很多日本人写的关于中国的书

采访组：现在来到这个图书室的读者构成是怎样的？

任正平：90%是日本人，也有10%是会日语的中国人。我们更名为北京日本俱乐部以后，日本国籍以外的人也可以入会，所以很多对日本有兴趣、会日语的，在日企业工作的中国人也会入会。入会以后就能来图书室借一些喜欢的书，比如获诺贝尔奖的日本作家的书。

采访组：现在可以统计有多少会员吗？平时大概每天有多少人来图书室？

任正平：会员现在可能有一千人左右，每年的人数很不一样。一个月大概有一二百人来图书室，我们周日和节假日不开放。

采访组：近些年可能读书的人越来越少，你怎么看这个图书室未来的发展？

任正平：图书室以前很有人气，就是因为过去网络也不那么发达，而且在中国，也无法轻易获得日本书，大家都到这来借。影响图书室发展的有两个。首先是日本（驻华）大使馆的搬迁导致很多日本人逐渐远离这附近。

其次是过去日本人学校每年会组织小学三年级全体学生来这里参观，带动了图书的借阅。近十年前，日本人学校停止了这项活动，图书借阅量一下子受到很大影响。当年学校参观的时候我会做介绍，父母要是会员的话就可以在这里免费借书，所以周六周日家长带着孩子来的情况特别多。

采访组：所以我感觉，图书室可能更是作为中日交流的一种象征而存在，有更多的纪念意义。

任正平：的确，很多日本人是第一次来中国，他们在日本的时候想着要尽可能熟悉中国，所以就买了很多日本出版的关于中国的书。带来中国以后，读完了就留下了。所以很有意思的是，图书室有很多日本人写的关于中国的书。

中日交流的一扇窗口

采访组：我也注意到这里的书都是旧书。因为是捐赠的，在题材、版本、出版年代上也非常不同。它们在图书室是怎样被分类的？

任正平：正规的图书室因为场地比较大，书架很多，才能分类。我们这里非常拥挤。整体来说，小说比较多。小说有那种大本的书叫单行本，但是比较多的还是更方便拿着和阅读的小本的口袋本，日本叫文库本。

除了小说，绘本也很多，比如介绍做饭的书。因为日本人在这里生活，而日本学校没有食堂，妈妈们每天早上要给孩子做盒饭，就要阅读很多讲制作便当的书。也有讲打高尔夫的，打保龄球的等。总的来说，书的种类（繁多），从小孩到老人谁来都能找到自己喜欢的，或能看的、愿意看的书。

还有比较突出的一点是，日本人对三国很感兴趣。日本人有一个想法就是到中国不看三国就等于不了解中国，所以很喜欢阅读三国相关的书。

《三国志》和《哆啦A梦》是最早来到图书室的一批书籍，现在借的人还特别多。还有《网球王子》《灌篮高手》之类，以及日本一些很重要的当代作家的书，比如村上春树等。

采访组：可以说图书室的成立主要依赖大家的捐赠，可以谈谈最近的一次捐赠吗？

任正平：经常会有人捐赠，最近印象深刻的一次就是一位在北京还蛮有人气的日本作家的捐赠。他写的都是中国的故事、北京的故事，日本人要来北京，就会对他写的书有兴趣。

采访组：北京还有类似的图书室吗？

任正平：日本大使馆有一个图书室，叫文化中心，但是那里的书很多是日文书翻译成中文，我这里百分之百是日本原版的书。北京外国语大学里面也有个日本学研究中心，那有一个图书室，很大，有两层楼，但是比较侧重日本文化、日本语言等等，都是搞研究用的书。几年前关闭的日本国际交流中心，也有一个图书室，主要是为了宣传日本。

采访组：北京日本俱乐部除了经营这家图书室，还会举办其他的什么活动？

任正平：之前还叫作"北京日本人会"的时候捐了很多希望小学。1995年到2004年这十年间，在北京周边包括河北等地方，盖了十所学校的校舍。盖房子的钱主要是来北京的日本人和他们的公司一起捐的，北京日本人会也进行一些义卖。

现在主要就是举办一些节假日的活动，比如利用这个阅览空间举办剪纸活动，或者来这里一起做手工什么的，也有很多讲座。

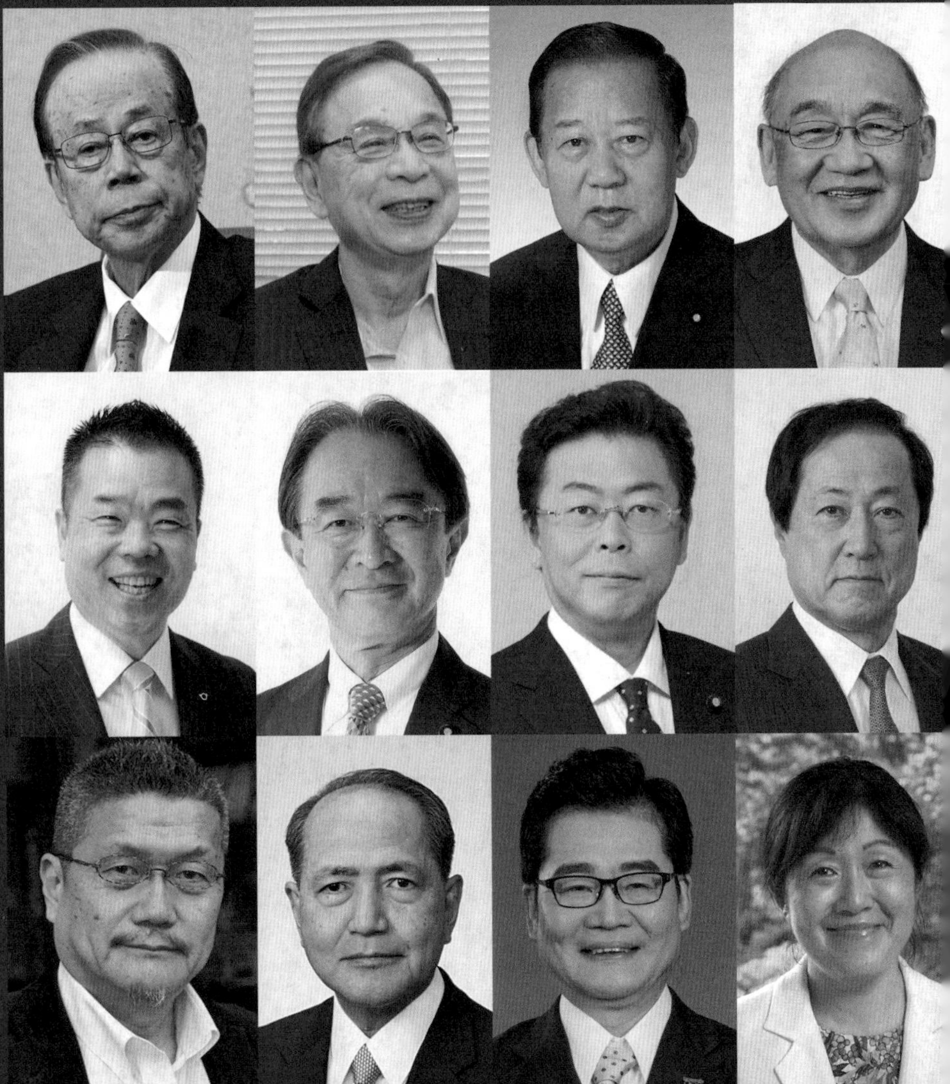

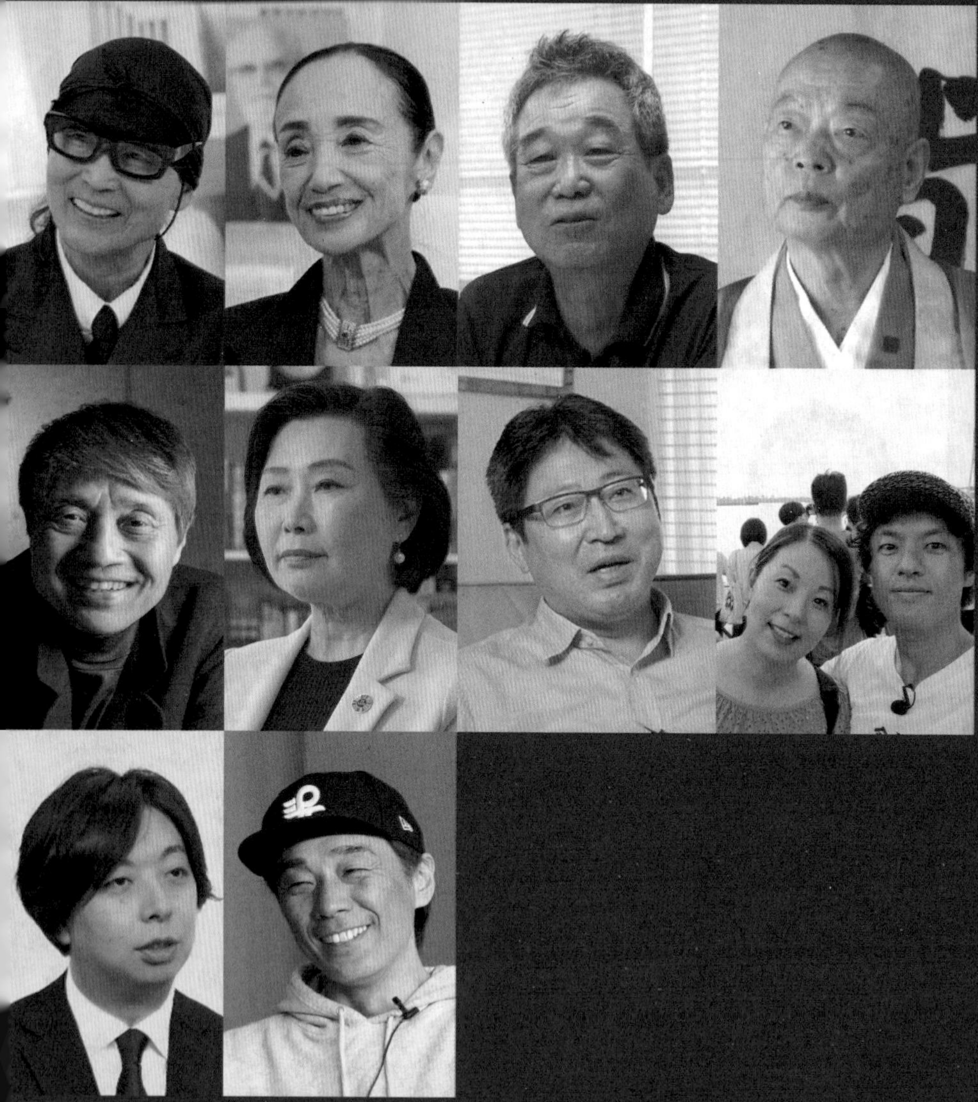

Fukuda Yasuo
福田康夫

采访对象：福田康夫，1936 年出生。日本前首相。曾担任博鳌亚洲论坛理事长。自 1990 年当选日本众议员踏入政坛，先后担任森喜朗内阁和小泉纯一郎内阁的官房长官，于 2007 年当选日本首相。福田康夫见证和参与了中日四个政治文件中两个文件的签署：1978 年他作为日本时任首相福田赳夫的秘书官，见证了《中日和平友好条约》的签署；2008 年，他与时任中国国家主席胡锦涛签署了《中日关于全面推进战略互惠关系的联合声明》。

采访日期：2022 年 7 月 22 日
采访地点：日本东京福田康夫办公室

福田康夫：
希望中日在和平与环境问题上相互支持合作

回顾中日邦交正常化的诸多历史时刻，福田康夫都是重要的见证者与参与者。1978 年，《中日和平友好条约》签署之时，日本时任首相正是福田康夫的父亲福田赳夫，福田康夫则担任首相秘书官。三十年后，福田康夫作为首相与时任中国国家主席胡锦涛签署了《中日关于全面推进战略互惠关系的联合声明》。五十年来，包括上述两个文件在内的中日四个政治文件奠定了两国关系的政治法律基础，成为两国关系健康发展必须牢牢把握和遵循的基本指针。

这位 86 岁高龄的政治家与中国的缘分不止于此，数十年来，福田康夫活跃于政治、经济、文化等各个领域，见证了博鳌亚洲论坛的成长，牵头成立了"亚洲共同体文化交流机构"，推动了中日企业家和前高官对话……他为促进中日两国间交流不断努力，并期待各界人士都能去靠近彼此、理解对方。

7 月，在位于东京的事务所，福田康夫聊起了对当下时局的感想，也聊到了许久未见的中国"老朋友"。在他眼里，尽管数十年来中国有了许多"不同的面貌"，但中国的发展脚步从未停止。

"温故创新"——2007 年以日本首相身份访问中国时，福田康夫在山东挥毫写下了这四个字。时隔十五年后，福田康夫仍然以此把脉中日两个近邻：尽管原话是"温故知新"，但仅是知新还不够，也需要创新，不管是过去还是现在，这个词都适用于中日。

与中国数十年渊源

采访组：中日四个政治文件中有两个都与您和您的父亲有关，您能否分别回忆一下这两份文件的签署背景。您认为这两份文件对中日关系的发展有怎样的意义？

福田康夫：1972年中日两国实现了邦交正常化，签订了《中日联合声明》，两国的交流自此开始，也是在那6年后，两国缔结了《中日和平友好条约》。2022年是《中日联合声明》签订50周年，50年过去，两国关系发生了很大的变化，同时尤其值得一提的是中国的变化。我认为实现这些巨大变化的起点正是联合声明与和平友好条约这两份文件。

在我2008年担任日本首相时，与时任中国国家主席胡锦涛签订了第四个政治文件。当时正是中国迅速发展之时，更夸张一点，可以说是中国在国际社会开始活跃之时。在第四个政治文件中，我们就中国的未来发展、

福田康夫接受采访　图片来源：澎湃新闻

在发展的途中将怎样与日本合作进行了规划。

回顾这 50 年，日本在短时间内已实现了相当多的变化。中国也是如此，在国内环境快速变化的同时也证明了自己可以充分活跃于国际社会。

采访组：在《中日和平友好条约》缔结两年后的 1980 年，您踏上了游历中国的历程。当时有什么印象深刻的事？在此后您也多次访问中国，在您眼中，中国有着怎样的变化？

福田康夫：提到 1980 年访问中国的契机，应该是当时的我对于《中日和平友好条约》签订后中国的发展情况抱有强烈的好奇。此外，也是为我父亲卸任后第一次访问中国做准备工作。我父亲曾经在中国住过一段时间，那时我也曾短暂地来到中国。1980 年我访问中国时，中国已经和我印象中完全不一样了。

我曾看到过中国许多不同的模样，而 1980 年看到的场景至今烙印在我的脑海中，当时我的感受是中国已经是一个非常安定的国家，我也在那时预感到中国的未来潜力无限。

在此后的多次访问中，我感受最大的是中国的变化"非常快"。对我来说，"快"也成为了一个能够象征中国的词汇，不管做什么都很快，比如高铁的建设速度。此外，这 10 年、20 年间城市的面貌也发生了翻天覆地的变化。新大楼拔地而起，数量还在不断增加，购物中心林立，城市逐渐变得"充实"，是我以前从没见过的样子。

采访组：数年间，您也结识了包括赵启正先生在内的许多中国朋友。您在与中国朋友的多次交流中，有什么印象特别深刻的事情？

福田康夫：我和赵启正先生是老朋友，而且我们是能够互相说出真实想法的朋友。我觉得赵启正先生是一边考虑到日本（立场）一边与我对话的，因此，我时常向赵启正先生学习，在交流过程中希望能考虑到对方的立场。在日本，有"有气度的人"这一说法，我觉得赵启正先生就是这样的人。

疫情下的中日"课题"

采访组：您如何评价目前的中日关系？

福田康夫：在我看来，目前的主要问题还是中日两国相互之间交流不足、欠缺理解，这也与新冠肺炎疫情这一特殊时期相关。在这一时期，民众或许会被报纸、电视等传达的一些以政治、外交为主的动态所影响，但我认为不能被这样的内容所左右。

新冠肺炎疫情蔓延前，从中国来到日本的民众很多。当时，通过与日本人接触，人们可以直接了解日本民众的想法。但现在却似乎是一个"不同"的时代，没有一个两国民众之间能自由接触、交流的场所，我想在这样的背景下人际关系是无法顺利发展的，希望未来这种情况能尽快缓解。

采访组：您认为目前中日关系存在怎样的问题和挑战？

福田康夫：不只是中日之间，（如何）对待与美国、欧洲、亚洲等其他各个国家，如何与它们建立良好的关系，可以说是未来中国需要做的事或是（关注的）课题。

例如，面对经历困难的国家就需要给予帮助或是提供建议，如在应对气候变化等问题上提出相应提案等。现在中国已经成为了具有领导能力的角色，今后将会为国际社会做出怎样的贡献，对此我充满期待。

采访组：当前民调显示中日两国民众的好感度不高，您如何评价这一状况？您认为应该如何改善中日两国的民间关系，加深民众相互理解？

福田康夫：其实日本对中国的感情非常复杂，其中一个原因是中国发展得太快了，日本人却未能完全理解中国的发展。所以日本人也应该多去中国，和中国人接触、交流，加强了解，认识现在的中国正在做什么，是什么景象。

当然，和我之前所说的一样，疫情之下两国民众无法实现直接接触，无论是知识领域还是思想上的交流都未能顺利展开，这也导致了国民情感过于被政治左右。所以不管怎么说，我希望两国国民间的交流能更加活跃一些。

采访组：回首过去50年，中日两国的前辈们留下了宝贵的财富。赵启正先生曾说，现在中日间缺少能理解对方、进行高层次沟通的人物。如何培养新一代热衷中日友好的力量，您是否有好的建议？

福田康夫：中日之间高层次沟通的人物严重不足，就此我想如果能有更多自由交流的环境就好了，当然，当前也因疫情尚无法实现。但尽管是在这种时期，我也希望大家能够更好地利用网络去进行交流。

我认为国民的交流是必要的，我期待中日两国能够实现尽可能多的往来，不仅仅是高层次的沟通，还有整体的交流。

发展中的机遇与期待

采访组：您曾在2010年到2018年担任博鳌亚洲论坛理事长，至今也仍是咨询委员会的委员长。博鳌亚洲论坛设立至今已超过20年，您认为有怎样的作用和意义？

2019年3月27日，海南琼海，博鳌亚洲论坛2019年年会，"中日健康医疗交流"分论坛现场。博鳌亚洲论坛前理事长福田康夫　图片来源：人民视觉

福田康夫：我开始担任理事长是在 2010 年，那个时候的中国与国际社会的交汇还没有现在那么活跃。博鳌亚洲论坛这样的国际会议在那时召开，将世界各地的人聚集在一起，我觉得对于中国来说是一个非常好的机会，换句话说，是一个"让世界看到中国"的好契机。通过博鳌亚洲论坛这一窗口，中国抓住了与世界实现更广泛接触的机遇，我认为这是非常有意义的事情，尤其是对于中国的经济发展。

我想博鳌亚洲论坛至今仍在持续发挥它的作用。"博鳌亚洲论坛是亚洲最大的论坛"这样的想法也在全世界蔓延，甚至有"西有达沃斯、东有博鳌"这样的说法。我认为博鳌亚洲论坛已经带来了很大的机遇，我确信它今后将会持续发展。

采访组：中日企业家和前高官对话至今已召开七届，在这七年间，世界经济也在急剧变化和充满挑战。就两国间的经济合作而言，您认为在近年来产生了怎样的新"变化"？

福田康夫：除两国民众间的交流外，我认为企业高层、相关人士的交流也是极其重要的，我希望今后也能够更加积极地推动此类会议的开展。

针对中日关系的新变量，我想是中国的发展速度太快了，我们反而"跟不上"。中国经济如此快速发展带来了变化。我期待中国的进一步发展，并顺其自然地与发达国家相处。我认为中国今后会有更多机遇，我充满希望，满怀期待。

采访组：多年来您也致力于推动两国间的文化交流，您如何看待这一方面的交流？

福田康夫：所谓的文化并不是一个阶段性产生的事物，而是自古以来就有的传统，像是画作、书法和乐曲等。文化能够提供机会，加深两国国民之间的情感，并让他们学习到过去的历史。

我此前成立了"日本亚洲共同体文化协力机构"，是和中国方面合作的。但实际上受疫情影响，该机构并没有开展更多活动，令人倍感遗憾。若是疫情结束，我想尽快继续推进该活动。当然，不只是这些活动，我对于届时中日间的全面交流也满怀期待。

采访组：2007年12月，您在参观山东孔庙的时候，曾提笔写下"温故创新"，给很多人留下了深刻的印象。放眼未来的中日关系，您认为应该怎样"温故"与"创新"，在此之中日本应该发挥怎样的作用？

福田康夫：当我在思考"对中国来说什么最重要"这一问题时，我想需要以中国一直增强的实力为重点来考虑。中国的脚步不会止于此，中国在国际社会的地位大为提高后，应该加强这样的认识——怎样才能让世界变得更好，并从这一点着眼去考虑如何在世界范围存在的课题。我希望中国能以"和平"和"环境"这两个问题为中心发挥更大的力量。在这之中，日本也会朝着这一方向发展，该支持（中国）的就支持，该合作的就合作。

就像中国国家主席习近平提到的构建人类命运共同体，中国、日本甚至是整个世界都息息相关。建设人人都能适宜生活的社会是我们的目标及方向，我们也必须为之奋斗，为此，日本和中国应该相互合作，也必须要相互合作。

诚然，两国之间也有应该竞争的地方，但我认为竞争不是为了自身增强实力，而是为了通过竞争创造更良好的社会、更良好的地球，这是不能忘记的初衷。

采访组：对于肩负着未来50年的年轻一代，您有何寄语？

福田康夫：当然是"温故创新"了。并不能只是着眼于新事物却对过去的事情一无所知，各自的国家都有着各自的历史，我认为以此为基础来衍生、创造新事物是十分必要的。

如果不去想着过去的事，全世界都趋于同质化，做一样的事，或许不是一件好事情，大家不会满足，也不会快乐。正是有"国家"这一存在，我们就需要去重视它，把这个国家的知识、文化，包括所经历的故事都综合起来，去组成、创造新的事物，这就是我认为的"人类的价值"。

Miyamoto Yuji
宫本雄二

采访对象：宫本雄二，1946 年出生，日本外交家，现任"宫本亚洲研究所"所长。日本亚洲共同体人文交流机构理事长。1969 年从京都大学法律系毕业后进入日本外务省工作。哈佛大学历史系硕士。历任裁军课长、中国课长，英国国际战略研究所（IISS）研究员，外务省研修所副所长，日本驻亚特兰大总领事、驻中国大使馆公使，裁军科学局长，驻缅甸大使，冲绳担当大使等[1]。2006—2010 年曾任日本驻华大使。

采访日期：2022 年 7 月 25 日
采访地点：宫本亚洲研究所

---

[1] 裁军课长，中国课长：日本外务省内设官职名，相当于中国县处级干部。
裁军科学局长：日本外务省内设官职名，相当于中国厅局级干部。

宫本雄二：
找回"亚洲意识"，日本和中国也将更加接近

　　这是澎湃新闻第二次来到位于东京都港区的宫本亚洲研究所。第一次在这里见到前日本驻中国大使宫本雄二是2018年的秋天。当时，正值中日缔结《中日和平友好条约》40周年，宫本雄二在采访中说道，"（中日）双方都应该对和平友好有着更新和更为深刻的认识"。

　　2022年，中日邦交正常化已迈向50周年。在这重要时刻，宫本雄二再次谈到和平友好的重要性，"两国不应再有战争了，日本同中国必须创造和平友好合作的环境，这对两国来说都是最有利的"。

　　宫本雄二与中国的缘分自1973年开始，他曾先后担任日本外务省亚洲局中国课长、驻华特命全权公使及日本驻华大使，被许多人评价为"知华派"的代表人物。

前日本驻中国大使宫本雄二接受采访　图片来源：视频截图

尽管中日关系间有许多变化因素，其中也有难题待解，但谈起两国交流，宫本雄二认为，若今后持续推进中日交流，尤其是以年轻一代为中心的中日交流，可能会迎来与目前完全不同的局面，两国或将开启更加紧密的交往。

"或许50年后，人们也会想，'50年前的人为什么会担心呢？'"宫本雄二说道。

"50周年"传递的信息

采访组：非常高兴时隔四年能再次采访您，您的外交生涯中很多时间是与中国相关的。2022年是中日邦交正常化50周年，您能谈谈最开始是如何同中国结缘的吗？

宫本雄二：与中国的缘分是日本外务省给我的，1973年，我在美国学习后回到东京，被分配到外务省亚洲局中国课[1]工作，从此便开始了与中国的缘分。

在亚洲局中国课，我参与了《中日航空运输协定》的沟通工作，作为一个新人，负责的还是"最底层"的工作。1974年1月，时任日本外务大臣大平正芳前往中国，就该协定与中国进行沟通，我也有幸同大平大臣一道前往，那是我第一次去中国，并见到周恩来总理，极为荣幸。

那时还没有在日本和中国内地间定期直航的飞机。让我印象深刻的是，当时我们先去了香港，在那里住了一晚，第二天到了广州，第三天才坐上了去北京的飞机。从东京到北京，整整花了三天两夜。

采访组：回首过去50年，中日关系曾有波动。您认为当前的两

---

1 外务省亚洲局中国课：日本外务省内设机构名，2001年1月亚洲局改为亚洲大洋洲局，简称"亚大局"。2006年4月，中国课内下设日中经济室。2008年7月，中国课改称"中国·蒙古课"。2012年8月，"中国·蒙古课"改为"中国·蒙古第一课"，日中经济室改为"中国·蒙古第二课"。

国关系有着怎样的状态和趋势？

宫本雄二：日中关系时升时降。总体来说，两国关系最好的时期是上世纪七八十年代。

50年前，许多前辈们努力促进了两国邦交正常化，并于1978年签订了《中日和平友好条约》。那个年代的人们教会了我们很多东西，这些曾经历过战争的前辈们想要传达给我们的，在《中日联合声明》《中日和平友好条约》中写得很清楚：日本和中国不能再次发生战争，日本和中国必须建立和平、友好的关系。这是他们在签署这些文件时对我们提出的"要求"。

所以在20世纪七八十年代，两国基于这些想法，建立了非常好的关系。但到了20世纪90年代、21世纪初期，这些想法却似乎在渐渐变淡。各种杂音开始出现，我认为这些声音也导致了两国关系的恶化。

但我们不能忘记的是，实现邦交正常化，制定《中日联合声明》《中日和平友好条约》的人们教给了我们什么：战争是没有任何好处的，两国之间再也不应出现战争，无论如何都必须建立和平友好的关系。

我们应该认真接受前辈们传递给我们的信息，并为实现它们而做出努力，这是日中邦交正常化50周年甚至是今后50年都绝对不能忘记的。日中两国必须创造和平友好合作的环境，这对两国来说都是最有利的。这是

宫本雄二展示书架上的相册　图片来源：视频截图

理所当然的事情，也是前辈们希望我们做的事情。两国之间达成的"约定"必须要执行，但如果（对和平友好的）推动力减弱，也就会导致两国关系时升时降甚至出现问题，我对此非常担心。

采访组：在您看来，现在中日之间有怎样的共同利益？

宫本雄二：与20世纪相比，如果说到21世纪的意义，我想是人类、地球已形成了一个整体。但与此同时，人类却也拥有了"轻易破坏地球"的力量，这是在"一战""二战"时期都没有的情况。

当前，人类还面临许多全球化问题——全球变暖、传染病……我们生活在这样的21世纪，这一世纪的基础是合作，如果不合作就无法解决（问题），失去了合作地球就可能会"毁灭"。此外，如果没有和平的国际环境，经济也不会发展。我认为，就算为了"自身的利益"，我们也必须在日中之间、东亚地区、世界范围创造和平、合作的环境。

两国之间有很多共同利益，如何正确认识这一点是最大的问题。其中非常重要的是如何对待个别、微妙的问题，例如岛的问题。我认为在东亚地区创造和平稳定的环境对我们的未来发展是十分重要的，但若在敏感问题上以强硬的姿态相互对立、谋求"短期利益"，也会损害我们的"长期利益"。

我们要思考的是，就算暂时维护了"短期利益"，那么中期、长期，其他的利益呢？在岛的问题中两国加深对立、加剧紧张，在我看来这是不对的，也不应该这么做，这样会导致两国在未来即使想合作，也会渐渐变得无法合作。

我认为这类问题应协商解决，而非采取"硬碰硬"的态度。日中之间仍有许多共同利益，一定要从长远角度和更宽广的视野来思考这类敏感问题，考虑"短期利益"和"对立"以外的其他选择，考虑两国间能够合作的事宜。

两国间的"多重"因素

采访组：您如何看待目前中日关系中的台湾因素？

宫本雄二：台湾问题是非常敏感、必须慎重对待的问题。我认为因台湾问题而损害日中关系是不正确的，但当前台海形势紧张是事实，这其中的部分原因也与美国因素有关。

我认为对于日本来说，尤为重要的是如何避免东亚地区的紧张局势，对此日本应该认真思考并采取行动。当然，对于如何处理这类问题，日中两国在大方向上还是有共通的理解，我认为现在的日本政府并不是要脱离这个共通理解，当然也不能脱离。

的确，这些年来在台湾问题上日本也出现了一些声音，尽管如此，需要明确的是日本在1972年做出的承诺是不会改变的，当然我认为这是绝对不能改变的。

采访组：您如何看待中日之间的美国因素？

宫本雄二：我认为美国因素是直接关系到日本的和平与繁荣，日本政府必须考虑的问题。国际局势迫使日本更接近美国。不光是美国，欧洲对日本的影响力从以前开始就一直存在并不断增强，也的确是事实。日美欧有着相当的共同点也不能忽视。

但中国在经济、军事、政治等领域的存在感已不断增强，对于日本，日中关系重要性已远高于以往。因此，可能美国和欧洲会针对一些问题表达意见，但欧美和日本的立场并不可能完全一致。日本和中国始终是"邻居"，日中关系确实有需要维护、重视的层面。尽管美国对日本也存在影响力，但日本也应从自身利益去考量、重视同中国的关系，我觉得现在的中国已经拥有了如此大的存在感。

采访组：从两国共同利益和改善双边关系的角度出发，您认为日本和中国在外交方面应如何调整？

宫本雄二：正因为相邻，肯定会遇到各种各样的问题。邻国间要尽可能地抑制对立和摩擦，加强积极、友好的因素，这也是日本政府在外交方面应该做的。

在外交领域中，日中两国需要彼此努力，通过沟通减少对立和摩擦。当然，中国和日本也有很多可以合作的地方，例如2008年两国签署的《日中关于全面推进战略互惠关系的联合声明》，其中包括许多需要合作的事项。我们需要把类似这一些"约定"做好，只要两国政府间展现了合作姿态，两国国民看在眼里，也会由此相应地进行思考，这样一来国与国之间的气氛就会变好。

另外，我常说西方和东方是有些不一样的，西方常以"量"来讨论外交事务，即你给我多少，我还给你多少。东方则是做到自己能做的，需要做的事情就互相帮助，互相谅解。我觉得这是亚洲国家之间的交往方式：考虑对方的立场，做到力所能及的事，彼此都做、多做几次，双方的信任感就会因此加深，两国政府的信赖关系也会由此产生。

我的意见是，从"亚洲风格"开始，做好承诺要合作的事，在这之中也不断决定未来可能需要达成的合作，双方相互谅解、相互理解，通过这样的交流增强两国政府间的友好氛围。为此，对话是必要的，无论何时都不能回避对话，无论处于什么状况都应与对方好好沟通，两国政府之间、知识分子之间，都必须进行沟通。

采访组：您认为安倍前首相和时任岸田首相对中日关系分别有怎样的影响？

宫本雄二：实际上安倍前首相很重视与中国的关系，部分保守派人士也会对此有一些意见。但安倍前首相是日本保守势力的领袖，他还在世时，尽管他的一些意见可能在保守派中存在部分分歧，但他们更倾向于倾听安倍的主张。但在安倍前首相遇刺后，没有人能够压制保守势力，这一集团的压力也将直接冲击现任首相岸田文雄。他们会全部提出自己的想法并施加于岸田首相，这对现政府实行对华政策实际上是压力重重的。

尽管如此，岸田首相也有自己的信念，他在外交中把中国摆在何种位置是我们所期待的。岸田未来也可能会受到来自"右派"或是"左派"的质疑，不可能得到所有人的支持，肯定会受到一些批评。但我认为岸田是一位能做到平衡、切实考虑各个方面的领导人，我期待他能够认真考虑对日本来说什么是"最好的路线"。说到底岸田来自继承大平正芳的宏池会[1]，肯定会重视同中国的关系。

畅想未来 50 年

采访组：您在此前的采访中说过自己是"知华派"，当时也曾表示越来越多的日本人愿意听"知华派"的声音，几年过去，你认为目前的情况如何？

宫本雄二：2018 年也好，现在也好，我自己几乎没有变化，发表的关于中国的文章及言论可能也比 2018 年更多，也有日本人在听。但我觉得当下"知华派"确实是越来越少了，能向外界、向日本民众传递这样信息的人减少了。

从我的角度而言，如果不解释中国的立场，就会有很多人产生"错误的理解"。我也因此想说明中国的"想法"，但也有很多人由此批评我，我想这或许也是"知华派"的数量减少的另一原因。

不过我想也不用那么担心。日本外务省进行的舆论调查中，尽管对中国抱有不太好感情的日本民众比例还是高，但也有接近七成的日本人认为日本要和中国建立安定的合作关系。

日本社会需要出现更多能让日本人对中国有亲近感的事物，这样就会出现更多更喜欢中国的日本民众。虽然目前这种机会还是不多，但我相信如果国民之间开始接触，日本人能更多地去了解中国的话，情况就会改变。

采访组：您如何看待民调显示中日两国民众的好感度不高一事？2018 年，您说过"中国、日本的年轻人很喜欢面向欧美，而面向彼此的人却不多，希望中日的青年可以更有作为亚洲人的意识"。您现

---

[1] 宏池会（こうちかい）是日本自民党主要大派系之一。该派成员多次出任日本首相，但1998年、2001年两次大分裂后，势力一落千丈。在对外关系方面，该派认为必须改变与近邻的异常关系。

在也持有这样的想法吗?

宫本雄二：我们应该更加努力地加强国民之间的关系，特别是在年轻人交流方面。年轻人之间有共同的话题、兴趣、文化，见面后也会因此成为朋友。真正的年轻人是会区分的，能把国与国的关系、政府与政府的关系和自己的关系分开考虑。我觉得日本和中国的年轻一代也能更多地成为朋友，主动推进联系。

我认为若今后持续推进两国交流，尤其是以年轻一代为中心的交流，可能会迎来与目前完全不同的局面，两国将开启更加紧密的交往。在这之中，我们所需要做的事是给他们提供相遇的契机，在这样的机会出现后，年轻人之间的交往或许根本不必让我们担心。

之前采访中我也曾提到过，我在美国生活过6年，但我感觉还是和亚洲人做朋友比较容易，我们之间有更多的共同话题。在我的亲身体验中，如果日本、中国的年轻人真正了解西方，或许他们作为亚洲人的"意识"也会更加增强。

但当下，两国间有识之士需要认真思考的是，如何更好地研究我们的共同文化，如何让我们的传统文化对现在的生活、现代的生活产生积极作用。我认为在这个时代，在所谓物质文明、所谓的科学技术持续发展后，大家都在过着一样的生活，住同样的公寓，去同样的商店，这也使我们逐渐"失去"传统文化。

因此，日本和中国的有识之士需要就这一点进行更加认真的讨论，传达传统文化的重要性并让更多人理解。我们有必要把这些东西"找"回来，携手努力"找回"亚洲。我认为只要"找回"亚洲，日本和中国就会更加接近。

采访组：对于未来50年，您有怎样的期待?

宫本雄二：我刚才也提到过，在21世纪，合作绝对是一大关键词。除此之外，我们也要进一步加深年轻一代的相互理解。

若能促进年轻一代对彼此的理解，不断合作，或许50年后我的孙子或是曾孙们会想，为什么50年前我的祖父、曾祖父会这么担心日中关系的未来？那时，或许两国关系已变得非常好，成为彼此的朋友。

总而言之，我们要努力解决目前所面临的问题，让问题不再变得更大。在面对的问题越来越小，可以合作的方面不断扩大，国民之间交流不断深化，理解持续加深后，未来的两国关系会变成怎样呢？

或许就像我之前所说的——50年后的人们会想，"50年前的人为什么会担心呢？"

这是无论政界还是民间都必须为之努力的事情，希望日中两国国民一定要以广阔而长远的视野来考虑问题。这其中尤其是领导者、政治家，还有有识之士，要用这样广阔而长远的视野去展望两国关系，并努力使其朝着更好的方向发展。

Nikai Toshihiro
二阶俊博

采访对象：二阶俊博，1939年出生。日本众议院议员。日本自民党前干事长。历任日本经济产业大臣、自民党国会对策委员长、自民党总务会长等职务。2016年出任自民党干事长，任期长达5年，成为连续在任时间最长的自民党干事长。作为日本政界"友华派"[1]代表人物，二阶俊博多次率大型代表团访华，推动中日交流。

采访日期：2022年7月28日
采访地点：日本自民党总部

---

[1] 友华派，指对华友好的日本政治家。知华派，指了解中国的日本政治家，并非所有知华派都对华友好。

二阶俊博：
只是隔岸议论日中友好是不行的，要全力接触

跨越半个世纪，刷新自民党干事长任期纪录，二阶俊博曾被评价为"党内最具政治手腕的人"。2022年83岁的他步履不停，出入于日本执政党自民党本部办公室，奔走于风云变幻的日本政坛。

作为日本政治家中"友华派"的代表人物，二阶俊博与中国关系匪浅。1976年，二阶随"和歌山县日中友好之翼"代表团首次访华。日本政治学者三浦瑠丽称："首先俘获二阶俊博的是中国的文化实力。"中国经济的高速发展更让二阶认识到中日友好的重要性，他凭借在日本政经界积累的丰富人脉资源，多次组织千人乃至万人的日方代表团访华，推动近邻交流的齿轮向前转动。

二阶俊博敢言敢行，不论是在中日关系的暖春或是寒冬，都持续发声强调中日友好的重要性。眼下中日之间横亘着多重悬而未决的难题，这位日本政坛元老依旧乐观。他认为，随着两国关系的深

二阶俊博接受采访　图片来源：澎湃新闻

入难免会遇到困难，应该着眼大局，中日有望从亚洲的领头羊并肩成为全球领导者。

回归邦交正常化初心

采访组：二阶先生长期为中日友好交流做出贡献，回顾过去，1972年9月《中日联合声明》发表时，您是如何看待中日关系的？

二阶俊博：首先，我要感谢双方先辈为日中邦交正常化做出的巨大努力。田中角荣是我的"政治之师"，50年前日中邦交正常化得以实现，正是有赖于两国领导人不畏风险的前瞻性战略思考。我认为重要的是继承前人的战略思考，将日中友谊的交接棒传递给下一代。

采访组：中日邦交正常化后，1976年二阶先生随"和歌山县日中友好之翼"代表团首次访华，当时对中国的印象如何？

二阶俊博：（中国）在建国之路上前行，你可以感受到整个国家都在努力。当时我就觉得，由此中国将变得更宏大，会成为一个继续发展、壮大的国家。

采访组：50年前，田中角荣前首相和中国领导人的政治决断促成了中日邦交正常化。如今，应该如何构建友好的中日关系？

二阶俊博：日中两国是搬不走的邻居，是"永远的邻居"。既然我们是近邻，双方要互相思考能为对方做些什么推进交流。又因为是邻国，重要的是避免简单地处理双边关系，亲近就有亲近的相处之道，交往历史悠久就会有冲突，要谨慎、恭敬相待，维护友好关系。而且，战略思维是当今日中关系所需要的，现在是时候回归邦交正常化初心，继承田中外交[1]。

采访组：如今中日之间仍然有许多悬而未决的问题，如何解决？

---

[1] 田中角荣内阁时期提出"多边自主外交"战略，即以美日同盟为基础，发展日中友好，联合第三世界，同苏联抗衡。在外交方面，加快与中国的邦交正常化，在激荡的世界形势中，强力推进和平外交。

二阶俊博：两国关系越深入问题就越多。从大处着眼，并没有什么大不了的事情。如果能够考虑到日中和睦相处的重要性，就明白无须拘泥于小事，而要从大局出发，日中两国作为亚洲的领导者应该合力，这样的精神至关重要。在接过前人辛苦耕耘的接力棒时，要怀着感激之情，进一步开拓日中关系。

不论是谁，在考虑日中友好、中日友好时，应该让国民平和地看待这种关系。过去，在日本有人非常热爱中国，也有人非常讨厌中国，有各种意见。现在迎来了一个不同的时代，日中友谊已经在普通国民心中扎根，我们要珍惜这一点，去开拓未来。

来往交流才能消除误解

采访组：您曾多次率大规模代表团访华，2002年、2015年、2017年率代表团访华前做了哪些准备？日方代表团是如何与中方互动的？

二阶俊博：我担任日本旅行业协会会长近30年，在组团访华时我问大家："要一起去吧？"大家当即就决定加入。所以对我来说，召集5000人、10000人的访华团并不难，但从外界看来并不容易，这个纪录不易被打破。在带团访华过程中，日中双方互相交流、接触，亲身感受。正因如此，亚洲大国之间的距离拉得更近，互相合作也是理所当然的事情。

2015年5月日方3000人访华，习近平主席在人民大会堂讲话时提到"前人栽树，后人乘凉"。同年10月我再次访华时，看到2002年日本访华团13000人在中国种下的树已经茁壮成长，体会到习近平主席所言的实感。我希望为构筑裨益后代的日中关系一如既往地努力。

采访组：作为日本旅行业协会会长，能否谈谈您在中国的旅行经历和对"观光外交"的看法？

二阶俊博：我出生于和歌山，曾到访过中国多个地方，一贯重视并推动地方间的交流。很难用语言形容中国的模样，它幅员辽阔，在我眼中是一个广阔的国家。在日本，大家内心有想要去中国看看的想法。互相来往和交流是极其重要的，这样才能消除误解。人们总是会带有一些偏见，需要尝试去对方国家走一走，化解误会。

日中友好的基础在民间，其中最关键的是两国地方间的交流。当下，两国在旅游、文化、经济、环境、防灾、教育等各个领域都有双向交流的需求，地方交流的发展也扩大了日中合作的视野。

采访组：您曾率代表团出席"一带一路"国际合作高峰论坛，也多次率团同中国共产党进行党际交流。您对中国共产党带领全国人民推进国家现代化建设和对外友好交往有什么样的评价？对于日本自民党和中国共产党的交流有何期待？

二阶俊博：中国共产党是中国的执政党，中国共产党与日本自民党交流是很自然的事情。我们指出彼此不同之处，同时，国民安危和亚洲和平是双方都重视的事情，希望以此为切口拓展交流。

采访组：围绕中日两国年轻人和下一代的交流与合作，有何想法和建议？

二阶俊博：如果能够了解对方，就可以避免不必要的对立和竞争，处于合作关系。希望双方年轻人能想一想，能够为对方做些什么。

在日本，我们有修学旅行，在中国似乎也有类似的旅行，也就是离开学校时的一次纪念性的班级旅行。这样的旅行会在未来很长一段时间里成为珍贵回忆。这样的回忆也可以成为推进日中友好关系的一个方式，我希望看到越来越多的团体宣传和支持这种日中之间互相交流的修学旅行。我担任日本全国旅行业协会会长已久，协会成员有约5200家旅行社，在这一方面希望竭尽所能促进日中友好关系。

关于青少年的合作，如果（中日青年）彼此间有兴趣，有很多交往空间，例如在学校合宿。不用花费多少预算就能做很多事情，首先要行动起来，要有干劲。如果只是隔岸议论日中友好和中日友好是不行的，要倾尽全力用心接触对方。日中关系变得友好，亚洲的领导者也可以成为世界的领导者，希望如此。

危急时刻最可依靠的彼此

采访组：2020年初新冠肺炎疫情在中国开始蔓延时，您提出向中国提供医疗物资并在自民党内倡议对华捐款，您当时做出这样的提议是否面临压力？

二阶俊博：朋友在患难之中互相帮助，每个人都应该记住这一点。当他人遇到麻烦时，竭尽所能去帮助是很重要的，无论结果如何，都应尽力而为。即使有批评的声音，我坚信自己的选择，不去在意。

2008年四川（汶川）地震时，自民党部分议员组织了访华团，为灾区运送了帐篷、食物等支援物资。灾害当前无国界，遇到紧急情况，最可依靠的是谁呢？是邻居、熟人、朋友。从这个角度来说，日中之间就是这样的关系，希望一直怀抱着守望相助的精神。

采访组：新冠肺炎疫情造成的经济冲击，以及全球变暖、灾害、贫困等已成为世界范围内的共同课题。您认为中日在哪些领域可以携手合作应对全球挑战？

二阶俊博：中国和日本都是亚洲的领头羊，我认为重要的是两国正努力在所谈及的每个领域相互合作。现在全球面临各种问题，但我认为堆积如山的并不只是困难，还有机遇。两国共同致力于解决问题，发挥友谊的力量，这尤为重要。

采访组：对于未来的中日关系有何期待？

二阶俊博：中国是日本在亚洲的同胞，这样的朋友就像日语中所说的亲戚，因此彼此更要友好相处。从日文汉字就可以看出，我们都是在中国文化中成长的。

我们需要向世界表明，日中两国正在尽最大努力履行我们作为亚洲领导者的责任，这是外界所关注的。向世界展示日中之间极其友好的合作姿态，极为重要，这对两国都有利。我也希望年轻人能努力做到这一点。

Arai Shogo
荒井正吾

采访对象：荒井正吾，1945 年出生。2007 年—2023 年连续三届任日本奈良县知事。此前他曾历任日本保安厅长官、参议院文教科学委员长、外务大臣政务官等职务。自 2007 年就任奈良县知事以来，他在对外关系方面致力于扩大奈良与中国多地在文化、旅游、学术等领域的交流。

采访日期：2022 年 7 月 16 日
采访地点：日本奈良县

荒井正吾：
奈良曾是"小长安"，中日交流的文化遗产值得探究

奈良盆地，日本文明的发源地，这里发现的大量古坟彰显出其在日本古代史上的重要地位。公元3世纪末兴起于此处的"大和国"，在4世纪末5世纪初基本统一了日本。在公元794年"大和国"迁都平安京（即今京都）之前，奈良一直都是日本政治经济文化中心。

奈良时代，日本吸收了中国唐朝的文化和制度，历经千余年，当代奈良仍然可见盛唐时代的影子。漫步于奈良，条坊式街道呈棋盘状，随处可见木墙、瓦顶的低矮房屋，安静古朴，又透出几分唐风遗韵。而由东渡日本弘法的唐代高僧鉴真主持建造的唐招提寺被日本文部科学省文化厅列入"日本国宝"，更有"中日友谊的寺院"之称。

日本奈良市的唐招提寺　图片来源：视觉中国

"想要对中国说声谢谢。"日本奈良县知事荒井正吾在采访中用日语和中文分别说了一遍"谢谢"。在他看来,从中国唐朝传向日本的文化遗产构成了日本文化基础的一部分。

从20世纪90年代至今,荒井正吾到访中国多地,一直戴着从扬州大明寺求得的手串,并将此视为护身符。对于中日交流的历史,他从公元3世纪说起,一边说一边在纸上写下朝代和主要人物,卑弥呼、圣德太子、高僧鉴真……他频频感叹中国历史的博大精深,并强调中日交往历史和彼此流传的文化遗产值得后世深入探究。

不过,奈良县并没有一直沉湎于古都曾经的辉煌,正在与包括中国陕西省在内的东亚多国地方政府共同探讨目前面临的挑战和难题。荒井正吾说:"大家共同创造财富推动经济增长的和平时代正在到来。"

长安城和平城京的古与今

采访组:奈良之于日本历史就像西安之于中国历史一样具有重要意义,两个古都之间存在怎样的历史联系?

荒井正吾:谈到中日之间的缘分,追溯到古代,中国于日本而言就像世界的中心一般,或者可以说像是太阳一般的存在,中国与日本的往来极其重要。根据中国史书记载,公元3世纪,卑弥呼(《三国志》中称为倭国女王)遣使曹魏;5世纪,倭五王与中国南朝通使;公元7世纪开始,圣德太子派遣隋使到中国学习。我认为这一系列与中国的来往历史成为日本的发端或者说基础的一部分。包括佛教、汉字、律令等,都是从中国传入日本,日本官修正史《日本书纪》也是参照中国典籍编撰而成。以上这些一定程度上皆可视作中国文明在日本本土化的结果。

奈良在很久之前就与中国产生了联系。从藤原京到平城京,都城位置都在如今的奈良一带,都是效仿中国都城进行建设,尤其是平城京的格局就是模仿唐长安城,相当于1/4的长安城。平城宫中的大极殿也受中国道

荒井正吾接受澎湃新闻记者采访　图片来源：澎湃新闻

教影响建造而成，建构、风格等都学自中国。奈良将这些古迹保留下来，并引以为傲，而这些大多从中国先辈那里学习而来，想要对中国说声"谢谢"，非常感激。

采访组：平城京和长安城发展到如今的奈良和西安，两地都发生了变化，也留存了不少历史遗迹，如何看待两地的变与不变？

荒井正吾：如今的西安已经大变样了，与奈良大不相同。以西安为缩影，从前以农耕文明为中心的中国，在全球化大潮下已经发生了巨变，而且即使是外国人在中国也不易被察觉，大家都穿着类似的服饰，吃着相同的美食，年轻人听着同样的音乐，所谓外国人的身份意识变弱了。实际上中国唐朝时就对外国人秉持包容态度，日本遣唐使阿倍仲麻吕在中国获得了一番成就。外国人在复杂的中国制度中也能做成了不起的事，这是一种全球化国家性格的体现。

奈良基本保持了过去的城市风格，在奈良的寺庙里，中国传来的汉文佛经至今仍然通过日语发音标注来念诵。日本和服的设计也曾受到唐朝服饰的影响。从唐朝而来的舶来品"唐物"对当时的日本而言是更高层次的文化遗产，也成为日本文化基础的一部分。我们老一辈的人还能体会到中国深厚的历史底蕴，了解奈良的寺庙等文化遗产与中国历史密切相关，希望日本年轻人也能深入了解其中的联系。

日本年轻人现在对国家安全保障层面比较关心，特别是媒体不断渲染一种不安氛围，这切合了大多数人惧怕东亚发生战争的心理。实际上，即使是家人也会有争执，也会和好，国与国之间同样如此，顺其自然地自由相处为好，面对分歧时尽可能寻找共同点。中国东南西北不同地方感觉大相径庭，由此可以看出这是一个极具包容性的国家，包容或许是最重要的，即使意见不同，也能欣然接受，这非常重要。反观日本人与人之间的交往，比如在农村，人们处于一个很小的范围，身边如果有不同意见的人，往往会变得不安，并逐渐把这种相异的意见排除出去。人们应当对异见抱有宽容的态度，并且思考如何去理解对方。

采访组：从20世纪90年代开始您多次到访中国，也有许多中方友人频繁到访奈良并与您会面，尤其是2008年中国时任国家主席胡锦涛在奈良与您进行了交流。与中方友人交往过程中有什么记忆犹

荒井正吾在纸上写下他于20世纪90年代东北之行的同行人名字和旅行路线
图片来源：澎湃新闻

新的片段?

荒井正吾：20世纪90年代我担任海上保安厅长官时，与中国公安部人员以及清华大学的老师等人在中国一起从北京前往中国东北参访三四天。当时相处得非常融洽，我们还互相交换了领带。

当时第一次去东北，了解到沈阳是清朝的发祥地。印象更深刻的是东北人酒量很大，我虽然酒量欠佳，但在宴席上和大家相谈甚欢。很可惜，现在和当初同行的中国挚友已经失去了联系，很想再见一见他们。

在我进入参议院以及担任知事期间曾多次前往中国，结缘最深的地方要属扬州市，我曾去过扬州的大明寺并和寺内高僧交谈，当时被赠予手串，到现在为止我每天都戴着，对我而言像是一种护身符。我的房间里还挂有大明寺高僧所书的卷轴，里面包含了我姓氏中的汉字"荒"，写着"洪荒之力"。

还有不得不提的是，2008年中国时任国家主席胡锦涛来到奈良。他是一个非常温和的人，和夫人一起时会耐心倾听对方的话语，而且做事一丝不苟，即使是对待知事也非常尊敬，这非常可贵。记得在奈良平城宫遗迹前，日本时任国土交通大臣冬柴铁三和我陪同胡主席参观，当时冬柴大臣说希望能够建设从平城宫遗迹通向外界的铁路，胡主席鼓励道"将此作为冬柴大臣毕生的事业努力吧。"冬柴大臣去世后，我将此作为自己的工作在推进。

探究文化遗产的真正价值

采访组：奈良的"古都奈良文化遗产""纪伊山地灵场与参拜道"相继入选世界文化遗产。西安也拥有秦始皇陵及兵马俑、大雁塔、唐长安城大明宫遗址等6处世界文化遗产。在文物保护方面奈良有哪些经验，是如何与西安进行交流的？

荒井正吾：奈良将1300年前的风物完好无损地保留下来，这是最值得自豪的事情。奈良东大寺内的正仓院存有千年前的文物，包括从中国流传过来的经书、古代的贸易物品等，都是宝贵的文化财产。日本始终对正仓院内的文物非常珍视，对法隆寺等其他寺庙和古建筑也是如此，有着强烈的保护意识，因此成为留存至今的文化遗产。中国过去有许多大型寺庙，因为朝代更迭，没能全部留存至今，实属无奈。

我认为，我们仍然需要回顾历史，探究文化遗产的真正价值是什么，它为什么会流传至奈良并成为历史的一部分，这种本质性的问题需要继续挖掘。在西安，兵马俑令人感叹，不由会思考这与中国流传至日本的文物之间有着怎样的关系。另一方面，中国也有许多与日本相关的历史遗留物，如果能深入了解过去的这种联系，就能更加清楚地了解过去日本与中国交流的实际情况。

在西安，文物挖掘和展示工作进展迅速。奈良与陕西文物局在文物保护方面进行长期的交流，合作保护两国的大型遗迹。奈良县的考古研究人员也定期前往陕西省的相关高校进行学习交流。但是疫情导致线下交流中断，希望疫情平息之后能够重新恢复常态交流，文物保护和历史探究方面的中日交流非常重要。

实际上，除了文物之外，与中国交流学习的领域正在不断增加。比如中药，虽然是中国的制药方式，实际上也融合了多种医学，而且从某种程度上说与日本人的健康生活方式也有一些相似的地方，包括我在内的许多日本人都热衷于此。

采访组：奈良县是日本的观光名片之一，吸引了大量国内外游客，对中国游客而言有何独特的魅力？

荒井正吾：到访奈良的外国游客中，中国人的比例最高，我认为其中一大原因是，奈良寺庙中保留了许多中国古代流传过来的文物古迹。在中国，寺庙、石窟等古迹可能很多都要到较为偏远的地方才能看到，而在奈良，城市街道当中就能看到，这或许是不同之处。在奈良回顾中国文化的印迹和历史时，会让中国游客有一种放松的感觉。此外，奈良当地的美食也比较丰富，包括中华料理、法餐、意餐等，这是成为人气观光地的要素之一。不同于大都市的繁华，这里具有乡村风情，是一个能够安静平和触摸历史的地方。

对于日本人而言，奈良留有从中国传来的许多佛像，完成度都很高，

日本奈良县知事荒井正吾（左）一行2019年夏访问清华大学，校长邱勇在工字厅会见了来宾，双方就共同推进中日友好交流合作展开讨论，并签署合作备忘录
图片来源：受访者

极其庄严，这是其他地方罕见的。他们通过观览佛像，思考个人内心境遇。与此同时，在奈良游览时也能感受到，即使时代变迁，人类本身并没有改变。

采访组：2019年夏天您曾到访清华大学，并代表奈良县与清华大学签署了合作备忘录，双方在学术和人才交流方面有何进展和规划？

荒井正吾：奈良县能够与清华大学这样的大型高校签署合作备忘录，可能令人感到不可思议。清华大学在学术研究方面进展不断，这一点奈良高校或许无法相提并论，但是相互交流的领域是广泛的，希望能够一同促进两国相互理解。如果能在理解的基础上再决定采取什么态度，就不会有那么多矛盾；不能推进理解的政治是最糟糕的。

对于中国年轻人现在的想法和动态，我很好奇，却很难了解到。中国电子化发展之迅猛令人震惊，不仅是规模上的，还有内容。头脑聪明的中国人很多，不断有新的想法和创造。而日本在一些惯有事务上很擅长，但是在提出新想法方面是有所欠缺的。

东亚城市面临的共同课题

采访组：奈良县与中国陕西省、韩国忠清南道、瑞士伯尔尼州、乌兹别克斯坦撒马尔罕缔结了友好关系，与不同国家地方交流过程中，尤其是与东亚国家地方交流时有什么共通课题？

荒井正吾：就不同国家的地方交流而言，奈良是有一定经验的。2010年日中韩等东亚多国地方政府共同设立了"东亚地方政府会议"，奈良是该会议的发起者之一，首次会议在这里举行，2023年会在中国的临沂市举办。各国地方政府的代表聚在一起，讨论各地共有的一些问题，商量解决方案，互相鼓励。我认为如果地方政府和睦相处，东亚将成为一个和平地区。虽然只是地方政府间的交流，会发现所关心的课题惊人地相似。首先，老龄化是东亚社会所面临的最严峻问题，其次是地方振兴，小城镇如何发展，农业和观光如何推进。

此外，奈良县还在县立大学设立了东亚夏季学校（East Asia Summer School），中日韩三国年轻人都参与了进来，课程内容涉及历史、科学、外交等多领域。1300多年来，奈良通过与中国、朝鲜半岛等东亚地区的积极交流，奠定了基础，尤其是学习了大唐王朝的文明，怀着感激之情想要回馈一些东西。1300年前东亚展现出的和平景象，希望能继续下去。

采访组：当下东亚国家之间时而纷争激化，时而融洽友好，起伏不断，对此您有何想法？

荒井正吾：亚洲国家之间的对立是有解决方法的，各国的管理体制不一，但放眼世界，东亚是正在走向繁荣的地区，中国越来越强大，东盟也是如此。日本是一个长期繁荣的国家，需要依靠政治力去重视这种没有战争的繁荣。和平是繁荣的要素，失去和平之后财富也会随之消失。地区内曾有夺取领土和战争爆发的时代，而现在我们把经济放在第一位，并努力让经济成为维系和平的因素。

所以，即使因差异而产生矛盾，也不应该破坏两国关系。对立和争执并不可怕，欧洲国家之间也总是会有争执。还有一点很重要，即国家内部和平与平等，若贫富差距拉大，处理不好将会在外部反映出来。

对于促进中日双方的理解，应该避免情绪化，不论花费多少时间都要认真向对方传达想法，用行动来说话更好。两国媒体也应该少渲染不安氛围，多向对方传达本国的真实现状和想法，这样就容易让双方民众找到共鸣、促进理解。

采访组：中日友好往来的未来寄望于青年一代，对两国年轻人有何寄语？

荒井正吾：大家共同创造财富推动经济增长的和平时代正在到来，所以不论是哪国的年轻人都要努力，致富是你们的义务。寻求致富是一种好的心态，也可以带来和平。

Mikazuki Taizo
三日月大造

采访对象：三日月大造，1971年出生，日本滋贺县知事，已两度连任。曾任日本国土交通副大臣、日本民主党副干事长等职务。自2014年就任滋贺县知事以来，三日月大造多次到访湖南，致力于推动滋贺县与湖南省的友好交流。

采访日期：2022年7月27日
采访地点：日本滋贺县

三日月大造：
湘滋青年同饮共歌，助推两湖友谊之流

2022 年夏天，三日月大造以压倒性优势胜选，成功连任滋贺县知事，开启第三个四年任期。在胜选当天，镜头拍下的他额头上有一道瞩目的白色条状印记，这是他此前长时间头扎钵卷进行竞选活动，暴晒留下的痕迹，凸显了这位 51 岁知事的热血色彩。

在就任知事前，他的职业起点是列车驾驶员，之后投身政界当选众议员，并出任国土交通副大臣，从国政到县政（相当于中国的省级）摸爬滚打数年。在他的名片上，印有滋贺县在日本地图上的位置，位于日本本州岛中部，县中央是日本最大的淡水湖琵琶湖，也被日本人称为"母亲湖"。环绕琵琶湖的交通网四通八达，是连接日本东西的走廊和沟通太平洋与日本海的通道。

"着眼大局，着手小局"，三日月大造在采访签名簿上留下了自己的座右铭。在他看来，从推动人员互动着手，可促进地区间交流，

琵琶湖　图片来源：视觉中国

进而改善国与国的关系。中国湖南省与日本滋贺县缔结友好关系将近40年，三日月大造曾多次到访湖南，与当地青年同饮共歌，切身体会到这份异国友谊的可贵之处。他希望为两地青年互通和文化交流创造机会，助推洞庭湖与琵琶湖之间的友谊之流。

"潇湘八景""近江八景"之缘

采访组：您曾做过列车驾驶员，之后投身政界，从政的契机是什么？从日本中央省厅官员到地方知事，从政角色经历了怎样的变化？

三日月大造：从小参加学生会活动，就一直认为大家的事情应当由每个人参与决策。大学时代的恩师看到我的名字和长相后对我说，"未来是做政治家的材料"，这可能是触发因素。毕业后，我到铁路部门就职，并组织了一些工会运动，在此过程中有许多参与政治和选举的机会。我从中得到启发，想要尽所能做出自己的贡献，于是辞职到松下政经塾（日本实业家松下幸之助创立的私人教育机构）进行研修，完成学业后回到自己家乡的选区竞选众议员，希望对大家共同决定的未来负责并采取行动。

国会中议员有很多，但对于滋贺县来说，知事只有一个，从这个意义来看，肩上的担子更重了，有着不得不干好的觉悟，这与议员时代有所不同。同时，作为知事与民众走得更近了，例如在考虑新冠防疫政策时，自己的所言所行能否在民众身上得到反馈，这是我体会到的价值所在。在滋贺县，群山环绕着日本最大的湖——琵琶湖。140万县民环湖而居，我希望为下一代创造更好的滋贺县，扩大共鸣圈。接下来将是重要的4年任期，过去8年所做的工作，成果反馈和政策推进都到了关键期，因此我有一种紧张感，同时也有一种使命感。打不倒、不放弃，我愿以不屈不挠的精神履行职责。

采访组：约40年前，滋贺县的政治、经济及民间友好人士就频繁往来于中日之间。最初，您是如何认识和了解中国的？

三日月大造：20年前，我第一次去中国是在我担任国会议员之前。

三日月大造在签名簿上写下座右铭"着眼大局，着手小局" 图片来源：澎湃新闻

2002年滋贺县"日中友好之翼"代表团招募团员，我主动报名参加，成为代表团的一员去往中国，到访了湖南省和北京。当时中国的高速铁路还没有建成，乘坐卧铺火车十多个小时从湖南去往北京。那是我对日中地方交流的初印象，也是萌生推动滋贺县和湖南省的友好关系想法的出发点。

中国真的很大，历史悠久，各种各样的城镇别具特色。可以感受到两国之间的许多联系，中国向日本传播了以佛教为首的诸多文化，也带来了茶等物产，这就是一衣带水的邻国的体现。我本人对中国书法很感兴趣，自己会练习写并看一些书法展。此外，我还学习了《论语》《老子》《墨子》等中国古代的哲学思想，这对我自己的人生和政治活动都产生了有益影响。

采访组：20世纪80年代初，滋贺县友人细谷卓尔先生在参观了湖南省"潇湘八景"以后，发现与其家乡滋贺县的"近江八景"有渊源，两地有很多相似之处，于是向滋贺县政府相关部门提出"与湖南交朋友"的建议。您在初次到访湖南时，是否也有类似的感受？

三日月大造：湖南省的洞庭湖周边和滋贺县琵琶湖周边的风景有许多相似之处，感受到两地的缘分。在湖南省时我发现会日语的人很多，当时

洞庭湖　图片来源：视觉中国

不会说中文的我就在想，如果能多少学会一些中文就好了。我接触到的湖南人酒量很大，一杯接一杯地喝白酒，当地食物非常辣，但很好吃。中国不同地方的美食口味不一，我对这样的饮食文化很感兴趣，也向中国的朋友们介绍了滋贺县的饮食文化，例如琵琶湖的鱼、鲋寿司，还有近江牛、米酒等传统食材。

采访组：2018年您作为滋贺县知事访问湖南省，与十多年前相比有什么新感触？

三日月大造：2018年正值滋贺县与湖南省缔结友好关系35周年，为了庆祝这样的纪念日，我和经济界、文化界人士组成访华团前往湖南。许多人都在为日中关系以及滋湘友好关系倾尽全力，令我深有感触，感受到滋贺县和湖南省的联系，充盈着友好氛围。我当时就心生愿望，想要继续发展滋贺县和湖南省的友谊。我们以35周年为契机，在长沙市设立了游客经济促进中心，并从滋贺县派遣了职员赴任，为今后的交流一起努力。

在湖南期间结交了许多朋友，包括当地对外友好协会的人员，我们一起探讨了两地文化交流的可能性，例如中国历史悠久的书法，传到日本之

2018年，湖南省与滋贺县缔结友好关系35周年庆典，滋贺县知事三日月大造与时任湖南省委副书记、省长许达哲签署合作备忘录　图片来源：受访者

后也备受重视，另外还有日中青少年的交流。这两方面的交流扎实推进下去，希望能助力日中友好和平。尽管新冠肺炎疫情蔓延，两国之间还有历史问题，但无论日中关系遭遇多么艰难的局面，青少年交流和文化交流都应该持续下去。

青年之间"朋友越多，感情越深"

采访组：滋贺县和湖南省举办了包括中日青年龙舟竞渡大赛等丰富多彩的交流活动，这些年两地进行了怎样的互动？

三日月大造：滋贺县有琵琶湖，湖南省有洞庭湖，两地在保护水资源方面保持经验和技术交流，琵琶湖博物馆和洞庭湖博物馆也在建设之中，今后将保持沟通。

如果人与人之间有更多互动，地区之间的交流将更加活跃，两国关系也将随之增进。另外一点很重要的是，患难时的互帮互助，在新冠肺炎疫情最初暴发时，滋贺县向中国送去了医疗用品，之后日本疫情严重，中方也向我们捐赠了口罩等物资，双方互相传达鼓励，这种情谊令人动容。

现在受到新冠肺炎疫情的影响，两国青少年无法面对面交流，但是线上的活动并没有中断，例如2022年7月滋贺县立大学和湖南师范大学的同学们举行了在线交流。此外，想在滋贺县从事护理工作的两国年轻人也在线进行了交流。等疫情结束之后，希望在线交流的内容与线下的活动相结合。我也想要为滋贺县和湖南省的青年交流创造更多机会。

采访组：您曾与湖南青年进行过亲切交流，对于增进中日民众互相理解有何经验分享？

三日月大造：记得2002年我曾和湖南共青团的青年一起吃饭、饮酒、唱歌，成为朋友，变得非常亲密，一旦拉近了距离，就想再次见到彼此，就想给对方寄信，就想坦诚相待。当发生灾害时想互相询问安危，有喜事发生时想祝贺对方。从自身经历出发，我希望日本年轻人尽早参与进来，尽可能多地与这个历史悠久、与日本有很多联结的邻国交流、广结良友。朋友越多，感情越深，不论遇到何种艰难境地，即使意见不合也能求同存异。

采访组：对未来的中日关系有何期待？

三日月大造：中国幅员辽阔、历史悠久，和日本有着千丝万缕的联系，希望日中两国能够珍视彼此，也需要正视历史、相互关照和了解彼此的感受，构筑面向未来的关系。为此，作为滋贺县知事，我将竭尽所能地努力。

Kondo Shoichi
近藤昭一

采访对象：近藤昭一，日本立宪民主党众议院议员，1958年5月26日出生于爱知县名古屋市，上智大学法学院法律系毕业。大学期间前往北京语言学院留学，大学毕业后进入中日新闻社工作。近藤昭一于1996年首次当选日本众议院议员，此后连续8次当选，并历任众议院总务委员长、环境副大臣、立宪民主党副代表等职务。目前担任立宪民主党企业、团体交流委员长，日中友好议员联盟干事长等。

采访日期：2022年7月20日
采访地点：日本众议院第二议员会馆

近藤昭一：
日中邦交正常化时的"沸腾"心情现在还记得

1972年中日实现邦交正常化时，近藤昭一还是一名中学生，当时他与同学们前往中国物产展，看到了许多从未见过的东西，大家对此感到又新奇又兴奋。如今已是日本立宪民主党众议院议员的近藤昭一对此印象深刻。

这也使近藤昭一对中国产生了好奇。"中国到底是怎样的国家，人们过着怎样的生活？"抱着这样的疑惑，1981年，他前往北京留学，度过了一年多难忘的时光，也在这段经历中收获了珍贵的友谊。

此后，作为一名政治家，近藤昭一访问中国的次数已不下百次。在数十年间，他见证了中国的发展，感受到人民生活变得更加富足，同时也意识到两国间交流的重要性，并为此不断努力。

"无论是中国人还是日本人，如果都能怀着一种'珍惜朋友'的心情，我想就会推动两国关系的发展。"提起多年来的亲身经历，近藤认为，尽管中日两国之间存在差异，但克服障碍、促进交流十分重要。近藤说道："我们不要忘记（邦交正常化）当时的精神，要秉持并迎接50年、60年、100年……"

赴华留学体验"真实的中国"

采访组：1972年中日邦交正常化之时，您正好是在读中学。您还记得当时日本国内的气氛吗？

近藤昭一：1972年两国实现邦交正常化在日本国内掀起了热潮。报纸上、电视上都有各种祝贺邦交正常化的专题。日本还举办了各种各样的（中

近藤昭一接受采访　图片来源：澎湃新闻

国）物产展，很多日本人都会去买东西。

我和我的同班同学也是，去了物产展之后，第一次在那里看到了一整盘的榨菜。我记得很清楚，在那之前，我们小时候见过的都是切好的或是已经包装好的罐头榨菜，但在那里第一次看到了整块的榨菜。还有一个就是折叠剪刀，我记得它在物产展上卖得非常好，当时我的同学们也买了并作为礼物送给别人。

总体来说，两国实现邦交正常化后，大家都对此很兴奋，从氛围上来说，日本国内有一种"沸腾"的感觉。虽说当时我还是中学生，但那时候的心情和感受到的热烈氛围我到现在都还记得。

采访组：您为何会对中国抱有兴趣，选择来中国留学？当时为何会选择北京这个城市？

近藤昭一：我出国留学是1981年9月，希望能通过留学出去看一看，到国外的一个地方生活一段时间。当时大家一般都会选择欧美，其中也有想要学习英语的目的，去中国的留学生还很少。我正是想去大家选择不多的地方，当然我自己对中国也非常感兴趣。我想起了中学时期曾感受到的那种热烈氛围，想知道中国到底是怎样的国家，人们过着怎样的生活，于

1982年春，近藤昭一于广州越秀公园　图片来源：受访者

是便怀着这样的兴趣前往了中国。

当时中国仅有几所高校接收留学生，我去中国也有学习汉语的目的，后来经过中国大使馆提出了申请，选择了在对外汉语教育方面声名卓著的北京语言学院（现北京语言大学）。

采访组：您还记得留学时期中国的样子吗？是否有令您印象深刻的人或事物？

近藤昭一：我从到达北京的第一天起就有幸受到了一位名叫顾士元的先生像亲人般的对待和照顾。我与顾先生的相识也颇有缘分。顾先生曾是我父亲的朋友，之前，在南京市和名古屋市结为友好城市时，我父亲是名古屋市的议员，曾于当时前往南京并爱上了中国。

在两地结为友好城市时，南京曾向名古屋赠送过一件"华表"，当时曾是北京美术雕塑厂技术员的顾先生受制造方的委派作为负责人将"华表"带来了日本，我父亲也正是在那次与顾先生成为朋友。我留学前，父亲给顾先生写了一封信请他对我多加关照，此后在到达北京那天，顾先生便来机场接我。

1981年夏天，近藤昭一与顾士元夫妇　图片来源：受访者

留学生活中，顾先生一家一直把我当成家人一样疼爱。我觉得这样的交流非常重要，国与国、政府与政府间的关系也非常重要，而人与人之间的交往会给两国关系带来影响。

我在中国留学期间认识的人尽管不多，但也有几名中国朋友和我的往来延续至今。顾先生是交流最深的一位，北京语言学校的老师们在来日本时也曾和我见过面。我在南京和名古屋的友好省县交流中，还结识了一些南京旅游局的工作人员，有几位到现在都与我有交流。

感受超乎想象的发展

采访组：此后数年间，您也多次访问中国。您对中国的认识有怎样的变化？

近藤昭一：此后作为政治家，我去的地方基本以北京、上海等地为主，没有特别多的机会前往其他地区。但中国的发展是超乎我想象的，变化的速度太快了。

首先是饮食方面，我们留学时只有国营餐馆，那时候可能中国民众也不那么常在外面吃饭。而现在到处都是餐厅，数量压倒性地增加了。这样的餐厅还有很多专门的包间，我想这是可以很好反映人民生活水平的一个方面。

1982年春，近藤昭一于广州越秀公园　图片来源：受访者

另一点是交通。上世纪80年代初期，有汽车的人很少。现在很多中国家庭都拥有了私家车。留学时我通常都是坐火车前往中国各地，但我并不讨厌坐火车。我留学时曾连夜乘火车从北京到上海，坐的是硬座，回想起来是很开心的经历。

在中国留学给我的最大感受是，我觉得一些日本人可能会从电视、新闻中获得中国的消息，但其中一些有可能是不准确的，是片面的。虽然我在中国仅留学了一年半的时间，但我也通过实际体验感受到了从媒体中看不到的东西，我想这对我日后的发展有很大的帮助。

助力中日交流事业

采访组：作为日中友好议员联盟的干事长，长期以来您为中日友好事业倾力。回顾政治家时期的对华交流，您是否有一些印象深刻的事与我们分享？

近藤昭一：2022年是中日邦交正常化50周年。在这50年间，日中关系有时会出现波澜。在政府间交流存在困难时，日中友好议员联盟怀着希望促进两国关系发展的心愿访问中国,和政府相关人士进行了交谈。

我觉得面对面的交流是非常重要的。尤其是在两国关系处于摇摆不定的状态时,人与人的交往是更为重要的。在交流过程中,通过对话能使彼此产生信赖感,当然,如果只是表面上的语言,难免会产生一些误解,直接见面交流效果可能会更好。

当我想起中国的朋友,就会想到"日中关系是很重要的"或是"(日中关系)一定会朝着好的方向发展",因此在一些时候,我们要考虑到朋友并想着彼此之间都需要"忍耐"一下。无论是中国人还是日本人,都一定有这种"珍惜朋友"的心情,我想这种心情也会推动国家间关系的发展。

我在留学经验中感受到的是,日本和中国虽然很像,但也有许多不一样的地方。在这样的差异中,两国在各方面都能接收到彼此的"刺激",例如在文化、经济和科技方面等,我希望两国民众接受更多来自彼此的"良性刺激"。

采访组:您如何评价中日关系的现状?您认为目前两国关系面临怎样的问题与挑战?作为有留学经验的人,您对中日关系有怎样的期待?

近藤昭一:我觉得世界正在走向"分裂"的方向,我也对此非常担心。从这个意义上来看,虽然世界所有国家都是重要的,但我想日本作为一个亚洲国家,一定要重视同亚洲国家的关系,尤其是与经济、政治大国中国的关系。日本一直在构筑与欧美国家的关系,我认为日本应该能够起到某种"桥梁"的作用,不是依靠哪一方,不能偏袒哪一方,而是真正起到连接的作用。

采访组:您过去曾就任日本环境部副大臣,现在很多人对于中日两国在环境领域的合作都极为关注。就这一点来看,您有怎样的期待?

近藤昭一:比如说全球变暖的问题,国家之间合作应对这个问题是非常重要的。环境问题真的是国际范围内共同的课题，在这个问题上建立合作信赖关系也会给其他领域带来正向影响。

另外，最近有关朱鹮的问题也是关注的焦点之一。朱鹮曾遍布日本全境，但由于多重因素导致朱鹮种群数量急剧下降，日本血统朱鹮最终灭绝。朱鹮在中国得到了精心保护和繁殖，并通过租借、赠送等方式引入日本，使其在日本得以延续。

朱鹮在日本归环境省管辖，而在中国则归林草部门管辖。我在担任环境副大臣时，会见了国家林业局（现国家林草局）的局长先生，想让年轻一代知道日本现在正在努力恢复朱鹮种群，在这其中中国给予了很大的帮助。

当时日本的小学生访问了中国的朱鹮栖息地，和中国的孩子们进行了交流。我在担任环境副部长时促进了这样的民间交流，让两国年轻人了解日中合作的开展情况非常重要，也是有意义的。

采访组：展望未来50年，您对中日两国年轻人有怎样的寄语？

近藤昭一：两国邦交正常化已迈向50周年，要说邦交实现正常化时的精神是什么，我想这已经在《中日联合声明》中载明了。中国和日本虽然体制不同，但实现了邦交正常化并增进了交流，这是非常重要的。我认为邦交正常化的实现关乎两国国民的利益，日中两国的交流关乎亚洲的发展与和平，这些都在《中日联合声明》中申明了。

当时，两国间也存在各种各样的障碍，当然日本国内也有人反对，但是两国克服了这些反对声音，实现了邦交正常化，签署了《中日联合声明》。我们不能忘记当时的精神，要秉持并迎接（中日邦交正常化）50年、60年、100年……并且要一直铭记。我认为，即使可能出现各种各样的问题，也不能忘记要去"克服"它们，这一点很重要。

Nishida Makoto
西田实仁

采访对象：西田实仁，日本公明党参议院议员，1962年8月27日出生于东京都田无市（现西东京市），1986年3月毕业于庆应义塾大学经济系，同年4月进入东洋经济新报社工作，曾任《公司四季报》记者，《东洋经济周刊》副总编辑。2004年7月首次当选公明党参议院议员，2019年9月至2024年8月任公明党参议院会长，2024年9月起任公明党干事长。著有《日本元气宣言》等。

采访日期：2022年7月25日
采访地点：日本东京参议院议员会馆

西田实仁：
希望日中年轻人在交流中看到"最真实的彼此"

日本公明党参议院议员西田实仁与中国的缘分从上一代便开始延续。孩童时期的西田常听母亲提起她小时候受到中国当地百姓帮助的故事，这令他深深触动，也让他打小便萌生了要前往中国学习的愿望。

19岁那年，西田实仁如愿来到北京学习，所有的体验都成了他人生珍贵的宝藏，并延续到他的工作中，无论是作为一名记者，还是一名政治家。

在东洋经济新报社供职时期，西田实仁曾数次前往中国采访，看到中国的变化并为之震惊。而在2004年踏入政界后，他也屡次访问中国，倾力于两国友好事业。

"日中两国的年轻人，越年轻越应该在交流中加深认识。"中日邦交正常化50周年之际，回顾数十年间与中国的交往经历，西田实仁表示，希望中国的年轻人看到真实的日本，也希望日本的年轻人了解真实的中国，通过交流看到"最真实的彼此"。

与中国之缘：从学生到记者

采访组：19岁那年您曾前往中国留学。听说这个决定是在您母亲的影响下做出的？

西田实仁：我母亲出生于中国长春，她10岁之前都在那里生活。从小母亲就和我说，当年日本战败，年幼的她在逃回国的途中，得到了当地很多中国百姓的救济和照顾。母亲讲述的这段经历令我深深触动，也让我萌生了一个想法——有朝一日一定要去中国，在中国学习，和中国人用中文交流。这就是我留学的初衷。

1982年夏天，19岁的我终于有机会前往中国留学。那是我第一次离开日本，第一次来到中国，有很多前所未有的新鲜体验，成为我人生无比珍贵的宝藏。

采访组：您还记得当时的中国是怎样的吗？

西田实仁：去留学已经是40年前的事情了，1982年中国还处于改革开放初期，当时大家都穿着中山装，钱也分人民币和外汇券等，另外还有"肉票"和"布票"，和现在比恍如隔世。

当时我进了中级班，和很多老师都交流过，他们非常亲切地对我进行指导。虽然有很多老师不懂日语，但他们对我们这样刚学中文的人非常温柔、耐心，给我留下了深刻的印象。

采访组：在中国的留学经历给您留下了怎样的印象？在此后的数年间，您也多次访问中国，在此期间您对中国的认识有怎样的变化？

西田实仁：其实我第一次去中国的时间很短暂，是从1982年到1983年。之后我回到日本的大学继续读书，毕业后进入东洋经济新报社做经济记者。工作中为了采访，我有时去北京，有时去上海，每年都能看到中国经济不断发展的样子，简直是半年没去就连路都认不出来了，如此快的发展速度时常令我惊讶。

这其中最惊人的应该是移动支付的诞生。不知从什么时候开始，在中国出门几乎可以不带纸币，仅是用手机就能买东西。

当然这也是近几年的事情。如果追溯到更早以前，在我留学的时候，路上几乎都没有车，长安街那么宽的马路上几乎都是自行车，有时还能看到马车。在北京的郊外，农民们在运送稻草的时候也会用马车，这些场景我现在回想起来还是印象深刻。

留学时期的西田实仁（右三）　图片来源：受访者

采访组：大学毕业后您曾就职于东洋经济新报社，从事了很多与中国相关的工作。在北京留学的经历对您的记者生涯有怎样的影响？

西田实仁：我在"东洋经济"工作时，能切身感受到的是中国在经济方面的发展。除了我刚才提到的支付形式的演变之外，还能看到的是，随着经济发展人民生活越来越富裕，各种各样的外国企业也开始进军中国市场。此外，街景变化之大也是我的感受之一。

在"东洋经济"工作时，把中国的发展告诉日本人，向想要了解中国经济、想要进入中国的日本企业、对中国感兴趣的日本读者介绍中国的状况是我最主要的工作之一。当时，我去中国采访的任务很多，后来还曾推出过中国特辑。

尽管当时我作为经济版块的记者很少采访到中国的"大人物"，但有幸接触到了非常多的普通百姓，和他们对话交流是愉快的。那时我常在上海做问卷调查，研究那里的民众对什么东西感兴趣、正在买什么。

"打开对话之门"

采访组：在2004年踏入政界后，您一直倾力于中日友好事业。令我们印象深刻的是2013年日本公明党的访华行程，当然您也亲眼见证了公明党代表山口那津男向中方领导人递交时任首相安倍晋三的亲笔信。您是否记得当时的场景？

西田实仁：2013年1月的访华最令我印象深刻。（从2009年）直到2012年，日本都是民主党执政，当时自民党和我们公明党都是在野党。在2012年年末的选举中，自民党和公明党再次赢得选举成为联合执政党。

成为执政党后的第二年，也就是2013年1月我们组成了访华团，公明党代表山口那津男、现在的公明党干事长石井启一和我一行三人一同前往北京，并转交了时任首相安倍晋三的亲笔信。

说实话那时候中日两国间的气氛并不好，但正是在这种时候更应该进行对话，我们带着安倍的亲笔信来到了中国。当时，我陪同山口代表与中共中央总书记习近平进行了将近70分钟的会谈，就两国关系进行了讨论。

当时我们之间明确的方向是，不同的国家当然会存在不同的立场和意见差异，但这些差异并不应成为问题，而要为了共同寻找解决之路不断摸索。从这个意义上说，我觉得这一经历给我留下了深刻的印象，也是一次"打开对话之门"的访问。此后，我们在2014年和2015年又访问了中国，当时也是带着安倍的亲笔信去的。

采访组：您怎样评价目前的中日关系？您认为存在怎样的课题与挑战？

西田实仁：在新冠肺炎疫情影响下，两国无法实现直接往来，这是目前面临的问题之一。此外，就像我之前提到的，不同的国家当然会有不同的立场和意见差异，但这不应该是靠武力，而要靠对话、沟通来解决，这一点非常重要。

在目前无法直接见面的情况下，交流也存在一定障碍。但疫情之下我们也采取了别的途径，例如与政府人士、学校机关人员等在线上开会，已经持续了两年之久。同时我也希望疫情能快点平息，希望尽快实现面对面的交流。

采访组：您认为中日两国在哪些方面可以进行合作？

西田实仁：我认为日中两国可以一起解决全球性的问题，例如在环境问题上，两国可以形成伙伴关系，为节能减排共同努力。当然不只是日本和中国，东亚地区乃至全世界都面临环境问题。

2021年底，中国和美国在联合国气候变化大会（COP26）期间达成并发布《中美关于在21世纪20年代强化气候行动的格拉斯哥联合宣言》，我想日中两国也可以就解决环境问题签署相关文件或是形成伙伴关系，通过相互合作，在技术开发和人才培养等方面不断努力。

其次，我觉得年轻人的交流对今后的日中关系来说是非常重要的，我期待青年交流能进一步发展。我出生于日本埼玉县，埼玉县和山西省缔结了友好省县关系，自那以来在各领域都有丰硕的交流合作成果。

2022年是两国邦交正常化50周年，也是埼玉县和山西省缔结协议40周年，我们也在9月举办相关纪念活动。我认为就像这样，即使是在因疫情国与国之间交流困难的时候，民间伙伴或是年轻人之间的交流也不能中断，我认为这些是我们政治家需要去努力的。

"相互信赖、相互促进"

采访组：您如何评价中日过去50年的经济交流？

西田实仁：实现邦交正常化前，也就是20世纪60年代，两国曾签订《中日长期综合贸易备忘录》（简称"LT贸易"），通过两国友好企业建立贸易经济关系并不断发展。此后，随着两国邦交正常化，中国和日本相互信赖、相互促进，同样对经济起到了非常大的推动。

随着贸易的发展，两国人员交流不断深入，日中经济界的对话，例如"日

西田实仁接受采访　图片来源：澎湃新闻

中CEO峰会"等企业经营者之间的交流也在不断进行。从这个意义上而言，尽管在政治和军事上，日美两国的关系较为紧密，在经济方面日本和中国的关系非常密切。考虑到今后在考虑美国的同时，日本也必须重视与中国的关系。

采访组：展望未来50年，作为一名曾经的留学生，您对中日两国年轻人有怎样的寄语？

西田实仁：年轻人之间的交流对今后的日中关系是非常重要的。日中两国是"搬不走的邻居"，日本也好，中国也好，现在的交流确实因为疫情有些变淡了。但我认为不能在没有去过中国的情况下便形成先入为主的想法，产生负面印象。不管是旅行也好，商务也好，留学也好，我希望两国的年轻人能尽可能地进行交流。

在此之中，希望中国的年轻人看到真实的日本，也希望日本的年轻人了解真实的中国，通过彼此交流分享想法，看到最真实的彼此，这是非常重要的。

Sato Yasuhiro
佐藤康博

采访对象：佐藤康博，1952 年出生，银行家，日本经济团体联合会中国委员会委员长、瑞穗金融集团特别顾问。

采访日期：2022 年 7 月 28 日
采访地点：日本瑞穗金融集团总部

佐藤康博：
面对全球性课题，中日应面向未来、协同行动

在中日两国实现邦交正常化的历程中，两国经济界是重要的推动者。1972年中日恢复邦交后，随着《中日长期贸易协定》等多个文件的签订，中日贸易关系也实现了快速发展。过去50年，两国关系历经风雨，曲折前行，其间，经济界也始终发挥着连接两国的重要桥梁作用。

提起多年来中日两国间经济外交的最大成果，时任日本最大经济团体"经团连"副会长兼中国委员会委员长、瑞穗金融集团特别顾问佐藤康博认为，在中日关系波动之时，民间企业间仍能继续保持畅通的沟通渠道，重视自然、诚实的交流，是至关重要的。

如今，距离佐藤康博第一次访问中国已有约30年，这期间中国的变化之快，中日之间经济交流的发展速度令人无法想象。在他眼中，从日本对华援助到两国形成对等的经济关系这一变化是过去50年的一大意义。

展望未来，佐藤对中国的发展满怀期待，也对今后的中日经济合作交流抱有信心。他认为，对于中国和日本来说，未来50年将会是构筑两国发展关系的重要、巨大的契机。

中日经济交流的发展与成果

采访组：作为一名日本企业经营者，回顾过去50年，您认为中日两国"经济外交"中最大的成果是什么？

佐藤康博：简单来讲，当代中日两国的经济关系是通过三个阶段发展

起来的。第一阶段是日本从1979年12月开始实施、历时40多年的对华政府开发援助（编注：2018年10月，日本政府宣布不再设立新的对华政府开发援助，2022年3月末，日本全部对华援助项目结束）。

第二阶段是直接投资，即日本民间企业进入中国建立工厂、积极开展经济活动。目前日本在中国开展事业的企业数量已达到近3.4万家左右，发展势头仍然强劲。

第三阶段，随着中国经济发展，中国企业实力增强后开始对日本进行直接投资，并在这样的形式下形成了双向经济关系。

回顾过去50年的中日关系，尽管在政治方面遇到了部分困难和问题，但这期间日本经济界一直努力与中国的经济界进行沟通，在政治不稳定的时期仍维持着越来越紧密的关系。从这个意义上来说，民间的经济外交成为了中日两国间交流的主心骨，并将一直持续下去。

总结而言，尽管中日关系曾有过波动，但我们民间企业之间仍能继续保持畅通的沟通渠道，重视自然、坦诚的交流，我认为这些正是多年来中日两国间经济外交的最大成果。

采访组：随着中日两国关系的不断变化，日本企业也不可避免地受到相应影响。您如何看待中日关系变化带来的风险与挑战？您认为经济界应该怎样应对？

佐藤康博：一个在漫长的历史中早已深化的理念是：正是中日关系处于摇摆不定的状态时，才更应强化民间企业交流，强化民间关系的重要性。当中日关系出现风险与挑战时，日本经济界会与中国经济界沟通，告诉对方我们的想法，同时，也会努力去理解中国经济界的想法。

今后中日关系或许也会发生很多变化，但我认为两国经济界的这种关系不会因此减弱。经济界对于两国来说是非常重要的纽带，这一点在未来也不会改变。

采访组：当今国际经济的构图日益复杂，在中日关系的不断变化中，美国始终是一直存在的因素。从经济面来看，您认为中美日三国关系中，日本应该发挥怎样的作用？

佐藤康博：对于日本经济界来说，这也是一个课题。正如大家所知道的，在政治和军事上，日美两国的关系较为紧密。然而，中美贸易摩擦今后也可能会持续成为一个必须直面的问题。

对于日本来说，与中国的双边关系非常重要。我们不能因为美国对中国采取了个别措施，就抱有同样想法，如果日本以和美国相同的方式与中国加剧摩擦，则日本的国家利益就有可能受损。

虽然在某种意义上日美两国是"同盟"，但也在许多经济领域面临竞争。因此，日本作为一个独立国家，一个国内生产总值（GDP）排名世界第三的国家，也需要保护自己的经济利益、增强自己的技术水平，不可能完全听从美国的意见。

反观中日关系，多年来，两国在进行经济外交的过程中积累了许多成功经验，我们也需要以此为基础继续发展。其中，日本也有一个重要的作用——若中美之间出现无法顺利对话的情况，我们可以认真听取双方意见，向中美两国传递对方的想法。

对于日本来说，在出现问题时，最好的解决方案就是把中国和美国真正的想法传达给彼此。我觉得现在的日本政府也是这么想的，当然我们日本经济界也抱有同样的想法。我们认为这可能会成为下一个时代日本需要承担的重要责任和角色。

采访组：从经济角度而言，您认为三国能在哪些领域相互合作？

佐藤康博：我认为主要是在今后世界将面临的共同课题上，例如环境问题、贫富差距、少子高龄化等，中日美三国都拥有丰富的技术和经验，三国完全有可能站在同一个平台上提出具体解决方案。三国协同行动，朝着解决这些课题的方向努力合作，我认为对于整个世界来说都是非常重要的事情。

当然，我们民间人士也需要有积极参与这些课题的觉悟，"经团连"内部也时常在讨论，应如何更加向前迈进一步，推动这些问题的解决。

佐藤康博接受采访　图片来源：澎湃新闻

疫情催生变化与变革

采访组：在新冠肺炎疫情持续扩散之际，世界经济仍在持续走向不透明。在您看来，疫情给中日经济关系带来了怎样的影响？

佐藤康博："经团连"以往与中国进行经济交流往来，往往是直接前往北京，或是邀请他们到东京来。但疫情之下，这样的交流很难成行，虽然仍有线上会议在进行，但双方如果不直接见面，也会面临许多不方便。

疫情的影响不仅体现在物理层面，日本还面临全球供应链方面的问题。举例而言，中日两国贸易关系紧密，中国从日本进口了很多半导体原材料，而对于日本来说，尤其是疫情初期，口罩等医用器材原料几乎都是从中国进口。

日本和许多国家一样，疫情对半导体产业的供应链产生重创，导致汽车产量受到影响。当然，其他产业也出现了类似的问题，我们通过疫情清楚认识到全球供应链无法顺利运转而造成的影响。

当然，并非全部转为本国制造模式就能解决问题，我们必须再次思考什么东西必须在本国生产，什么东西仍必须在全球供应链中与其他国家合作。我们需要防止供应链危机的再次出现，并应以此为经验，重新审视、构建民间制造业的供应链，创建以中国为始，到其他世界各国的紧密牢固的供应链合作关系。

采访组：您认为疫情还催生了哪些新变化？

佐藤康博：从我们身边的例子来说，最大的变化是不用特意到办公室来工作，只要在家通过网络就能完成很多工作。我认为工作方式的转变是很大的变革，这与日本终身雇佣制的大背景是完全不同的，很有可能会大大改变日本社会。

还有一点，我想中国也是这样，大都市里聚集了很多人，地方人口越来越稀少。这一现象在日本尤其严重，东京人口的高度集中已是日本面临的一大课题。但是在疫情之下，如果不来公司也没关系的话，可以选在物价便宜、生活方便的地区居住并线上工作，这同样会给人类的居住环境带来巨大的变革。

就当前来看，虽然这只是一个很小的变化，但我认为未来或许会逐渐扩大影响。改变人类社会的事情已经发生了，我们产业界应如何把握这一方向，今后也必须密切关注。

中国的过去与未来

采访组：您曾多次到访中国，在您看来，中国及中国市场的过去和现在有怎样的变化？

佐藤康博：第一次到中国距今大约已过去30年，我当时应该是快40岁，作为时任（瑞穗银行前身银行）行长的秘书和行长一道前往中国出差。那时中国的发展程度还远低于目前的水平，当时，日本经济界认为还是需要援助中国发展，进行了刚才我所提到的政府开发援助（ODA）及直接投资等。

2023年4月5日，佐藤康博会见中国驻日本大使吴江浩　图片来源：受访者

那时的中国虽然还处于发展途中，但在我眼里，已具备了很大的商机。

此后，每当我们放眼中国，除了人口基数大、消费力量强劲等固有的优势之外，技术力量或者人才力量已成为当前中国市场中所需要持续关注的方面。

此外，就中国本身的变化而言，一是多年来中国的社会环境变得非常有秩序，我觉得这是很大的变化。其次是初创企业增加了许多，每年都在大量涌现。我认为这种所谓的"创业精神""创新精神"已成为了中国的一大变化，这和以前完全不一样。之所以会产生这一变化，我认为其中一个原因与教育有关。在中国这个大社会中，年轻人在不断接受新的挑战，不断成长。

中国正在逐渐成为赶超美国的经济大国，不仅仅是因为庞大的人口数量和消费能力，而是中国有一种"挑战精神"和"企业家精神"，也就是挑战新事物的精神。如果这种精神在一个国家生根发芽，这个国家势必会成为一个非常强大的国家，现在我所看到的中国就富有挑战，这点和以前的中国完全不同，我认为这对一个国家来说是充满希望的要素。

采访组：针对中日邦交正常化50周年，"经团连"有怎样的具体计划？

佐藤康博：2022年是中日邦交正常化50周年，是我们"经团连"非常重视的一年。对于怎么看待这个重要的日子，我们商议了好几次，考虑在9月举办一场特别的活动。

当然，关于如何理解"中日邦交正常化50周年"这一概念，"经团连"内部有很多讨论。我们想，不仅仅是就"50周年"这一时间点进行纪念，就像我之前所说的，中日两国的经济关系是通过三个阶段发展起来的，在这个节点上我们相互去重新认识到这一事实是非常重要的。就此，若要思考过去50年的意义何在，首先将日本对华援助到两国经济形成对等关系的变化进行一个历史回顾，这是"经团连"计划的重点之一。

如何在这一历史的基础上面向未来，中日两国未来将构筑怎样的合作关系是第二个重点。我们将以这两个部分为中心，安排活动的内容。

采访组：展望未来50年，您有怎样的期待？

佐藤康博：我认为最重要的是，日本目前所面临的课题是中国今后或将面临的课题。

例如，目前日本正面临少子高龄化问题，65岁以上劳动人口的比率每年都在上升，这是日本的一大课题。但同样，这一问题在中国也正在加剧，人口减少已经开始，未来消费能力也可能会下降。

就像之前所提到的，包括少子高龄化问题、环境问题、社会保障制度等，不止是中国和日本，未来亚洲其他国家甚至全球都可能会面临这些课题。对于全球性的课题，或者是今后各国都必须面对的问题，中国和日本要真诚地交换意见，探讨解决的方式并切实建立起相关框架，那么未来50年定能维持一个稳定的两国关系。作为日本经济界代表的"经团连"也对此抱有强烈的信念。

Hayashi Ryuki
林隆树

采访对象：林隆树，日本青少年育成协会（JYDA）常任理事、国际交流委员会委员长。

采访日期：2022 年 7 月 5 日
采访地点：日本汉语水平考试（HSK）事务局办公室

林隆树：
愿大家忆起"山川异域，风月同天"的美丽历史

2020年伊始，就在中国面临新冠肺炎疫情严峻挑战时，一张照片在社交网络上广为流传——日本汉语水平考试HSK事务局捐赠给湖北武汉的2万枚口罩和一批红外体温计的外包装标签上，印上了八字诗句："山川异域，风月同天"。诗句在中日两国引起了强烈反响。时任中国外交部发言人华春莹在2020年2月4日的外交部例行记者会上表示，很多中国网民和我一样都注意到了日本人民这些温暖人心的举动。在当前抗击疫情的艰难时刻，我们对其他国家人民给予中国的同情、理解和支持表示衷心感谢，铭记在心。

当时在支援武汉的物资箱上贴上这句话的人，是日本青少年育成协会理事、汉语水平考试（HSK）事务局的林隆树。2022年7月，林隆树时隔两年多再度回忆起那段经历："我很喜欢中国文化，但纸箱上的诗句引起强烈反响完全在意料之外。"

2022年是中日邦交正常化50周年，致力于日本汉语水平考试多年的林隆树介绍道，参加HSK汉语水平考试的日本考生从1999年的2303名，增长到2021年度的39219人，22年间翻了17倍，现在的日本大学生中有不少都在学习中文。

2020年1月,林隆树正准备将支援武汉的物资送往邮局　图片来源:受访者

从《西游记》《水浒传》到诗歌

采访组:"山川异域,风月同天"这句话一直到现在还在中国的网络上为人熟知,现在回想,您如何看待当初这件事?

林隆树:"山川异域,风月同天"的字面意思是,虽然山川处在不同的地方,但是风月在同一片天空下。纸箱上的诗句引起强烈反响完全在我预料之外。最初我是从井上靖的小说《天平之甍》里看到这句话的。这本书讲到鉴真和尚不辞劳苦东渡日本弘法的事情,我一直认为"山川异域,风月同天"是象征国际交流的词汇,也一直记着这句话。这句话让许多人回忆起大约1300年前那段美丽的历史,我非常高兴。

就在2019年,武汉发生疫情的前一年,日本HSK事务局曾经举办过中国留学展,当时有30所左右的中国高校参展,其中就有位于武汉的武汉

2020年，日本汉语水平考试HSK事务局的同事们给武汉加油　图片来源：受访者

大学、华中科技大学。知道有疫情后，HSK通过这些学校的老师们转达了想捐赠口罩的意愿，后来就有了纸箱上的那句话。其实这个做法并不是我个人想出来的，我们有多位理事，我只不过是涂装一下。

采访组：您喜欢中国文化吗？除了"山川异域，风月同天"，还有什么中国诗句令您印象深刻？

林隆树：我一直很喜欢中国文化，从小时候读《西游记》开始，到《水浒传》，日本大众喜欢的《三国志》我也读了。后来，我在中学时对古诗产生了兴趣，当时我接触到的诗文是唐代诗人李白的《黄鹤楼送孟浩然之广陵》，"故人西辞黄鹤楼，烟花三月下扬州。孤帆远影碧空尽，唯见长江天际流"。当时我就想怎么能有如此华丽的语句。从这之后我就非常喜欢古诗。我大学专业是哲学，在这期间我额外学习了《论语》和《庄子》。

想让有"中国人对我很亲切"体验的人变得更多

采访组：可以谈谈您目前在中日之间从事的工作吗？

林隆树：我的工作是国际交流。我非常喜欢中国，中国也有很多喜欢日本的朋友，虽然国与国之间会有历史问题、领土问题，也许还会出现各种问题，但国际交流毕竟是个人的体验。我曾短期去过中国，去中国之前，看新闻和电视的最初感觉是也许有许多不喜欢日本的中国人，但实际碰面后，我的亲身体验是中国人对我都很亲切。因此，我想要让有这种体验感的人变得越来越多，我觉得这就是我要做的国际交流工作。努力通过国际交流让更多人体验到两国人民间的亲切感。

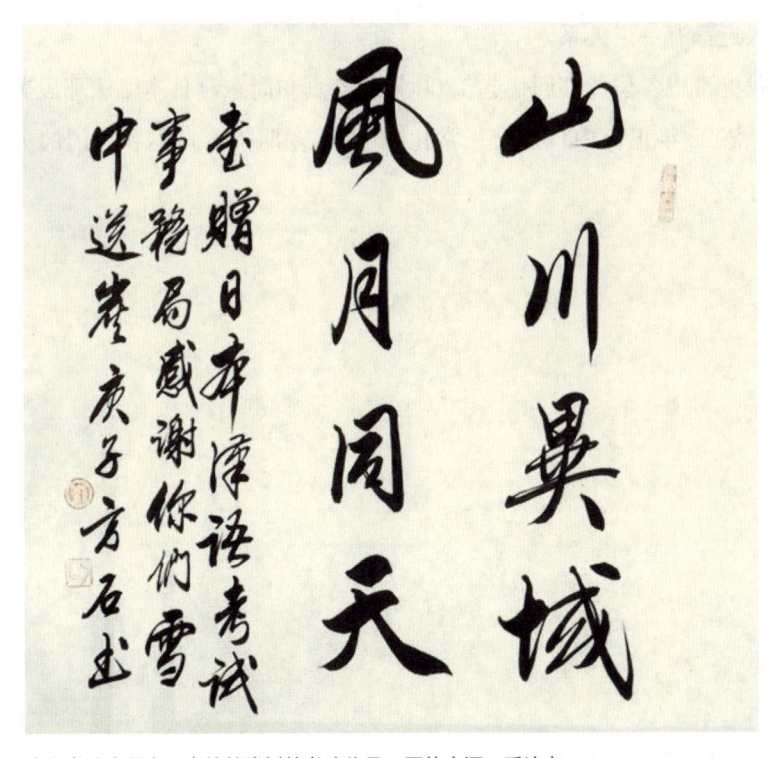

中国书法家刘方石寄给林隆树的书法作品　图片来源：受访者

采访组：中日邦交正常化50周年这个历史节点对您来说意味着什么？

林隆树：我2022年66岁了，50年前（中日邦交正常化时）我已经是一名高中生。因此我非常清楚地记得当时田中角荣首相到中国同中国领导人握手的场景。当时我相当期待日本今后和作为其文化源头之一的中国之间的关系越变越好。当前，中日两国的年轻人交流着各种各样的东西，中国的歌曲舞蹈、日本动漫等等，这些都是非常有意义和令人开心的事情。那些贴近平凡人（的元素），比如动漫、电影等，在国际交流中非常有用，能够改善中日关系，所以对此我期待着。在1999年时，参加HSK汉语水平考试的考生有2303名，2021年度则是接近4万人参加了这项考试，22年间翻了17倍。我认为这和中国经济发展有很大关系。当我还是大学生的时候，在大学里曾经流行的风潮是男生学习德语，女生学习法语。现如今日本大学生们有不少在学习中文，我想这和中国经济的不断发展以及两国距离很近都有一定关系。

我更希望各位能够回忆起1300年前鉴真和尚东渡日本弘法那段美丽的历史。2022年正值中日邦交正常化50周年，期待着日本和中国的关系越来越好。

Shibata Koji
芝田浩二

采访对象：芝田浩二，1957 年出生于日本鹿儿岛县，1982 年毕业于东京外国语大学，后进入全日本空输株式会社就职。曾历任全日空控股公司亚洲战略部长、全球经营战略室长、专务执行董事等，于 2022 年 4 月 1 日就任全日空控股公司社长。芝田浩二曾于在学期间在北京的日本驻华大使馆工作，入职后也曾有驻欧洲的经历，拥有丰富的国际经验。

采访日期：2022 年 8 月 16 日
采访地点：日本全日空总部

芝田浩二：
愿做"空中桥梁"，为中日关系发展做贡献

中日邦交正常化的历史脚步已踏至 50 周年。在实现邦交正常化后，全日空航空公司见证了历史并与之相伴，共同发展。

50 年前，时任全日空社长冈崎嘉平太先生曾为中日民间交流倾力，50 年间，全日空对华业务持续扩大，中国航线所占的比例不断提升，与中国航空公司的合作也愈发紧密。

"希望全日空今后也继续作为连接日中两国的'空中桥梁'，为促进人员往来、发展双边关系做出我们的贡献。"50 年后的今天，尽管新冠肺炎疫情对全球的航空业造成了很大的影响，但提起中日两国的民间交流，全日空控股公司（ANA HOLDINGS）社长芝田浩二仍一如既往地抱有强烈期待。

澎湃新闻与芝田浩二的对话正值 8 月 16 日，这一天也承载了某些重要意义。"很巧的是，今天是我的 65 岁生日。"芝田说，"更值得纪念的是，50 年前的这一天，全日空承运了东京至上海的首架包机航班，载着上海歌舞团的团员从日本回到中国"。

芝田浩二提到，自己与中国的故事从学生时代便开启，他前往中国已不下 400 次。高中时期的他通过诗歌了解到中国的山水与人文风情，1979 年，在大学修习中文时，芝田浩二抱着要亲眼去中国看看的想法，如愿前往日本驻华大使馆工作。

1982 年进入全日空后，芝田浩二亲历了开设中国航线的准备工作，目睹了中国民航事业的发展与两国民间往来的不断深化，深感发展中日关系的重要性。

50 年弹指一挥间，全日空与中国的故事仍在继续谱写。"回过神来，（中日邦交正常化）已经过去近 50 年……全日空开设中国航

线也走过了35年。"芝田认为，尽管曾出现各种各样的风险，但毫无疑问的是，中国业务的扩大为全日空的成长提供了支撑。"无论是基于我个人还是对于公司而言，都很感谢中国市场。"他说道。

曾休学两年来华工作

采访组：高中毕业后，您选择就读于东京外国语大学中文系。请问您对中国感兴趣的缘由是什么？

芝田浩二：那时在日本高中，大家都会学习汉文。所谓汉文，就相当于中国的古汉语。其中必学的是诗歌，比如杜甫、李白、王维等。在学习过程中，我看到了中国的雄伟景色，中国人的温柔，对此很感兴趣。

正好在1972年，日中实现了邦交正常化，在那之前一直是"遥远邻国"的两国变成了"现实的近邻"，我也因此想更多地了解中国，所以选择了中文专业。

采访组：大学时期，您为什么会休学前往日本驻华大使馆工作？这段经历对您后来的职业经历有怎样的影响？

芝田浩二：在大学学习中文时，我曾迫切希望有一天能亲眼看看中国。只是在那个年代，虽说日中两国恢复了邦交正常化，但是办理签证仍存困难，从日本到中国，或者从中国到日本，都并非容易之事。

大学三年级，我得知日本驻华大使馆正在招聘职员，于是报名参加考试且合格了。我觉得这是了解中国的好机会，决定休学两年去北京，那是1979年的3月22日。

当时，我在北京的日本驻华大使馆积累了各种各样的社会经验，这些也成为了我此后进入公司、进入社会的基础。此外，那两年的经历也使我得以结识一些日中外交相关的人士，和他们的关系在毕业后仍在延续，我想这也是一笔宝贵的财富。

"中国航线所占份额高达 25%"

采访组：您于 1982 年进入全日空工作，并在 1983 年到 1990 年的 7 年间就任于公司国际部，这期间正值全日空首次开通中国航线，听说您也参与了当时的准备工作。您是否能介绍一下当年是怎样的机遇促成了全日空开通中国航线，以及对于发展对华业务，全日空当时有着怎样的考虑？

芝田浩二：在我 1982 年进入公司时，全日空根据日本的政策规定，只开设了国际包机航班，而开通国际航线是全日空的夙愿。我在国际部也是为将来的国际定期航班做准备，在国际包机的运营过程中积累经验，学习与国际航线相关的知识和技巧。

当时全日空的日中包机航线除北京、上海等大都市外，还曾开拓了厦门、哈尔滨等地方线路。另外，我们也与中国民航的飞行员、机组人员开展交流、培训活动等，与中国航空业加深了联系。

在我印象里，全日空开通中国航线经历了非常长的准备时间。1986 年 3 月，全日空成功开通第一条国际定期航线，即东京飞往关岛的航线（编注：全日空 1986 年 3 月 3 日首航东京至关岛的客运航线，开展定期国际航线服务，同年年底开通洛杉矶及华盛顿航线）。同年 8 月，全日空以冈崎嘉平太为首组建了前往北京的代表团，为开拓日中航线做努力。

次年，全日空得到了运营定期日中航线的许可，1987 年 4 月 16 日，也就是冈崎嘉平太先生 90 岁生日的这一天，实现了中国航线的首航。

采访组：中国自改革开放以来，民航产业的市场化改革逐渐深入，全日空作为中国民航市场的参与者、见证者，如何评价中国民航市场的发展？对华业务在全日空国际业务中的占比发生了怎样的变化？

芝田浩二：自 1987 年开设中国航线以来，全日空在这 35 年间一直致力于拓展中国市场。这期间，日中航空领域的交流有了很大的进步，其中

1985年，芝田浩二于中国民航空乘教官培训结业典礼　图片来源：由全日空友情提供

中国航空业本身的发展更是令人刮目相看。

目前，已发展为世界级企业的中国三大航——中国国航、中国东航和中国南航为首，北京、上海、广州甚至全中国都有了大型现代化机场。在中国航空交通管制能力不断强化之下，2019年，中国民航旅客运输量已多达6.6亿人次，规模稳居世界第二，仅次于美国，较35年前增加了50倍。此外，日中之间的航班数也从1987年我们刚通航时的每周54航次增加了约24倍，达到1250航次。我认为这是惊人的发展。

自开通中国航线以来，全日空一直在积极扩展对华业务。2019年，全日空在中国的11个机场共计开通了每周378次的航班量，中国航线在全日空国际航线中所占份额高达25%。值得一提的是，全日空也加强了与中国航空公司的合作关系，例如与中国国航等加强了代码共享、常旅客合作等。

风险与机遇

采访组：新冠肺炎疫情对全球的航空业也造成了很大的影响，请问全日空对此采取了哪些措施，效果如何，以及目前仍面临的课题。此外，在疫情时期，全日空是如何保障中国业务的？

芝田浩二：我们一开始未曾想到疫情会持续如此长的时间。为了应对前所未有的危机，首先急需确保资金，同时我们也推进了资产的出售，彻底进行成本管理。在疫情期间，我们也力求不辞退员工。

值得一提的是，在2022财年第一季度（4月至6月）中，我们实现了近三年来的首季盈利，我认为疫情在今后将逐渐稳定，客运需求会逐渐恢复，能够实现持续盈利。

采访组：对于远期的在华发展，全日空目前有何展望？

芝田浩二：我们在中国设有11个支店，尽管实现了不裁员，但仍受到了一定影响。

中国无论过去将来，都是非常有前途的市场，在疫情结束后我们也希望能够在中国进一步扩展业务。目前ANA（全日空）集团中有三个品牌，包括"ANA""Peach"及将于明年开始运营的第三个品牌"AIR JAPAN"，我希望能发挥这三个品牌的优势，更有效率地开展中国业务。

采访组：货运也是全日空的重要业务之一，然而近年来国际经贸间贸易保护主义抬头，对日本企业影响扩大，给中日间贸易也带来了一定影响。甚至也出现了中日两国经济"脱钩论"，日本企业离开中国的说法。全日空如何看待国际经贸中的风险与挑战？怎么看中日两国经贸之间的竞争与合作？

芝田浩二：我们希望能有一个人流、物流都自由的、没有壁垒的市场和竞争环境，但对于航空货运来说，不仅是保护主义的抬头，还面临了经济"脱钩论"，还有疫情造成的市场封锁等各种各样的风险。我们一直在认真收集信息并进行分析，若是发生此类风险，也会立即进行应对。

对全日空来说，不仅是中国航线的旅客非常重要，在航空货运事业领域，中国也是重要的市场。在我看来，目前日中两国的企业投资持续稳健，两国间航空货运需求仍十分旺盛。

此外，全日空将时刻关注全球航空货运市场和各国的经济安全保障等动向，另外还包括日本企业在中国的事业发展及投资意愿等，及时进行调整业务，促进业务的顺利开展。

2023年3月11日，深圳，日本全日空航空波音787-8客机从宝安机场起飞
图片来源：视觉中国

民航事业"继往开来"

采访组：回顾全日空与中国的发展历史，冈崎嘉平太先生曾为两国关系的发展倾尽全力，您认为现在的全日空应如何继承与发扬先辈的智慧？

芝田浩二：全日空以纯民间资本航空公司的形式起步，靠自身力量不断成长、发展。自全日空成立以来，从冈崎嘉平太先生那个时候开始，我们就一直传承着这样的一句话——"现在穷乏，将来有望"（编注：此句为全日空第一代社长美土路昌一的名言）。

这句话告诫我们，即使现在情况艰难，也要面向未来、迎接挑战，其中所包含的挑战精神也一直被全日空所传承延续。今后我也希望能把这种精神好好传递给我们的后辈。

采访组：在中日关系的不断发展和变化中，两国间的人员交流也受到了相应影响。作为国际民航企业，全日空如何应对国家间关系变化带来的风险与挑战？您对于中日间的人员往来、民间交流有怎样的想法与期待？

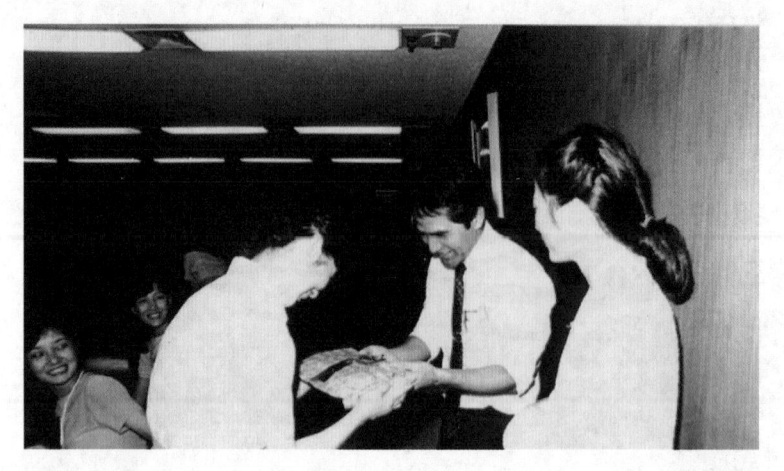

1985年，芝田浩二于中国民航空乘教官培训结业典礼　图片来源：由全日空友情提供

芝田浩二：从运营航空业务的角度来看，和平稳定的国际关系是不可或缺的，也是我们所期望的。但是，在国际形势发生变化的情况下，我们也力求尽可能地把握变化，采取适当的应对措施，保证业务的持续运营。

我认为人与人之间的交流、交往是非常重要的，在相互之间加强了解后，对彼此的理解也会更加深入。如果相互理解能够不断加深，两国关系也会得到发展，从建立"友好关系"，到建立"健全的邻国关系"。

在这一方面，我认为促进人与人之间的往来是我们航空公司的使命，为了推动两国关系的发展，我们航空公司也必须倾尽全力。希望全日空今后继续作为连接日中两国的"空中桥梁"，愿为促进人员往来、发展双边关系做出我们的贡献。

采访组：2022年是中日邦交正常化50周年，1972年至今，全日空也见证了中日关系的许多重要瞬间。对于全日空来说，这50年有怎样的意义？

芝田浩二：回顾历史，日中两国在1972年9月29日实现了邦交正常化。在那之前的8月16日，正在日本访问的上海歌舞团一行分别乘坐全日空和日本航空的包机回国，那是日本的飞机在战后第一次直飞中国。

1972年，我们通过这一包机与中国相连接，而在此后，我们也开拓并运营了35年的日中定期航班。当然这50年间并非一帆风顺，也存在各种各样的风险，但我们克服重重困难不断发展了中国业务。毫无疑问的是，中国业务的扩大为全日空的成长提供了支撑。无论是基于我个人还是对于公司而言，都很感谢中国市场。

采访组：展望未来50年，您对中日年轻一代有怎样的寄语？

芝田浩二：回过神来已经过去50年，全日空中国航线通航也走过了35年。我经常说日中两国是"一衣带水的邻邦"，作为邻居，一定要相互做出努力，促进发展。

中文里有"取长补短"这一词，我希望不管是日本还是中国的年轻一代都要记住，互相弥补对方的不足，欣赏对方的长处，学习对方的优点。为了建立这样的关系，我也期待大家能够努力加深对彼此的理解。这其中有一个重要的秘诀，就是"互尊（相互尊重）"。我希望大家都努力在"互尊"的基础上增进相互理解。

Homma Tetsuro
本间哲朗

采访对象：本间哲朗，1961 年出生于日本神奈川县，1985 年毕业于成城大学，后进入松下电器产业株式会社就职。于 2019 年就任松下集团代表董事专务、中国东北亚公司总裁 CEO，现任松下控股全球副总裁、集团中国东北亚总代表，目前常驻北京。本间哲朗曾在上世纪 80 年代前往中国台湾学习中文，能够非常顺畅地使用中文交流。

采访日期：2022 年 6 月 23 日
采访地点：松下集团北京纪念馆

本间哲朗：
松下能为中国现代化建设做贡献是光荣的

"松下老先生，你能否为中国的现代化建设帮点忙？"

1978年10月28日，邓小平在参观日本松下电器产业公司茨木工厂时，对松下电器创始人松下幸之助提出了上述询问。

松下幸之助当即允诺：愿为中国实现现代化提供协助。

在改革开放的大幕刚刚开启时，松下幸之助曾两次访华，松下电器成为首个在华投资的日本企业，将松下在中国的事业融入到中国的改革开放和经济建设中。

2022年正值中日邦交正常化50周年，松下控股集团（以下简称"松下集团"）全球副总裁、集团中国东北亚总代表本间哲朗表示，松下是中国改革开放、外商投资保护的历史见证者，在改革开放初期也为中国带来了先进的技术、设备和管理经验。当前松下在中国实行"自主责任经营"，大量业务已在中国实现了本土化，由中国团队来进行决策。中国经营团队更愿意接受有挑战的目标，自中国东北亚公司成立以来，已连续两年实现了两位数的增长。

谈及中日关系与国际经贸格局，本间哲朗认为，中日两国在经济上是离不开的，日本需要中国的工程能力、制造能力，以及强大的供应链体系。希望中日两国的经济关系保持平稳、持续发展。

在寄语中日两国年轻人时，本间哲朗希望中日两国年轻人尽量找机会互相交流，日本年轻人要更多地学习中国历史、中国文化，了解中国社会，创造机会让更多日本人来到中国实现自己的理想。

"松下有一个非常幸运的地方，44年前松下老先生非常强烈地指示我们要支持中国的现代化，在这个问题上我们没有犹豫、没有疑问。"本间哲朗称。

松下是中国改革开放、外商投资保护的历史见证者

采访组：1978年，邓小平在访问日本期间参观了松下，并邀请松下来华投资，这成了松下与中国结缘的开端。能否分享一下当时的情况？当时松下决定来华投资有怎样的考虑？

本间哲朗：1979年和1980年，松下老先生（松下集团创始人松下幸之助）历时两个月在中国各地考察，并现场决定了很多技术合作项目，提供成套设备。自此，松下开始了和中国的交往。当时，中国的经济情况并不很理想，很多日本人都对中国经济的未来有所怀疑。

为什么松下老先生能在很短时间就答应邓小平阁下的请求？如果老先生还在的话，这是我最想跟他请教的一个疑问。

松下老先生说过，21世纪是亚洲的时代，现在已经进入了21世纪，中国已经成为世界第二大经济体，中日两国（都）成为亚洲最重要的国家之一，经济来往也非常密切。松下幸之助先生能这么早就决定进入中国、为支持中国的现代化建设做贡献，这对松下来说是非常光荣的事情。

采访组：最初，松下是以设立服务中心等技术合作的形式进入中国的，直到1987年才设立合资公司。此前的8年是对中国市场的考察期吗？

本间哲朗：松下老先生亲自考察了中国的多座城市后就决定了技术合作，不过当时中国还没建立一套接受外商投资的法律体系。松下一方面通过已设立的服务中心来给中国技术支持，另一方面也加紧了关于外商投资保护领域的谈判。到如今，中国已经有了成熟的外商投资保护体系。

现在松下纪念馆所在的这个厂区，就是我们1987年成立北京松下彩色显像管厂所在的厂区，这也是中国第一家外国公司控股的制造业企业。可以说，松下是中国改革开放、外商投资保护的历史见证者。

采访组：中国坊间一直流传着一种说法，认为上世纪80年代日本对华的技术援助实际并非将最先进的技术和产能带到中国。松下如何看待对华的投资？给中国输出的技术和产品在当时处于什么样的水平？

本间哲朗：对中国的技术援助也需要考虑当时中国具体的经济情况。1979年松下老先生访问上海的时候就决定，要提供整套黑白显像管设备。在当时，对日本市场来说，黑白电视机技术已经略显淘汰了，但中国是需要这项技术的，在这方面，双方观点是一致的。

到了1987年，我们在北京成立彩色显像管工厂的时候，我们带来的设备就是当时最先进的技术。除了制造装备和技术，松下也给中国带来了管理经验。

1952年松下与荷兰飞利浦公司开展了技术合作，向飞利浦学习了包括芯片、显像管等电子工业技术，也学习了它的管理模式，这套模式我们带给了北京松下彩色显像管工厂。

有意思的是，前段时间我同京东方科技集团董事长陈炎顺先生交流时，他告诉我，京东方集团的子公司都还沿用着当年向松下学习的会计准则。所以，当年除了技术、设备以外，松下也带来了西方先进的管理模式。

采访组：您曾被派遣到中国台湾地区学习，以了解中国文化和中国市场，这段学习经历给您印象最深刻的是什么？40多年前的台湾地区与中国大陆在政治、经济形态上还有很大差别。此后您来到中国大陆，感受到了哪些不一样？能否分享几个故事？

本间哲朗：我是1985年进入松下集团的，从1986年到1988年一直在中国台湾的台北松下工厂工作，白天在工厂做一些零碎的工作，晚上在学校念书，学习中文、中国文化、中国历史等。公司命令我两年不许回国，要努力学习了解台湾的社会情况，与台湾百姓、台湾员工交流。

其实我到台湾的时候，只会讲一句中文——"你好"。在台湾，我系统地学习了中文。

最近三年我在中国大陆工作，如果有空余时间，我也在拜访中国的文化旧址。比如长城我去过 7 处。松下在杭州有一个家电总部,在出差杭州的时候,我去了杭州郊外的径山寺,那是一千多年前中日文化交流的基地,日本从这里学习到了酱油、纳豆、佛教、茶道,等等。

日本有一种文化,会把向外国学习的文化都保留起来。千年之前日本从径山寺学习的所有文化现在都保留得非常好。不过我在去径山寺访问后发现,这些在径山寺都没有再看到了,这一点我觉得比较可惜。

中国非常喜欢创造新的文化,而日本一边向外学习,一边做好保留,这是我在文化历史方面的一个新发现。

我刚到台湾地区的时候,台湾地区与中国大陆还是"三不通",我和在中国大陆的同事没法打电话,不能寄信。后来我回到日本,1989 年 1 月访问了上海、苏州等地。当时上海浦东还没有开发,浦西的街上几乎看不到车。像我们这种外国人要打车的话,一定要到专门接待外国人的旅馆才能叫到车。而如今,我们拿起一部手机就能叫到车。

我是一个典型的日本人,见证了中国改革开放以后在经济上、消费上的变化和升级。我对现在中国年轻人的看法是,接受新技术、新概念的能力特别强,可以说全世界最强。

30 年前的日本社会也曾有过这样的景象,但是如今的日本社会已经老化了,不喜欢变化。而中国社会一直在不停吸收新技术、不停消纳新的习惯,这是非常有意思的。

近三年来我在北京工作,用手机的时间相比于在日本翻了 10 倍,我也开通了微博,自己工作上的体验、休闲时间的体验可以和我的朋友们共享,这也是非常有意思的。

实现"自主责任经营",
中国区业务由中国团队来进行决策

采访组:您怎么看松下在中国的经营发展历程?经历了哪些调整与变化?

本间哲朗:在中国的业务,是松下集团中非常重要的一个板块,可以

本间哲朗接受采访　图片来源：澎湃新闻

说除了母国日本以外，最重要的板块就是中国。

需要说明的是，在松下集团里面，中国松下并不只是一个制造单位。中国的板块除了制造以外，还有工程，还有创新等。几乎所有的单位都有研发部门，很多产品企划、外观设计，还有研发、制造、出货都是我们中国的团队来负责的。

从1987年松下北京显像管工厂业务开始，到2021年松下在中国有1100亿元人民币营收，占松下全球集团规模的28%。我们在中国有52000名员工，其中有近1万名研发人员，70个法人单位。

至于发展路线，我还是要重温松下老先生在1978年的决断，我和松下的员工们也继承着1978年松下老先生对中国现代化做贡献的热情，也希望有很多年轻的中国员工来继承他的热情。

采访组：此前您也曾表示过，2008年后松下在华业务的发展没有赶上中国GDP发展的速度，您是否分析过其中原因？松下对此做了哪些经营布局的调整？

本间哲朗：2008年之后的十年时间，松下在华的业务量没有增加，相比于中国的GDP的增长来说少很多了。

2018年的夏天，当时我的上司津贺社长下命令，组织40个中日员工来共同研讨，为什么松下在世界第二大经济体中国的业务不能实现增长。最后我们得出结论，最大的原因还是我们没有实现"自主责任经营"，在做决策的过程当中，很大一部分还是依靠日本。虽然研发在中国，制造在中国，但公司经营几个非常重要的过程我们依然依靠日本团队。

如何实现"自主责任经营"？2019年4月，我们成立了松下电器中国东北亚公司，中国区业务由中国团队来进行决策。

现在松下家电住宅设备的板块已经完全本土化了，而且在过去三年的时间，很多制造公司，例如洗衣机、冰箱、照明、家用空调等公司的总经理职位，已经由很多年轻的中国人来担任。

采访组：松下是全球领先的家电企业，但近年来随着中国本土家电品牌逐渐成长，松下电器在中国市场的竞争力和业务总量出现了下滑。您如何看待与中国企业的竞争、合作？对于提升松下的竞争力有何打算？

本间哲朗：在很多中国朋友的心目中，松下品牌的形象还是以家电或者住宅设备为主的，其实我们有60%的业务是B2B的。比如，我们给中国提供电子零部件、自动化设备。自从成立中国东北亚公司以后，我们也彻底分析了竞争对手的产品，以此来寻找提升自身市场竞争力的方法。

过去两年，我们连续实现了两位数的增长，市场地位也得到了改善。在2022年"618"期间，我们的家电板块实现了129%增长。

采访组：您刚才也谈到日本企业特别擅长学习，中国企业在创新上面有很大突破性。想请问一下，相比于中国本土企业来讲，松下家电生态产品的竞争优势是什么？

本间哲朗：松下是一家具有百年历史的厂商，从产品企划、外观设计、研发等诸多方面都有自己的流程，所以我们能够推出适合各国市场的产品。

现在各国消费者的需求不尽相同。我们在日本畅销的产品导入中国可能不一定卖得很好，而创造出适合中国市场的产品，也许可以在印度也卖得非常理想，现在我们也在思考进行这样的改变。

采访组：下一步，松下在华投资有哪些布局规划？涉及哪些领域？是否有具体的战略规划和经营目标？

本间哲朗：过去20年，日本经济的增长率并不很高，所以日本经营团队也习惯将经营目标设定得不高，达到2%、3%的增长就认为已经很好了。不过年轻的中国经营团队有不一样的想法，他们认为可以到达10%，要超过中国GDP的增速。

所以，（松下）中国东北亚公司设定的经营目标相当具有挑战性，我们已经连续两年达成了既定的目标，我也觉得非常自豪，而且现在日本的经营团队也是想要导入中国经营团队的这种挑战性目标了。

希望中日两国的经济关系保持平稳，持续发展

采访组：近年来，国际经贸领域的逆全球化思潮泛滥，贸易保护主义抬头，特别是针对中国产业链、供应链的限制措施有所增加。这是否会对松下在华的经营产生影响？

本间哲朗：贸易战对我们松下来说并不陌生。日本的产业界在20世纪70年代就开始面对美国、欧洲的贸易战争，比如说70年代松下在美国、欧洲开了彩电工厂，80年代在美国、欧洲开了录像机工厂，90年代开了手机工厂，这些现在都没有了。我们认为，还是尽量努力在消费地区建设自己的生产基地，这是最理想的。

我们花了30年的时间建设了一个供应链体系，在美国销售的汽车电子零部件，我们尽量都在北美地区生产。与此同时，虽然现在日本的制造环境并不理想，我们也保留了自己的工厂为日本市场供货。

我们在中国的业务也没有很依赖进口，70%~75%的业务还是以中国国内市场为主的，尽管也有出口的情况，也还是以中国国内市场为主。我们希望各国尽量不打贸易战，实现自由贸易，这是我们作为跨国企业的想法。

采访组：受历史等因素影响，中日关系变化也经历过高峰与低谷，作为跨国企业，如何应对国家间关系变化带来的风险与挑战？

本间哲朗：松下有一个非常幸运的地方，44年前松下老先生非常强烈地指示我们要支持中国的现代化，在这个问题上我们没有犹豫、没有疑问。

我们除了工厂以外，也在中国成立了研发基地，包括机器的开发设计，软件开发等，这个决定对我们来说是一件运气非常好的事情。

采访组：近期，美国启动了"印太经济框架"（IPEF），日本随即宣布加入。而已经持续10年之久的中日韩自由贸易协定（TFA）谈判却进度缓慢。这是否会对中日经贸合作与中日关系带来影响？

本间哲朗：IPEF的概念是刚提出来的，而且现在公开消息中也没有非常详细的具体内容，所以我们需要继续观察它怎样发展。

现在中日两国经济上的来往非常复杂，也非常深，两国之间原材料的来往、电子零部件的来往，设备装备的来往等涵盖面很广。

所以我相信，中国需要日本的产业，同样日本也需要中国的研发、生产还有市场，所以希望中日两国的经济关系保持平稳，持续发展。

采访组：您怎么看中日两国经贸之间的竞争与合作？对于未来中日经贸关系的走势，您有何看法与期待？

本间哲朗：我们日本的产业人也一定要做努力，向大家展示现在中日两国经济上的来往多么密切、多么丰富，这是我们的义务。

日本的人口一直在减少，产业工人和研发人员未来肯定不会很丰富，一定会需要中国的工程能力、制造能力，还有很强的供应链，所以我相信中日两国经济上是离不开的。

愿把养老业务经验带过来为中国社会做贡献

采访组：新冠肺炎疫情深刻改变了全世界，您如何看待疫情对松下带来的挑战？

本间哲朗：2020年开始出现的新冠肺炎疫情，对我来说是忘不了的事情。听到消息时，我还在美国出差，我立马决定给中国红十字会进行捐赠。

2月9日，我从东京回到北京，就开始思考如何复工复产。

中国政府的做法非常了不起，仅仅一个星期左右的时间，就制定好了防疫政策，第二个星期，松下除了浙江以外的其他基地都开始进行复工复产的准备了，第三周，我们所有在华的生产基地都开始复工复产，3月中旬就恢复到了原来的生产水平，可以支持松下全球的产业链体系，这是非常了不起的。

2022年上半年，上海的疫情略有些不同，我们的工厂休息了30天，营业部门休息了60天，4月和5月我们在中国的销售额同比减少了12%，损失是不小的。不过6月份销售情况有所回升，这体现了中国拥有很强的消费能力。

我们希望中国社会能保持与外国的往来，现在日本与北美、欧洲的人员往来基本没有什么限制，松下集团的经营团队也常去国外出差。但现在中日两国之间的人员流动基本只有留学生了，这让我们在华的日本产业人心里很着急。如果日本经营团队的领导无法准确感知现在中国的社会情况和市场情况，也许他们的投资就会受到影响。

不过对于松下集团来说，我们中国东北亚公司拥有决策能力，可以自己策划建设新事业基地，尽管疫情有一定影响，我们也能在各个城市陆续开工，这对我们来说是非常自豪的。

采访组：松下在华的复工复产情况如何？您如何评价中国的营商环境？

本间哲朗：松下集团已经在中国国内建立了庞大的资源体系，可是对于日本的新兴企业，或者还没有进入中国市场的外国企业来说，现在的情况可能并没有达到理想状态。我相信中国政府也一定会积极研讨如何开放人员来往。

采访组：老龄化问题是中日所共同面临的社会问题，近年来松下在康养事业领域做了很多探索，是否有哪些经验可以与中国分享？

本间哲朗：日本是已经进入深度老龄化社会的国家，松下集团在日本展开养老方面的业务也已有20多年的经验了，除了各种各样的硬件住宅设备以外，还能够提供服务。未来中国社会进入老龄化的时候，我们也可以把在日本的经验带过来，为中国社会做贡献。

三年以前我们就做了策略，将和中国合作伙伴一起建设健康养老社区，以及给有需要的家庭进行适老化改造。目前这些业务已经开始了，市场的初步反馈相当理想，我们现在正在研究下一步的发展线路。

在江苏省无锡宜兴市，松下开办了雅达·松下社区，是我们和合作伙伴雅达集团一起开发的健康养老社区，为老年人提供愉快舒适的养老空间，这是我们的首批业务。除了这个社区以外，第二个项目、第三个项目、第四个项目现在都在陆陆续续地开展建设。

希望更多的日本企业家、年轻人来中国挑战自己的业务

采访组：2022年4月，您就任了中国日本商会副会长，您如何看待这份社会兼职？有何计划？

本间哲朗：中国日本商会是改革开放之后中国和日本之间进行经济交流的一个民间组织，我非常荣幸2022年成为中国日本商会的副会长。

最近我访问了山东省青岛市，会见了地方政府的一些领导，交流我们在青岛的业务。除了经济上的活动以外，我还拜访了柔道馆、文化社区等，思考如何加速中日两国的文化交流。这些对我来说都是非常好的机会，来学习如何促进日中两国经济、文化交流。

我希望在担任中国日本商会副会长期间，为中日两国交流的加速促进做小小的贡献。

采访组：对两国年轻一代，您有什么寄语和建议？

本间哲朗：1986年到1988年，我在中国台湾学习中文，这件事并不是我主动要求的，而是公司分配的。20世纪90年代，我非常幸运地在中

国做产品的销售负责人,每个月都有一周以上的时间在中国各地工作,通过自己体验、观察、交流,对中国有了非常深入的理解。

当前很不幸的是,全世界受到疫情影响,国际间年轻人来往也有所停滞,我希望中日两国年轻人尽量找机会互相交流,日本年轻人要更多地学习中国历史、中国文化,了解中国社会,创造机会让更多日本人来到中国实现自己的理想。

因为我相信,现在的中国并不是单纯只是个消费大国,中国也是工程大国、创新大国,有很多创新的机会。中国人天天会使用手机,消费者通过网络与云平台紧密相连,除了中国以外,几乎没有其他国家可以做到。我相信,在这样一个信息化、云平台化的中国社会中,如果日本年轻人来挑战,会得到非常宝贵的机会。我希望更多的日本企业家、年轻人来中国挑战自己的业务。

采访组:对中国未来发展,您有什么样的期盼?

本间哲朗:1989年我第一次来上海时看到的情况和现在中国社会的情况完全不一样,这真的是想象不到的发展变化。14亿人口现在都已经实现小康生活,消费水平也很高。希望中国社会、中国政府保持现在改革开放的路线,和全世界保持非常好的关系,带动全世界的消费、创新发展,这是我对现代中国的期待。

Kosaka Ayano
小坂文乃

采访对象：小坂文乃，出生于1968年，日本已故实业家梅屋庄吉的曾外孙女。现任日本松本楼董事长、社长。十多年来不断通过演讲、展览和交流活动传播日本实业家梅屋庄吉与中国民主革命先驱孙中山相互支持的历史，著有《孙中山与梅屋庄吉——推动辛亥革命的日本人》。

采访日期：2022年7月6日
采访地点：日本东京松本楼

小坂文乃：
希望梅屋庄吉与孙中山的友谊能拉近中日间的距离

在东京日比谷公园，顺着绿叶掩映的沙石小路走向深处，可以看到一幢三层的白色方楼，大块落地玻璃和白色窗帘明亮而清新，很难看出这是一座承载过历史的建筑——松本楼。20 世纪初，这里见证了日本实业家梅屋庄吉与中国民主革命先驱孙中山的跨国友谊。

1895 年，孙中山与梅屋庄吉在中国香港相遇，一见如故。梅屋曾发誓"君若举兵，我以财政相助"，此后为孙中山革命提供了巨大的财力支持。两人曾在梅屋庄吉的宅邸松本楼畅谈建设强大亚洲的理想，孙中山和宋庆龄的婚礼也在此举办，至今松本楼的一楼还陈列着宋庆龄弹过的钢琴。

梅屋庄吉的曾外孙女小坂文乃现在是松本楼第四代"掌门人"，也成为这一段中日友谊故事的"传承人"。她致力于传播孙中山与梅屋庄吉的相关历史，演讲、办展、写书，以不同形式让百余年前的佳话为世人所知，并希望后人以史为鉴。

在此次采访中，小坂文乃在签名簿上写下了梅屋庄吉最喜爱的一个词"富贵在心"。她说，梅屋庄吉与孙中山拥有"亚洲和平"的共同梦想，两人结下深厚友谊。相隔百年，尽管国际形势剧变，中国和日本作为引领亚洲的两国，应该互相理解和学习。

松本楼　图片来源：澎湃新闻

为共同梦想相识相助

采访组：甲午战争后，孙中山和中国留学生为推翻清政府，在日本成立了"中国同盟会"。梅屋庄吉倾囊相助支持孙中山的革命事业，是什么支撑两人的深厚友谊？

小坂文乃：孙中山先生和曾祖父梅屋庄吉的经历已经是百年之前的故事，中国和日本都今非昔比。如果是现在，也许彼此的立场会稍有不同，但早在100年前，两人是真正为了同一个梦想和目标，或者说是为了亚洲和平、人类平等而相识相助。

当时处于欧洲、美国等所谓的西方人要用武力殖民亚洲的时代。在那个时代，梅屋庄吉认为亚洲人之间必须合作，中国和日本也是如此。亚洲国家共有优良的东方文化，且历史悠久，必须携手共建一个强大的亚洲。在这样的背景下，梅屋想实现亚洲和平，孙中山先生在忧虑当时的亚洲和中国的形势，想要进行革命，我认为两人的心情是相同的。梅屋庄吉会做生意能赚钱，孙中山先生极具魅力，到处演讲介绍他想要建设的理想国家，他有能力召集很多人。所以带着同样的梦想，两人分工不同、目标一致。

采访组：梅屋庄吉和孙中山的故事早年在日本鲜为人知，您在怎样的契机下决定公开和宣传这段历史？对当今有何借鉴意义？

小坂文乃：在我小的时候，家里会很自然地谈到孙中山先生和宋庆龄，耳熟能详。而我其实是在母亲去世之后才开始认真学习这段历史，重新翻阅了遗留下来的资料，重新认识到这对于日本和中国来说是一段非常重要的历史。

其实，梅屋庄吉在遗嘱中留下了"不能说出这段历史"的遗言，所以最初很少有人了解他们的故事。但是，在日中邦交正常化之后，我的祖母（梅屋庄吉的女儿）和母亲在接受采访时说过梅屋庄吉的历史，因此不是我突然公开了这段历史，只是到我这一代将这些故事广泛传播、演讲、写书、举办展览，让更多人知晓。

2006年我整理和翻阅母亲留下的资料，当时日中关系不太好，我想要努力做些什么，告诉人们日中之间悠久的往来历史。在写书的时候，为了了解有关孙中山和宋庆龄的历史，读了许多资料。关于梅屋庄吉和德子夫人，我走访了他们的故乡，有太多不了解的东西，一边看书一边学习。

十年来我在很多地方举办活动，越来越多人了解到这段历史，而这在2008年之前几乎无人知晓，特别是在日本不为人所知。日本和中国作为邻国，经济上建立了深厚的联系，但是在历史等方面，两国间有很多地方难以增进理解，我想这个故事对双方来说都很珍贵。

"当代日本人应更多了解历史"

采访组：2010年上海世博会日本馆中举办了"孙中山与梅屋庄吉展览"，您为展览提供了巨大的支持，当时在上海和参观者、志愿者接触的感受如何？

小坂文乃：孙中山和梅屋的历史相关活动中，印象最深刻的是在上海世博会的展览。当时上海世博会日本馆中举办了"孙中山与梅屋庄吉史料展"，长达两周时间。复旦大学、同济大学的学生们和在上海的日本留学生们作为志愿者，40多人协助展览的运营工作。现场的主持、清扫、向导等都由我们自己负责，主要靠志愿者们帮忙，他们怀着一种很纯粹的情感。正是借助了这些学生们的力量，展览获得巨大成功。

上海的学生们当时说，他们喜欢动漫，对日本很感兴趣，也喜欢日本。而在中国留学的日本学生说，希望能学会中文，并运用在今后的商务往来中。即使是去对方国家留学过的学生们，他们内心还是觉得两国在历史和许多方面很难联系在一起。因此，我希望通过这个展览拉近彼此的距离。

上海世博会举办期间，日本馆外排起了长队，进馆参观的中国朋友们看到有孙中山先生相关的展览，有人问"日本馆里为什么有这样的展览"？大家都"哇哇哇"地惊讶感叹。学生志愿者向他们介绍孙中山先生与日本的渊源颇深，并鼓励他们去看看这个展览。

采访组：梅屋庄吉和孙中山的故事被广泛传播后，日本民众的反响如何？

小坂文乃：现在日本的人们似乎不像过去那样认真学习历史，尤其是不熟悉近代史。现在大家对武士时代之前的古老历史比较喜欢，但是关于近百年的近代史，学校没有细致地教学，很少日本人对此非常了解。当然，大家对孙中山的名字有所耳闻。当时日本和中国的关系非常近，也有很多中国留学生赴日，在日本成立了中国同盟会，支持辛亥革命。实际上当时也有日本人加入了中国同盟会，但是现在在日本除了学者之外几乎没人知道。

当下，希望通过各种形式加强日中关系的经济界人士、政治家们都认识到这段历史的重要性。在我举办孙中山和梅屋庄吉相关展览和演讲会等活动时，日本经济界人士给予了支持。在举办活动的过程中，这个故事越传越广，现在我还有机会向学校的孩子们或是老师们讲述这段历史。当代日本人不太了解一些历史，因此在与中国交往的过程中有些不足，应该更多地了解历史，让这样的佳话在日本广为流传。现在日本中学教科书上，有孙中山先生和梅屋庄吉的照片，今后孩子们应该会慢慢熟知。

小坂文乃介绍宋庆龄在松本楼弹过的钢琴　图片来源：澎湃新闻

小坂文乃在松本楼接受采访　图片来源：澎湃新闻

我曾经有制作一部有关梅屋庄吉电影的想法，已经和电影公司老板一起制订了计划，甚至连演员都已经决定，进展很快。但当时正值两国关系恶化，因此判断很难制作这样的电影。所幸，2014年有电视台播出了关于梅屋和孙中山的电视剧。

采访组：松本楼珍藏了大量关于梅屋庄吉和孙中山的历史文献和文物，如何长久留存并让其发挥更大的价值？

小坂文乃：其实上海孙中山纪念馆的工作人员大概在2007年、2008年左右来到东京，看了我们的资料，将大部分资料复制。上海保存的复制品和我们的大部分资料一样，因此和上海孙中山纪念馆有着很深的渊源。

在日本，关于梅屋庄吉和孙中山的展览在东京国立博物馆、梅屋庄吉的出生地长崎举办过，也在中国的北京、香港、广东、武汉等很多地方举办过。我从上海、广州等地的孙中山纪念馆借到了一些文物，孙中山和宋庆龄纪念馆的相关人士都说，"这样的展览即使在中国也很难办到"。

"重新认识中国"

采访组：梅屋庄吉与孙中山相遇于19世纪90年代，您作为梅屋庄吉的后人积极传播这段历史，并与孙中山后人成为朋友，形成了相隔百年的"互动"，您如何看待百年前与当下的中日关系？

小坂文乃：孙中山先生和梅屋在100多年前能够有同样的价值观，一定程度上源于日本的教育。在战前时代，许多日本人通过中国古代书籍学习，比如《孟子》《易经》等儒家经典。以前日本人非常努力地学习这些，才有了与中国相似的价值观。当然，两国的汉字也是相通的。

然而，战后日本人接受了美国的教育，而中华人民共和国成立后，中国的政治和美国全然不同。在此背景下，日本与中国的教育和政治思潮完全相异。尽管现在我们是邻国，经济联系深厚，但是交流总是不太顺利，还有诸多棘手的问题。

采访组：多年来，您一直致力于促进中日友好，2012年获颁上海白玉兰纪念奖，2021年获得日本外务大臣表彰。但是仅靠友好人士的个人力量难以形成大势，您认为应该如何进一步推动民间交流？

小坂文乃：我认为多开展民间交流是非常有必要的，特别是年轻人之间的交流。在民间可能存在这样的情况，中国人到日本旅游时消费很高，在经济角度来看很受欢迎。但是我更希望的是，中学生、大学生能够到对方的国家走走看看，感受相同和相异之处，发现一些和自己所接受的教育完全不同的东西，趁年轻多多体验为好。

国家之间应该做好规划，让孩子们在彼此的国家来往和交流，德国和法国就是一个例子，它们同样是近邻国家，也发生过战争，作为欧盟的核心国家，在战后重视青年互访和交流，互相走访在战争中受打击最惨重的地方，拥有"绝不能再次发生战争"的共鸣。年轻人的心相对柔软，能够感受到很多东西，但如果不亲眼看、亲手触碰，是很难体会的。日本和中国的年轻人可能对彼此国家有很多不同的理解。

采访组：年轻人是中日友好的未来希望，但现在他们更多的是通过媒体报道和社交网络了解对方国家，您对日本青少年有何建议和期望？

小坂文乃：日本人现在可能不太了解中国的真实情况，还有很多人认为日本在经济上仍然领先，但实际上形势转眼间就变了，中国在很多领域都比日本更先进，日本人必须重新认识中国。经济往来很重要，等到新冠肺炎疫情稍有缓和之后，两国年轻人的互相交流也非常有必要。

我真的很想对日本年轻人说"加油"。中国的年轻人现在非常努力地学习，很了不起，尤其是上海，努力的人很多。所以我想对日本的孩子们说，如果不更加努力，差距会越来越大。当然，日本也有很多做得不错的地方。

日本和中国是很近的邻邦，是世界经济总量排名第三和第二位的国家。即使不同国家间关系不同，但作为亚洲的中心，作为引领亚洲的两国，必须共同努力。为此，相互理解和学习非常必要。

Matsuyama Ballet
松山芭蕾舞团

采访对象：松山芭蕾舞团和松山芭蕾舞学校由已故清水正夫和现名誉艺术监督松山树子于 1948 年 1 月创建。

清水哲太郎，清水正夫、松山树子夫妇的长子，松山芭蕾舞团总代表。他曾于 1966 年留学北京，就读于中国中央芭蕾舞团。其后，又前往欧洲、美国、英国等地研学。他多次荣获过年度最高荣誉的舞蹈影评人协会奖，2005 年荣获紫绶褒章[1]。

森下洋子，著名芭蕾舞舞者、松山芭蕾舞团理事长。自 3 岁起学习芭蕾。1971 年加入松山芭蕾舞团，并师从松山树子。

采访日期：2022 年 7 月 29 日

采访地点：日本东京松山芭蕾舞团

---

[1] 紫绶褒章是日本政府所颁发的褒章之一，授予学术、艺术、运动领域中贡献卓著的人。

松山芭蕾舞团：
用足尖谱写中日"芭蕾外交"

日本松山芭蕾舞团与中国的缘分自1952年开始。一次偶然的机会，创始人清水正夫和松山树子看到了中国电影《白毛女》，深受感动，决定将这个故事改编成芭蕾舞剧。松山芭蕾舞团是日本最著名的芭蕾舞团之一，也是世界上第一个将《白毛女》改编为芭蕾舞剧的艺术团体。

1955年，芭蕾舞剧《白毛女》正式登上东京的舞台，并由此延续了两代人的情缘。清水正夫和松山树子拉开中日"芭蕾交流"的序幕后，他们的儿子与儿媳——现任松山芭蕾舞团总代表清水哲太郎、著名芭蕾舞舞者、松山芭蕾舞团理事长森下洋子传承了上一辈的事业，在两代人的不断努力下，芭蕾舞剧《白毛女》至今仍发挥着连接中日友好关系的纽带作用。

"在中日邦交正常化的今天，我们不能忘记中日两国老前辈们创造历史的初心。"7月29日，在位于东京都港区的松山芭蕾舞团，清水哲太郎与森下洋子带领松山芭蕾舞团的成员呼喊道，"衷心感谢中日两国的老前辈，中日两国人民，以及全人类"。

半个世纪以来，松山芭蕾舞团用足尖谱写了中日"芭蕾外交"友好交往历史，先后访华演出近20次，多次受到中国国家领导人的接见，交流过的中国艺术家已是数不胜数。而提起下一代的交流，他们则有更为迫切的愿望。"我们可以建立更深层的纽带，尤其是在艺术方面，多多益善。"森下洋子说道，希望中日两国能在更深的层面携起手来，共同创作让全世界人们都能喜欢的优秀作品。

2023年5月，中国驻日本大使吴江浩及夫人到访松山芭蕾舞团　图片来源：受访者

舞动的"芭蕾外交"

采访组：松山芭蕾舞团是世界上第一个将中国电影《白毛女》改编成芭蕾舞作品的艺术团体。您能否介绍一下改编的契机？

清水哲太郎：松山芭蕾舞团改编《白毛女》的起因很纯粹。在近代，日本侵华战争给中国带来巨大灾难，松山芭蕾舞团的创立者清水正夫和松山树子因此一直都在想，无论如何要用力所能及的事去表达歉意。1952年，三位日本国会议员应邀飞抵北京，成为新中国成立后第一批到访的日本客人，周恩来总理向其中一位议员赠送了一部35毫米的电影胶片，那就是中国电影表演艺术家田华老师主演的电影《白毛女》。

此后，《白毛女》在日本各地放映，清水正夫和松山树子也在东京第一次观看了这部电影。当时，他们为之深深震撼，屡屡流下热泪，也由此萌发了将其改编为芭蕾舞剧的念头。

1955年，松山芭蕾舞团克服重重困难，将芭蕾舞剧《白毛女》搬上了舞台，由清水正夫担任编剧、松山树子主演"喜儿"，舞剧在东京日比谷公会堂拉开帷幕，松山芭蕾舞团也成为世界上第一个演出中国剧目的外国芭蕾舞团。这版《白毛女》包括作曲在内，所有的工作都是日本人完成的，当时在日本各地都进行了演出，许多日本观众为之动容。

1955年，松山树子前往芬兰赫尔辛基出席"世界和平大会"，会后到莫斯科大剧院芭蕾舞团进修。同年7月，松山树子应邀访问中国，出席了周恩来总理主持的招待会。

"现在这里有三个'白毛女'，田华是'电影喜儿'，王昆是'歌剧喜儿'，松山树子是'芭蕾舞喜儿'。"当时，周恩来如此将松山树子与田华和著名歌唱家王昆介绍给与会嘉宾，这一幕让清水大如毕生难忘。

当时，周总理还邀请他们一定要带着日本的《白毛女》来到中国，这一约定也很快实现。松山芭蕾舞团于1958年开启《白毛女》的第一次访华演出，拉开了其与中国的文化交流序幕。

采访组： 1971年，是什么契机让您接过婆婆松山树子的衣钵，成为第二代"喜儿"？您于1971年参加了《白毛女》访华演出并见到了周总理，留下了怎样的深刻印象？

森下洋子： 1970年，我观看了松山树子老师出演的《白毛女》，非常感动，不知不觉地流下眼泪。次年，我有幸参加了《白毛女》访华演出，担任主演"喜儿"一角。当时，最令我印象深刻的是周恩来总理的亲自到场。

周总理曾跟我们说过一定会来看表演，但我们没想到他真的来了。看完《白毛女》芭蕾舞剧的他十分开心，一边握着我们的手一边连连夸赞"太好了、太好了"，我真的非常感动。周总理是一个非常温暖、非常有人情味的人。那时，他说要制作白毛女的演出服、假发和其他装备送给松山芭蕾舞团，这些东西我们到现在还留着。

清水哲太郎： 我们那个时候也没有太多像样的中国服饰，周总理知道后特地说了句"我送给大家"，给了我们许多很棒的演出服和假发。回想起来这真是一段非常美好的时光。

足尖"讲述"中日友谊

采访组：在多年与中国的交流中，您也与包括上海芭蕾舞团团长辛丽丽在内的中国艺术家建立了深厚的友谊。您能否介绍一下是如何与他们结缘的？

清水哲太郎：我们和辛丽丽老师的缘分是从上一代延续至今的。上海芭蕾舞团的老师们和松山芭蕾舞团也非常亲近，他们是让芭蕾舞在上海"扎根"的人。

在我们创作第二代、第三代"白毛女"时，上海芭蕾舞团给予了我们很大的帮助，为我们准备了许多舞台道具，还提供了音乐及很多技术指导，使我们感到非常安心。

森下洋子：辛丽丽老师非常开朗也非常有勇气。在她身上，我能感觉到一种强烈的、要带领大家不断前进的决心。我想这也是从辛丽丽老师的上一代延续下来的精神，上海芭蕾舞团的前辈们把坚强、勇气和拼搏精神传递给了她。大家都充满勇气不断前进，看到这一幕，我们内心特别踏实。

清水哲太郎：在中国各地，我们也得到了许多艺术家们的教诲。最早的是王昆、田华老师，大家都很亲切。在上海也有老一代艺术家石钟琴、

2017年 松山芭蕾舞团第15次访华公演　图片来源：松山芭蕾舞团

2018年，松山芭蕾舞团在中国青岛演出场景　图片来源：受访者

凌桂明、林泱泱老师等，数不胜数。我们曾向这些老师们求教，就什么是艺术、应该向人们提供什么样的艺术等问题进行了长时间的深入讨论，受益匪浅。

采访组：2017年，松山芭蕾舞团曾与在日华侨华人合唱团"共同演出"。您是否还记得当时的场景？

清水哲太郎：2017年11月，我们在东京涩谷奥查德剧场演出了《白毛女》。在演出的最后阶段，台下前排150人的华人华侨合唱团与台上的演员们一起高声合唱《百万工农齐奋起》等歌曲，将现场气氛推向高潮，十分精彩。当时的皇后美智子也莅临观看了表演，在结尾时她站起来鼓掌，看到这一幕我们真的格外感动。

说到美智子上皇后还有一段幕后故事。很久之前，在清水正夫、松山树子被邀请访问皇居时，美智子皇后曾特意从台上下来，穿越人群走到清水正夫和松山树子面前，在他们耳边说："谢谢你们创作了（日版）《白毛女》！"这真的是一段值得纪念的往事。

采访组：新冠肺炎疫情暴发初期，松山芭蕾舞团用中文演唱中国国歌《义勇军进行曲》为武汉加油的视频在中国引发热烈关注。拍摄这段视频的契机是什么？

清水哲太郎：当时，看到中国努力抗击疫情的场景，我们便想着一定为中国加油鼓劲。拍摄这段视频时正是一场演出的间隙，我们穿着演出服，说着"武汉加油、中国加油"，其中饱含着希望全人类早日克服疫情的心愿。当然后来新冠肺炎疫情在日本蔓延之时，我们也得到了很多中国民众的帮助，如送我们口罩等，我们对此非常感动。

森下洋子：这段视频满怀我们的真诚心意，也没想到会引发关注。当时，有很多认识的人从中国特地打电话来，对我们说"谢谢你们的声援"，这也令我印象深刻。

寄望年轻人合作筑牢文化交流纽带

采访组：回顾过去50年中日间的文化、艺术交流，您如何评价？

清水哲太郎：中日邦交正常化前，很多日本艺术家曾努力冲破藩篱前往中国进行交流。正是有了这样的基础，1972年上海芭蕾舞团来到日本，演出了《白毛女》，推动了中日邦交正常化历史进程中的"芭蕾外交"（编注：1972年7月初，应日中文化交流协会中岛健藏之邀，以孙平化为团长的上海舞剧团一行208人，带着中国的芭蕾舞剧《白毛女》和《红色娘子军》，赴日本访问和公演）。

在中日邦交正常化后，两国关系从此揭开了崭新的一页，艺术交流更是频繁且深入。但遗憾的是，这些前辈们有的已是高龄，有的已不在世。

以周总理为代表，许多前辈为了实现中日邦交正常化、加深两国友好关系身先士卒做了很多努力。不光是《白毛女》，还有其他的芭蕾剧目、文化艺术活动等。他们策划实施了很多交流活动并延续至今，可谓是历尽千辛万苦。我们也希望能够和中国人友好相处，推动中日两国关系持续向前发展。

我认为今后年轻人间的往来十分重要。在新冠肺炎疫情平息后，松山芭蕾舞团也会带着年轻人前往中国，和中国的艺术家们进行交流，也希望中国能邀请日本年轻人访华，加深彼此交往。我想，未来若是两国年轻人能携手合作，将是一件了不起的事情。这是我们迫切的愿望，也希望今后能通过这样的方式建立起更加牢固的文化交流纽带。

森下洋子：我们可以建立更深层的纽带，尤其是在艺术方面多多益善。大家加深交流后，不光是能形成友好相处的关系，还能在更深的层面携起手来，共同创作让全世界的人们都能喜欢的优秀作品。我想我们要这样去努力，这也是我理解的，今后 50 年的发展方向。

Takami Kunio
高见邦雄

采访对象：高见邦雄，1948年出生。日本"绿色地球网络"副代表，曾坚持在中国开展植树绿化合作超30年，获得"中日友好使者"称号。

采访日期：2022年7月14日
采访地点：日本大阪"绿色地球网络"办公室

高见邦雄：
植根于黄土地种树30年的日本友人

在山西大同的黄土高原，万亩杏林渐染秋色。而三十年前，这里连片荒山、沙尘频起，一个日本人决心在这里种树。

1992年的冬天，高见邦雄独自来到大同市浑源县，从最初的两手空空，没有钱也没有人，到与当地人携手种树1900余万株，开展绿化合作30年，他经历了对日抵触情绪、植树失败，也见证了杏林结硕果，小镇走出大学生。

作为大阪非营利组织"绿色地球网络"的副代表，高见邦雄带领一批又一批日本志愿者到中国的黄土地植树造林，被乡亲们亲切地称为"老高"。

现年74岁的他头发几乎花白，平时话不多，但一说起当年在华植树的经历就停不下来，尤其是提到一些老熟人时笑声爽朗。高见邦雄年纪大了，很难再像年轻时那样一趟趟往返于中日之间，但他带领的团队在继续维护山西大同市的植树项目，同时还把造林活动转移到相邻的河北张家口市蔚县。

伴随着树苗的成长，中日两国民众在朴素的情感共鸣中了解彼此。高见邦雄说："我们与其说去种树，不如说是去了解中国，或者是通过了解中国来重新认识日本。"

想一举改变全乡人的生活水平

采访组：20世纪90年代，人们的环保意识并不像现在这么强，那时候您为什么想要从事绿化事业？

2022年7月，高见邦雄（右）在"绿色地球网络"办公室接受采访
图片来源：澎湃新闻

高见邦雄：记得是1991年夏天，第二年将在里约热内卢召开第一届"地球峰会"，当时地球环境处于非常危急的状况，必须要采取措施。虽然那时人们知道要应对全球变暖，但对于这样的责任和义务，具体由谁来承担、如何承担，各国政府间的对立相当激烈，难以进行有效的协调，所以当时我想能否加深民间的互相理解。

当时，中国就像是发展中国家的代表，（我）想着在日中两国之间做点什么才是最好的，然后就想到了植树造林，因为这是环境合作方面最快的，普通人也能参与进来。而且，绿化合作给人以挥汗劳动的良好印象。

采访组：您在中国开展的绿化合作项目并没有通过日本政府联系和协助，而是各处登门拜访来打听情况，而且事先也不熟悉中国乡村地区，能否谈谈一开始决定扎根大同种树的经历？

高见邦雄：1991年11月，我一个人前往北京去调研，走访了林业部、中国绿化基金会等相关部门，当被问到"预算有多少"时，我只能回答"没有钱也没有人，但想要从现在开始做起"。

一开始没有人对我的提议有兴趣，后来找到了中华全国青年联合会，提出了我的计划。1991年底，对方回复说，在山西省大同市有个浑源县，可以去那里实施绿化工程。我欣然接受，于是在1992年1月去了浑源县。当时被告知，"大同是个很不错的地方，对绿化很有热情，而且在历史上是盛产美人的地方，还有好酒"。日本有一首很流行的歌，唱的是"天国是个好地方，酒甜人美"，所以我觉得自己也是去天国一样的地方。

1992年1月，从大同出发花了大半天时间才到浑源县，实际上只有60公里，但路况不好。到了那里看到当地情况后很震惊，心想"真的被骗了"。

那里位于北纬40度，海拔基本超过1000米。丘陵和山区适合植被的海拔大约为1200米到1500米，1月的冬天，去查看种植地，气温低至零下20℃。

30年前，大同是中国的煤炭产地，不论是供暖还是做饭都是烧煤，所以在大同市内和浑源县的街道上，靠近地表的地方都飘着浓烟，喉咙和眼睛都被刺痛。那时候，许多人都穿着军大衣，大街上几乎没什么色彩。在零下二三十摄氏度的温度下，我对眼前的景象感到惊讶。

但才刚刚起步，不能打退堂鼓，于是我决定以10万元人民币作为启动资金开始绿化合作项目。回到日本，需要推广这个计划，邀请大家一起加入绿化团队，为此我去了很多地方做宣传。

当时我去了日中友好协会，他们对我说："高见先生，为什么一定要从有'混凝土丛林'之称的大阪，到绿意盎然的中国去种树呢？"那个时候，去中国的日本人基本上都是到北京、上海、广州这样的地方，这些地方绿化很好，特别是从北京机场到市内的道路两旁，紧密排列的白杨树给人留下很好的印象。"中国的绿化覆盖不断增加，为什么非要去种树呢？"大家有这样的疑问，也有人说："我连梅花和樱花都分不清，怎么去中国种树呢？"我虽然对很多人发出了邀请，但没有多少人想去，当时也没有什么宣传手段，所以就低头恳求认识的人说"去吧"。

最初招募团队的成员非常困难，先邀请了日本绿化考察团的团长石原忠一去了大同，当时他对我说："这个活动最少要持续20年才行。"当时我作为这个绿化团队的秘书长，低着头想，没有人也没有钱，即便是明天散

20世纪90年代，高见邦雄在大同留影　图片来源：受访者

伙也不奇怪，说要持续20年，非常困惑。不过石原先生的话一直刻在我的脑子里，只有长期坚持才有意义，不能敷衍了事。

采访组：黄土高原的地质和气候状况特殊，大规模种植果树遇到了哪些挑战？

高见邦雄：大同的地方领导给绿化工程选定了一个名为徐疃乡的地方，位于浑源县边界山体和水库的中间，因雨水冲刷形成了"侵蚀谷"，适合种植杏树。当地的党委书记很热心，对种植杏树的项目也非常上心。徐疃乡是一个人口5000人左右的小乡镇，和大同隔着桑干河与册田水库。当时我想，如果能在这里成功种植杏树，就能一举改变全乡5000人的生活水平。如果能成功的话，就能成为很好的宣传素材，从日本来的人们就能亲眼目睹种树的成果和意义。

1994年开始种植杏树，当地居民在政府的倡导下加入种植队伍，但大家既没有经验，也没有信心。第二年春天杏树开花了，但到第三年因为干旱，杏树的长势堪忧，我到现场去查看，"这一棵枯了，这也枯了，枯的……"算起来真正存活的不到一成，而且还有把存活的杏树移植到其他地方的，当时站在那里真的很痛苦。

1992年浑源县的中日友好环境林纪念墙　图片来源：受访者

从失败中也学到了很多，首先是理解了当地农民的想法，即使果树种植能够带来收入，最快也要等四年，四年时间非但没有任何营收，还要花钱打农药、修剪枝叶，既费事又费钱，而且还占用了其他农作物的空间，相当于收入减少。此外，对于杏树枯萎的原因，我们了解到初春的野兔把树苗的新生层啃了一圈，幼苗就很容易枯萎，到了夏天又出现蚜虫，杏树就更加脆弱了。还有一个很大的因素是，最初制订种植计划的领导因为人事变动调去了其他地方，接手的人对此工程并不十分了解。实际上，从长远来看，频繁的人事变动也不利于植树造林工程。

在总结了诸多经验之后，我们和当地的工作人员得出一个结论，就是杏树种植工程要先在小范围试验，积累经验之后再扩大。我们在徐疃乡的植树工程失败了，不过同步在吴城乡的杏树林成功了，第四年就开始收获杏子，收成不断增加，目前也有350公顷的种植面积，种有25万棵杏树。

乡亲们的喜与怒

采访组：最初去到浑源县启动绿化合作项目时，面对语言障碍、文化差异，您是如何克服困难并与当地人增进关系的？

高见邦雄：1992年刚刚到浑源县时，我会说的中文只有四句——你好、谢谢、再见、厕所在哪。当地官员对我说："你要是负责绿化工程的话，不了解当地情况是不行的。"于是我就四处转转，有时候也会帮农户收割玉米等粮食。值得一提的是，和孩子处好关系也很重要，一般孩子带我去什么地方，大家都不会很警惕，而且孩子会告诉我哪家有狗，哪家不能去之类的。

有一次我在散步，遇到了浑源县时任林业局局长温增玉，我很久没有联系他了，原因是我们的对接单位实际上是共青团组织。之后，我每天早上去老温家吃早饭，有时是小米粥，有时是炒土豆。他的家里总有许多客人，都是去找他商量事情的，我就觉得老温这个人值得信任。我本身并不是学林业和植物的，经常会问老温："这棵树是什么？"他用中文告诉我之后，我回家再查日语解释，由此学习了很多知识。

采访组：在与中国"乡亲们"的交往过程中是否有过误解，又是怎样化解的？

高见邦雄：在去大同之前，我们并不了解战争时期的当地历史，后来有中国研究者告诉我日军在大同的暴行，我很惊讶，如果事先知道的话应该不会来这里。我们团队的日本团员很想了解战争时期发生了什么，还曾请当地人讲述。

当时，关注大同绿化建设的日本摄影师桥本纮二到大同天镇县拍摄，脖子上挂了三台单反相机，当地人一看就知道他是日本人。桥本被一位爷爷叫住，问了一些问题，而桥本会说的中文只有"啤酒"，爷爷见他不好好回答就大声骂他，引得周围人围观。直到一个导游路过帮忙翻译，才得知这个爷爷因为（侵华）日军成了孤儿，桥本得知之后坦率地道歉。而爷爷得知许多日本人正在当地支援绿化工程，于是就把自家的瓜子塞进我们的口袋里。自此，只要桥本去天镇县就会去问候爷爷，而爷爷一听说有日本人来，就会问桥本有没有来。有一次我还借桥本的相机给他们俩拍了合照，也因此和他建立了非常好的关系。遗憾的是，他2021年去世了。

我自己也有过类似的经历，有一次我一个人去浑源县西留村乡，有老人看见我就说"日本鬼子",然后得知我们是去种树的之后,对我说"刚刚说了不好的话",还邀请我去他家喝酒。真的发生了很多事情。2019年,我时隔15年再度到浑源县,也很受关注,有一个居民对我说:"高见先生,得知是你来了,村子里的人突然就开心起来了。"

采访组:开展大规模绿化事业,经费是基础之一,"绿色地球网络"是非营利组织,如何解决经费问题?

高见邦雄:在中国植树造林的费用基本都是由我们自己负担的,之后有一些企业的工会给予支持,派遣人员并提供资金,经团连(日本经济团体联合会)也参与了进来。不过最开始,资金都由我们自己解决,当时在农村,中国人都觉得不可思议,问"这个钱是谁出的",我们回答"都是自己出的"。

现在,张家口的蔚县等地有蔚县志愿者协会,志愿者也参加我们的植树造林活动。除此之外,他们为了帮助农村的独居老人以及贫困的孩子们,还筹集捐款,以各种方式照顾他们,这样的活动越来越多。

果园的力量

采访组:30年来,您先后带领数千名志愿者投入到中国的植树工程,是如何感染并召集这些志愿者加入到植树造林的行列中来的?

高见邦雄:面向日本人,让他们参加我们的旅行团,亲自到当地转转,看到连片荒山就明白绿化工程的必要性。志愿者们一旦加入进来,就会关心自己种的树怎么样了,看到茁壮成长的树苗就会很开心。有日本友人到大同参与植树劳动多达21次,也有去过14次的人,他现在仍然很健康,每次见到我都说如果有机会还想再去大同市天镇县,那里是大同最北的县区。

尽管天镇县比较贫困,地质环境也不好,但是当初日本绿化考察团的团长石原忠一却说,去那里比较好。当我问理由的时候,他说:"那里的人好,虽然不富裕,但人们的笑颜真的很美,而在县城,人们的笑容就淡了许多。"

20世纪90年代，大同的孩子们为小学附属果园浇水
图片来源：受访者

中国这边也有很多人加入我们。树苗成长就很高兴，枯萎就会不甘心，在这样的情绪变化中，中日两国的人们互相交流。

当时，我们提议建设小学附属果园，让孩子们也参与到果园工作中来。大家拿着水桶、脸盆、杯子打水，然后给树苗浇水，非常可爱。他们回去之后又会邀请自己的朋友和家人一起去种树。

采访组：在贫困村建设小学附属果园，果园收入的一部分交给种植和管理的农民，另一部分用于支援教育，您在怎样的契机下想到建小学附属果园？

高见邦雄：有一次和大同的一个领导一起去灵丘县，查看完植树用地之后，他说想要去另一个地方考察，通过"希望工程"在当地重建一所小学。我问："可以一起去吗？"于是第二天就一起去了灵丘县非常贫困的一个村子，人均年收入不到300元，小学的墙都是石块和土垒起来的，屋顶就只是一层瓦片，梁木也腐烂了。

零下20℃的天气，教室的门上还有洞，里面坐着1年级到3年级的学生，只有一位老师，照明也只有一个裸灯泡。用墨涂的灰泥墙就是黑板。有些孩子甚至都不能进入这样的学堂，和父母下地干活。我问他们"为什么不去上学",有孩子低头默默流泪,有孩子说"我想去",然后就跑开了。

我去这样的地方,如果说"为了地球环境而种树"这种话,也实在是不现实。既然我们是从事绿化合作的非营利组织,就想着能不能为孩子们做点什么,于是想到了小学附属果园。

我向浑源县共青团提出了果园的想法,他们立即就表示赞同,认为这将为希望小学带来持续的收入,可以偿还之前建学校的费用。不过当地人听说是日本人提出的方案,一开始很反感,认为不应该接受日本人的施舍,但经过共青团工作人员的解释,最终居民接受小学附属果园的提议,把它作为和平时代的象征物。

那里的村民委员会的主任说:"其实,这个村子的人以前小学毕业都不是一件容易的事。多亏了杏树,才出了大学生,明年还会有人读研。有孩子上大学之后,其他孩子的求学热情也高涨了。多亏了来自日本的你们,不仅支持种植杏树,还把杏林作为小学的附属果园,让学校的教育经费有了持续的保障。"

采访组:这些年与中国的绿化合作成果如何?有什么感悟?

高见邦雄:目前,大同市周边的中日友好环境林非常多,造林面积超过6000公顷,我们和当地人一起种植了1900万株树木。最初经历了失败,之后得到了改善,日本专家在这个过程中发挥了作用,尤其是在种植技术方面,这一点应该也得到了中方的认可。

在中国做绿化合作工程有三个要素——"自然环境""社会关系""人",就像中国古话说的,"天时不如地利,地利不如人和"。我们与其说去种树,不如说是去了解中国,或者是通过了解中国来重新认识日本。如果在不了解对方的情况下发生冲突,对彼此都是损失,相互理解才是最重要的。

Kondo Hakudo
近藤博道

采访对象：近藤博道，生于1948年。2015年就任黄檗宗大本山万福寺第62代堂头（黄檗宗管长），曾历任黄檗宗教学部长、宗会议长、万福寺禅堂师家等职务。

采访日期：2022年7月17日
采访地点：日本京都万福寺

近藤博道：
日本当代生活中处处有隐元禅师传来的惠泽

"看，富士山。"在京都万福寺深处的东方丈[1]，日本黄檗宗管长近藤博道指向庭院里侧说道。望向那一片松竹林，当中隆起的小山坡上方有一片白色，有如富士山的"雪顶"。

300多年前，福建省福清黄檗山万福寺高僧隐元禅师，应日本佛教界邀请以63岁高龄东渡弘法。他在前往江户（现东京）的路途中看到富士山，被眼前景象感动，在京都宇治开创万福寺时设计了"富士山之庭"的景观，留存至今。

寺院内，隐元禅师的痕迹随处可见，天王殿、"鱼梆"，"隐元竹林"……静谧的殿、堂、亭、院似乎没有随时间流逝而有任何改变，颇有一派中国明清氛围。

日本禅宗在镰仓时代（公元1185—1333年）自中国传入，渗透到日本文化生活的方方面面。在江户时代，隐元禅师在日本创立佛教禅宗派别之一的黄檗宗，并带去了中国先进文化，从餐桌上的"隐元豆"（编注：インゲンマメ，"隐元豆"目前有菜豆和扁豆两种说法）和普茶料理，到文化领域的书稿用纸，再到佛教界使用的木鱼，已植根于日本社会，这些已成为中日文化交流的"活化石"。

近藤博道说，"禅"极其博大，与其他宗教一样最终都指向"心

---

[1] 日本京都黄檗山万福寺是中国福清万福寺的姊妹寺，都为隐元（1592—1673，中国一代高僧、日本黄檗宗宗祖）创建，用一样的山名寺名。伽蓝（指僧众共住的园林，即寺院）配置与建筑也一样。日本万福寺建筑群现在基本保持了原有的格局，除了总门于1693年重建，松隐堂于1694年移建外，其他如以万字纹勾栏回廊著称的法堂、禅堂、东西方丈、舍利殿、大雄宝殿、天王殿，以开梆（万福寺里用来报时的形状奇特的大锤，名叫"开梆"）和云板（报知时刻或集会时敲打的器件）著称的斋堂、祖师堂、钟楼、三门、鼓楼等建筑都经过修缮完整地保留了下来。

"富士山之庭"　图片来源：澎湃新闻

安"。在浩渺宇宙中，为了人类的幸福与和平，不仅是日本和中国，世界各国都要携手合作。

隐元禅师吹来一股新禅风

采访组：隐元禅师受邀东渡日本弘法，他所创立的黄檗宗对当时的日本禅宗意味着什么？

近藤博道：1654年，当时是日本的江户时代（1603—1868），中国的清朝，隐元禅师从中国来到日本，那时候日本禅宗正值衰弱时期，隐元禅师吹来一股新禅风，各个宗派的僧人纷至沓来，想和他见一面，听听他的意见。他创立的黄檗宗主张禅净双修与密教相融合，黄檗宗的教义"己身弥陀，唯心净土"，意味着心灵就是一片净土，自己身体就是阿弥陀佛。

采访组：日本禅宗主要有三大派——临济宗、曹洞宗和黄檗宗，

隐元禅师东渡前，日本寺院没有木鱼，万福寺内悬挂着的"鱼梛"是日本木鱼的原型。据日本平凡社出版的《世界大百科事典》介绍，公元1652—1655年间，"黄檗禅来到日本时，传来了木鱼"。日本黄檗宗宗务总长荒木将旭介绍说，鱼嘴里所含的圆珠象征着心中之恶，敲打鱼身是为了将恶吐出　图片来源：京都万福寺官网

在江户时代，对于隐元禅师带来的这一股新禅风，其他禅宗派别以及佛教信徒有何反响？

近藤博道：隐元禅师东渡之前，临济宗已于镰仓时代传入日本，黄檗宗和临济宗虽然有些区别，但禅宗本身自古不变，只是随时代发展，佛经、法式等有所变化。

实际上，当时日本的龙溪禅师希望隐元禅师能够去临济宗的妙心寺弘法，未能实现。不过，信奉佛教的后水尾法皇（1629年后水尾天皇退位，后出家以太上法皇身份行使院政）通过龙溪禅师向隐元禅师请教禅宗，成为了隐元禅师的信徒并继承其法脉。

采访组：隐元禅师广传佛教经典，还将建筑、雕塑、绘画、书法、印刷、音乐、武术和医药等领域的文化和科学技术传入日本。当代日本社会留有多少隐元禅师的"遗产"印记？

近藤博道：隐元禅师来的时候，将中国多样化的文化带入了日本。与这些文化紧密相关的多为普通民众，因此受影响的不仅仅是僧侣。比如当

代人使用的桌椅，他们应该不太了解是从中国而来。江户时代，日本人用餐时没有桌椅，而是每个人（席地而坐）在自己面前的方形餐盒子上吃饭，在日本叫作"箱膳"。隐元禅师带来了新的饮食形式，大家围坐餐桌，而且食物被盛在盘子里自由取食（编注：此即隐元禅师传来的普茶料理的进餐方式）。由隐元禅师带来的各种东西已经自然地融入日本当代生活，现在的年轻人理所当然地使用着，却不知道它们从何而来。

当然，隐元禅师带来的最重要的东西还是禅的修行，现在还有修行僧从日本全国的黄檗宗寺院而来。隐元禅师所传授的"禅"流传至今，此外，至今仍在以隐元禅师时代的读音吟诵佛经。而其他宗派比如临济宗，随时代变迁，诵经读音就发生了变化，也有以镰仓时代读音诵经的情况。

中日禅僧可以互相切磋钻研，成为朋友

采访组：福建福清黄檗山万福寺是日本黄檗宗的祖庭，与京都万福寺有许多共通点，您曾多次到访，有何见闻和感触？

近藤博道：我第一次到访中国应该是33年或34年前，那时的中国与

万福寺内的道路中央铺有菱形石块，夹在两侧的石条之间，据荒木将旭介绍，这是基于龙背上的鳞片设计而来。在黄檗山，法力高超的禅师被视作龙，因此只有住持才能走在菱形石块上　图片来源：澎湃新闻

万福寺的韦陀菩萨像。万福寺天王殿中与中国一样有四天王、弥勒菩萨、韦陀菩萨。韦陀菩萨在日本被称为"韦陀天",位于弥勒菩萨的背面。荒木将旭介绍说,韦陀菩萨行走速度快,四处奔走准备食材。日本人在饭后一般会说"ご驰走"(多谢款待),汉字可见,实际上是在向疾驰的韦陀菩萨表达谢意 图片来源:澎湃新闻

现在不可同日而语。中国发生了巨变,有了很大的发展,那时候寺院处于荒废、破损的状况,现在的中国寺院修缮一新,令人惊叹。

福清万福寺现在也焕然一新,新的建筑完全取代了以前的古旧建筑。可能是想法不同。日本始终以保留旧物为大前提。所以中国人来日本黄檗山,常听他们说,这个黄檗山的建筑就是隐元禅师东渡日本的时代的建筑,似乎在感受和观览历史。

采访组:京都万福寺内的建筑很多都是"修旧如旧",您如何看待文化遗产的修缮和保护?

近藤博道:日本有一个重要的使命,就是如何将古时候的建筑传承给后世。这里也是日本国家重要文化财产,隐元禅师在日时期的建筑留存至今。300多年过去了,建筑会出现破损,需要逐渐修复,这得到了国家的支援。我认为这是一种保留旧物的文化。

最近修缮过的是法堂。最初创建时的法堂采用的是柿葺(多层薄木板叠铺)屋顶,之后在明治时代改建了瓦片屋顶,这次修复再次回到原点,这其中也有技术人员提出应该恢复到原点状态。

虽说是文化遗产，但修复之后并不意味着不再使用，而是希望还能继续用下去，并进一步活用，把它作为广泛的传教场所。就万福寺现有的建筑，将对其逐一修缮，这一工作非常重要。

采访组：当年隐元禅师到京都弘法，以一己之力推动中日文化交流，现在中日两国黄檗宗禅师怎样进行交流互鉴？

近藤博道：现在，福清万福寺的住持是定明法师。之前住持来日本时，我们进行过会面和谈话，今后要继续加强两国的交流，京都万福寺和福清万福寺同源，希望能开展禅方面的交流。禅文化的交流也是民间交流的一种形式，在这一点上，我认为双方可以建立很强的纽带。我们可以互相切磋钻研，一起修禅，成为朋友。

"禅"是非常博大的东西

采访组：2022年2月，隐元禅师获日本天皇追授"严统大师"谥号，这是日本皇室第七次对隐元禅师予以敕封、加谥。隐元禅师圆寂350年，为何能持续得到日本天皇的封号？

近藤博道：日本皇室每隔50年在隐元禅师忌日为其追加封号（编注：隐元禅师于1673年圆寂），曾先后被册封为"佛慈广鉴国师""径山首出国师""觉性圆明国师"和"真空大师"。这是非常罕见的，现在每隔50年能获得"大师号"的只有隐元禅师和净土宗祖法然上人，这也说明了隐元禅师拥有多高的功绩。

50年说起来似乎很短，但实际上是很长的时间。每隔50年敕封大师号，意味着要重新传承隐元禅师的精神，将他的教诲再延续50年、100年。

采访组：对于当代人来说，隐元禅师是一个遥远年代的人物，而且理解禅宗也有一定的门槛，隐元禅师的精神具体是什么？如何在现在的时代背景下去传承？

近藤博道：如何做好传承，建筑当然是其中一部分，但如果不把精神

近藤博道介绍隐元禅师所写的"脚下无私皆净土" 图片来源：澎湃新闻

上的东西，不把"禅"本身传下去的话，就谈不上真正的传承。在进行禅修的过程中，每个人都会明白禅到底是什么，并将其传达给大家，这是重要的使命。当然，这不仅仅是一个教派的事，更广范围上，还需要与中国佛教界人士广泛交流。

采访组："禅"影响着世界上许多人的生活方式和理念，您认为如何以禅为载体让中日两国以及更广泛的人群走到一起？

近藤博道：所谓宗教，其目的是让人们心灵得到安宁。学习方法因教派而异，但最终目标是一致的：心安。通过习得宗派的教诲，你将会离本源更近，我有这样的一种感觉。

现在世界上发生了各种各样的纷争，人们如果不能和睦相伴、和平相处，一切都会崩溃。为了避免这样的情况，我们每个人都要思考：什么是和平？在这个地球上，在如此浩瀚的宇宙中，我们人类怎样才能幸福、和平？"禅"是非常博大的东西，学习这些知识，不仅日本和中国，世界各国都要携手合作，使地球和平，这尤为重要。

Ando Tadao
安藤忠雄

采访对象：安藤忠雄，1941年出生于日本大阪，自学建筑设计，1969年成立安藤忠雄建筑研究所。他曾在耶鲁大学、哥伦比亚大学、哈佛大学担任客座教授，曾被任命为大阪府特别顾问，现为东京大学名誉教授。他的代表作有住吉的长屋、光之教堂、地中美术馆，普利策基金会美术馆等。他在中国多地都有设计作品，包括上海保利大剧院、广东和美术馆等。

采访日期：2022年7月13日
采访地点：日本大阪安藤忠雄建筑研究所

安藤忠雄：
大家同为地球号宇宙飞船乘客，必须相互支持

很难看出这是一位已过耄耋之年的老人，采访前拿出一把梳子利落地梳了一遍刘海，谈话时滔滔不绝，一说完起身就走，在楼梯上匆匆对记者说了句"加油"——关西人的直率在日本建筑师安藤忠雄身上体现得淋漓尽致。

"挑战"是安藤忠雄坚持的人生主题，做过职业拳手，自学建筑设计，先后摘除5颗内脏器官对抗疾病，却依旧保持高产，他一直在探索如何超越自己当下所做的一切。

"集艺术与理智的敏感性于一身，有能力创造出无论大小，都合乎需求并且激励人心的建筑。"1995年"普利兹克建筑奖"评委会为安藤忠雄题写了上述授奖评语。50多年来，他为亚欧美多国设计住宅、美术馆、剧场、博物馆，其中在中国完成了多座艺术性地标建筑，包括上海保利大剧院、杭州良渚文化艺术中心等。

在安藤忠雄看来，文化是一种"让人生生不息的力量"，他乐于给予这种力量，希望通过建筑设计促进中日之间的交流，并呼吁人们跨越人种和国界，互相支持，向世界传递一种认知——"地球是一个整体"（地球はひとつ）。

文化从国际交流中孕育而来

采访组：上海的保利大剧院、杭州的良渚文化艺术中心、佛山市的和美术馆等中国多地的文化地标设计都出自您之手，在中国进行

安藤忠雄在采访签名簿上画了上海保利剧院的手稿，并写下"地球是一个整体"　图片来源：澎湃新闻

安藤忠雄设计的上海保利大剧院，夜景　图片来源：受访者

安藤忠雄接受采访　图片来源：澎湃新闻

建筑设计有何特别之处？

安藤忠雄：我对政治和经济不是很了解，对文化略有所知，我认为文化是从国际交流中孕育出来的产物。多年前，我在上海负责保利大剧院的设计，项目规模非常大，这在日本是根本无法想象的。看到构想的时候，我在想，真的能建成这么大一座剧院吗？双方共同建造这一建筑，中国人想要让人们打心底里理解艺术，这种热情是惊人的。

当时围绕上海保利剧院与中方进行商讨，感觉是一个浩大的工程，广东的和美术馆的建造也是，这些多数是文化设施。除了经济的力量和政治领导力之外，文化才是让人生生不息的力量啊，我很高兴能给予这种力量。即使是现在，我们也在中国做着一些殿堂和博物馆类的建筑设计，希望借此促进中日之间的文化交流。

采访组：2022年是中日邦交正常化50周年。在40周年纪念时您曾在上海做过万人演讲，通过讲述自己的人生经验影响了许多建筑师和爱好者。您对于这样的交流活动有怎样的感触？

安藤忠雄：中日邦交正常化40周年纪念时，我在上海举办了一场讲演会，约有15000人到场，令人十分震惊。当时我就感受到日本和中国还是要持续交流下去，我们已经来到了"对话的时代"。

目前我在中国有很多工作，以上海为主，北京、苏州、广州等各地都有。我认为"地球是一个整体"，人们应该相互交流，尤其是当下各国间越来越分裂，交流更显重要。

自1868年（日本）明治元年以来，日中两国在文化上没有发生过冲突。自此往后，我希望两国在进行文化交流的同时，在深度上也能更进一步。现在，中国在世界领先，日本也有技术高超的领域，两国交流将会进入一个新时期。现在全球人口有近80亿，我在上学时人口只有30亿，翻了将近3倍，今后还要进一步增长。我们共存在这个唯一的地球上，不得不去思考环境、经济等问题，而文化支撑着这些思考，今后中日之间的交流也要继续下去。

采访组：站在历史的角度，中日两国在建筑领域互相借鉴与学习的哪些案例令人印象深刻？

安藤忠雄：原本日本和中国就是非常亲密的邻邦关系。中国隋唐时期，日本派出了遣隋使和遣唐使，中国也有交流者赴日。鉴真和尚多次乘船东渡赴日，在几乎失明的状态下抵达日本，带来了中国的文物，还努力传播佛教，并建造了唐招提寺。众所周知，唐招提寺金堂前微凸粗壮的立柱，就使用了（中国古建中）覆盆形卷杀的建筑手法[1]，一列排开，气势恢宏。看到这样的建筑物，我们可以了解到中国的宏伟广阔。

在此之后，日中关系中的文化交流就要提到东大寺。这是日本最大的木造佛寺，大佛殿、南大门都得以留存下来。当时请到了中国工匠陈和卿来完成修复工程。我20岁出头想要从事建筑事业时，看到东大寺就感到非常了不起。进入明治时代（1868—1912）后，日本逐渐将目光投向世界，在与西方交流的同时也到中国进行交流。

---

[1] 卷杀：建筑学术语，指建筑构造中，出于美学上的考量而对柱、梁、枋、斗拱、椽子等构件从底端起的某一比例起始砍削出缓和的曲线或折线至顶端，使构件外形显得丰满柔和的处理手法。

安藤忠雄收到来自中国的礼物"冰墩墩"　图片来源：澎湃新闻

我开始学习建筑时，哲学家和辻哲郎还在。和辻哲郎曾前往西安、敦煌，感受中国的辽阔。日本和中国完全不同，中国国土面积大、人口众多，建筑物的规模也很庞大。日本著名的建筑史学家伊东忠太也曾到中国学习了方方面面的知识。这些都让我感受到相互交流的重要性。

采访组：进入21世纪之后，中国和日本的城市都在发生巨变，其中建筑物是城市面貌的核心元素之一。两国大都市在建筑设计和建设方面的发展有何异同点？

安藤忠雄：进入2000年之后，中国的城市化进程快速推进，尤其是在上海和北京这两个城市，可以感受到巨大的能量刺激。在中国工作时，我总会惊讶于中国人的精力充沛。无论如何都是当机立断，24小时不间断施工，因此一切都进行得很快，而且建筑规模远远大于日本。2014年，我们在上海设计的保利剧院竣工时，我就坚信只有中国才能建成如此宏大规模的剧院，而且施工的精准度高于预期，可以看到中国的技术能力确实在进步。

改变世界很难，但可以改变自己

采访组：无论是在生活方面还是建筑领域，您都在不断挑战逆境，现在正在对什么发起新的挑战？

安藤忠雄：以新的世界为目标，向着更深、更远思考，这样的单纯挑战是创造的原动力。我从事建筑工作以来，一直在发起新的挑战，接下来我要创造一些超越目前的东西。每天的所有工作对我而言都是新的挑战。

采访组：您对于建筑和一些新鲜事物的想法一直在源源不断地涌出，是如何保持好奇心并持续有新发现的？

安藤忠雄：我的目标一直是建造"只能在那个地方和那个时候完成的"建筑。想法的原点总是在自己的肉体记忆中，是年轻时旅途中所见、所触、所经历的世界各地建筑的记忆。过去影响现在并创造未来——我相信建筑的想象世界也存在于这样的时间流逝之中。

采访组：新冠肺炎疫情在全球流行期间，网络成了越来越多年轻人与世界联结的方式。而您却在疫情期间创想了一个名为"童书森林中之岛"的图书馆建筑，设计并建造出来之后捐赠给了大阪、神户和远野市，您为何会有这样的构想？从个人经历出发，如何通过读书来与世界进行沟通？

安藤忠雄：我从小在大阪的工商业闹市区由外祖母抚养长大，周边环境中像音乐、文学、绘画等这样的文化元素一概不存在。当我还是个孩子的时候，几乎看不懂什么书。在那之后，由于经济原因和学习能力问题，我没有上成大学，而是选择自学建筑。直到长大成人之后，我才意识到读书的乐趣和重要性，为小时候没有多接触文学和音乐而后悔莫及。因此，我希望让我们的下一代尽可能多地读书，自由思考，培养感性。为了孩子们的未来，我想要创造这样的"童书之森"。

从书中获得的感动能够成为孩子们生活的力量，以不受常识束缚的宽广视野去思考问题,拥有勇于行动的能力。我希望那些支撑未来社会运转的孩子们能够好好体会那份感动,充满活力地走向未来世界。

采访组:您曾多次强调"地球是一个整体",但是当下的世界正在发生激变,民族主义加剧,包括建筑家、画家等艺术家应该如何避免艺术交流受到民族主义的影响?

安藤忠雄:跨越人种和国界,我们大家都是"地球号"宇宙飞船的乘客,在这个唯一的地球上,我们必须相互支持。在一个民族主义盛行、分裂加剧的世界,我们必须重新思考如何在这个地球上生活下去。我相信艺术和文化有能力将这样的信息传达给人们。

至关重要的是,我们每个人都要认真思考能为这个社会做些什么。眼下,我们别无选择,只能在这洪流中站稳脚跟,一步一个脚印地前行,用我们自己的双手将接力棒传给下一代。改变世界很难,但可以改变自己。重要的是持续思考,为了和平,我们可以在各自的事业和生活中做些什么。

Aoki Reiko
青木丽子

采访对象：青木丽子，1959 年生，曾在福冈县政府工作，作为汉语及中国问题专家，40 年来活跃于中日交流的第一线。在福冈县政府对华交流中，曾多次担任重要外交场合的首席翻译。青木丽子围绕"中国与日本"这一主题，通过演讲及写作，积极活跃在各个领域中。曾在中国、美国及英国共生活过近 17 年，访华次数超过 600 次。

采访日期：2022 年 7 月 13 日
采访地点：日本福冈县

青木丽子：
做中日两国友好的"桥梁"是我一辈子的使命

日本资深中文翻译、语言专家青木丽子是一名在中国出生、日本长大的日本人。在荧幕上见证中日邦交正常化，是她人生中最难忘的。那一年，13岁的青木丽子满怀着兴奋之情，立下了做中日两国友好交流的"桥梁"这一目标。

1984年大学毕业后，青木丽子进入日本福冈县政府国际交流课，长期参与日本政府及官员的对华交流事业，多次担任首席翻译。如今说起，她仍记忆犹新，满怀激动。

在青木丽子位于日本福冈的办公室，墙上挂满了她参与过的中日交流的照片，书柜里也摆满了中国相关的书籍与她撰写的《梦大地中国》《中国疾风劲吹的大地》《通往明天的南大门——日中新时代》等著作。青木丽子经历了许多与中国有关的故事，她也期盼能将这些故事延续至下一代。她一直致力于推动青少年交往，希望促进中日两国年轻一代的交流，让他们有更多的机会了解两国国情，建立信赖关系。

提起中日邦交正常化50周年与两国民间交流，青木丽子表示，做中日两国友好的"桥梁"和"纽带"是自己一辈子的使命。"中日两国应该要友好，也没有理由不友好。"她说："到我只剩最后一口气为止，我都会一如既往地、不断地做中日两国的桥梁、纽带。"

青木丽子在办公室　图片来源：澎湃新闻

与中国结缘

采访组：您一直从事中日两国的友好交流工作。2022年是中日邦交正常化50周年，能请您说说一开始是如何立志于从事这份事业，并与此结缘的？

青木丽子：我认为从事这份工作，做中日两国友好交流的"桥梁"是我的"历史使命"。我出生在中国，1973年我们全家人回到日本，回国的前一年正好中日两国实现了邦交正常化，我永远忘不了那个时刻。

我从小就受到中国文化的熏陶，也是一名在双语环境下成长的日本人。当时，在荧幕上亲眼看到周恩来总理和田中角荣首相两人握着手，13岁的我特别兴奋。从那时起我就立志从事这份事业，做中日两国友好交流的桥梁和纽带。

此后，在我从学校毕业要参加工作之时，日本的地方政府正好要推动国际化，而且要加强中日两国的地方交流。我所在的福冈县的县政府（相当于中国省级政府）也打算成立国际交流课——相当于中国的外事办公室，要募集国际人才。碰到这样的机会，我就去参加了公务员考试并合格（通过），开始从事两国友好交流"桥梁"的工作。

采访组：中日两国文化有许多共通的地方，日本也受到了中华文化的深远影响。作为一名在中国出生、日本长大的日本人，对此您有何思考？您认为应该如何利用好这一点开展中日两国的人文交流？

青木丽子：中日两国有2000多年的交往历史，中国的古代文明、古代文化给日本带来了深刻的影响。在我看来，中日两国在文字、文化上有很多方面都"同根同源"。

日本虽有独特的文化和历史传统，但是我们的历史传统和文化都是深受中国古代文化的影响而发展起来的，并通过日本人的智慧更进一步发展和提升。现在中日两国面临一个非常困难的时期，尤其是在民众的交流和对彼此的感情上。两国国民之间存在误解和隔阂。但是我认为两国在文化、历史上本来就是同根同源，从这个角度来看，应该有很多共同点，所以我想可以从古代的文化、文明交流这个切入点加强两国民间交流，推动中日关系发展。

2014年，青木丽子与时任中国驻日大使程永华　图片来源：受访者

发掘更多"共同语言"

采访组：当前中日两国民间好感度并不高，两国民众相互也有着一些误解，日本媒体报道中国时往往从负面角度来开展，对此您如何看待？站在中日邦交正常化50周年的历史节点上，我们应该从什么角度着手改善这一情况呢？

青木丽子：这是一个非常令人伤心的事情，部分媒体会误导社会的一些舆论，这是一个很不良的现象。无论是日本还是中国，都非常需要去进行正面、真实的报道，这是非常重要的。我们自己也需要持有平衡的心态和明亮的眼睛去看待问题。

我想人们不能够仅仅因为此类报道就固定自己的想法，我们可以开阔眼界，多去看看，多去了解，这样也有利于加强自身的判断能力。

中日两国应该要友好，没有理由不友好。我认为两国应多多推动民间

青木丽子主持日中青少年交流活动　图片来源：受访者

交流，多多让年轻人相互往来，相互学习。百闻不如一见，我们应该自己踏上对方的国土，去看去体验。比如说中国的朋友到日本来，看看日本社会是怎么样的，民众过着什么样的生活，日本人如何看待中国。同样，日本人也要去中国看看，哪怕是观光旅游也可以，加深了理解，才可化解误解。

采访组：您曾经多次为中日两国高层交往担当翻译，能否分享一些令您印象深刻的事情？

青木丽子：从我参加工作到今天几乎已经过去了40年，作为一名翻译，我成为两国友好交流的"桥梁"。我印象最深的是1992年时任中共中央总书记江泽民访问日本之时，他到福冈访问了两天，当时我担任了（日方）首席翻译。

那时福冈县正好要推动、加强与中国的地方交流，他们要与中国的一个省份结成一对友好省县。当时我们福冈县看好江苏省，江苏省也看好我们福冈县，大家都有愿望要成立友好省县关系，但早在前几年江苏已与日本的爱知县成立了友好省县关系。

江泽民总书记来访问的时候，我很有幸也很大胆地向当时的福冈县知事提出了一个建议，问他可否在欢迎晚宴中亲自提及缔结友好省县关系的事情，知事最后也在讲话中提到了这个计划。

对此，江泽民总书记也在讲话中立马回应道，江苏省是他的故乡，江苏省与福冈县这两个省县都非常发达，"门当户对"。我们也以此为契机实现了和江苏省缔结友好省县关系的愿望。

同年11月4日，在正式缔结友好省县关系前，当时的福冈县知事率团访问北京，在中南海紫光阁受到了江泽民总书记的接见，我作为翻译有幸在场，这是我非常兴奋，也终身难忘的一天。

采访组：您曾经带领日本年轻人来到中国同中国年轻人展开交流，您能否回忆当年活动中碰撞出的火花，您觉得当下中日两国年轻人相同和不同的地方有哪些？

青木丽子：2008 年，我跟日本早稻田大学的教授一起组织了一个包括 30 名学生的团队前往中国访问进行"重返鉴真路"之旅。这些学生来自全日本 20 多个学校，其中有 25 名大学生及 5 名留学生。我们一道前往复旦大学、扬州大学、南京大学、浙江大学等好几个高校进行交流活动。

中日两国的年轻人在交流活动中，不管是在衣着、时尚方面，还是在文化背景、音乐等方面都有共鸣，除了语言之外没有任何障碍。但我们也碰到过一些问题，例如他们对中日两国的历史，尤其是与战争相关的那段不幸的历史仍有不同的认识。

当时，每当碰到中国大学生提到这个问题的时候，日本大学生就无法解释也无法回答。这是两国青少年交流的一个严重的障碍。我认为这是很需要我们这些大人去解决的问题，需要很好地、准确地教育青少年一代针对历史的看法。

当下，中日年轻人之间虽然语言不同，但也有相当多的共同点。很多中国的青年都看日本的动漫，听日本的音乐，这些就可以作为一个共同语

2011 年，青木丽子应邀作为上海电视台辛亥革命 100 周年专题节目嘉宾
图片来源：受访者

2013年9月,青木丽子和访问中国的日本大学生及中国留学生在早稻田大学
图片来源:受访者

言促进两国年轻人的交流。现在还有一个很大的变化,是日本的年轻女孩子特别喜欢中国女孩子的穿着和打扮,她们都会通过社交平台 TikTok 搜索中国的流行趋势。我认为在这类角度上,两国年轻一代可以跨越一些障碍,通过更多的"共同语言"来开展交流。

期待中日青少年往来

采访组:您根据自身的日中民间交流与合作经历撰写了很多书籍,未来您自己有哪些想法和计划,以进一步促进两国民间交流与友好往来?

青木丽子:做中日两国友好的"桥梁"和"纽带"是我一辈子的使命,我认为,到我最后一口气为止,我都会一如既往地、不断地做中日两国的"桥梁"与"纽带"。年轻人是未来的希望。我自己特别乐意更多去推动两国青少年交流,让他们能够得到更多的机会来了解两国国情,建立信赖关系。如果有一天我完全从这一事业中退下来,我也想回顾我这一辈子的经历,把它们再整理成一本书,分享给我们的下一代。

采访组:面向未来50年,对于承载着中日两国未来友好交往的年轻人和下一代,您有何寄语和期待?

青木丽子:听起来50年好像是一个很漫长的岁月,但以我自己的亲身体会,50年就是一瞬间,马上就会过去的。

就像地球不停在转动,时代也在不断变化,我立志于要成为中日两国的"桥梁"就是50年前的事情,对现在的年轻人而言,50年也很快就会过去。大家都知道20世纪是"欧美的世界",但大家也都说21世纪是"亚洲的世界"。但我们也应该好好地去想想,我们能够肩负这个时代给予我们的重任吗?

我认为我们亚洲人还需要更加努力地学习进步。我非常希望两国青少年多去相互学习，多去了解彼此，大家要尽量去化解目前所存在的误解，去共同努力携手创造更美好的、新的时代，为人类造福。这不仅仅是为我们中日两国，也是这个时代给我们的责任。所以我们一定要不辜负时代的期待，来扛起这个重任，好好努力。

Kawashima Shin
川岛真

采访对象：川岛真，1968 年出生于东京，1992 年毕业于东京外国语大学外语系中文专业，2000 年取得东京大学博士学位。曾任职于北海道大学法学部，现为东京大学大学院（研究生院）综合文化研究科教授。现任中曾根世界和平研究所研究本部长，并担任 JICA 研究所客座研究员、日本经济团体联合会 21 世纪政策研究所研究主干、外务省外交记录公开推进委员会委员等。代表作有《中国近代外交的形成》（2004）、《中国通向近代国家的探索，1894—1925》（2010）等及论文数十篇。在日本的中国史研究学界及世界范围的中国近代外交史研究学界享有盛誉。

采访日期：2022 年 7 月 4 日
采访地点：中曾根世界和平研究所

川岛真：
期待中日年轻学者从多语言、多角度看待问题

日本学者、东京大学大学院综合文化研究科教授、中曾根世界和平研究所研究本部长川岛真，对中国的兴趣是从东京外国语大学时期开始的。20世纪80年代，川岛真考入东京外国语大学中文系，从学习拼音开始了解中国，并于此后走向了中国近代史的研究之路。

2022年7月初，在位于东京港区的中曾根世界和平研究所，川岛真回忆起多年来与中方学者、学生的交流，自觉在其中受到了很多启发，也感受到了多元的中国文化。

回顾1972年中日邦交正常化以来的50年，川岛教授表示，两国关系的性质、所站的位置均有所改变，在民间感情方面也有很大

川岛真接受采访　图片来源：澎湃新闻

的变化。他也提到，新的现象已经出现——年轻一代对中国的感情正在好转，同时他也希望能推动两国年轻人的交流。

"所以留学是很重要的。在外留学两三年，并不是说要完全变成当地民众的样子，而是要去慢慢了解他们的想法和思考方式。"寄语致力于研究中日关系的青年学者们，川岛真期待他们能尽可能通过多语言、多角度看待问题。

年轻时期感受中国的"多元性"

采访组：您曾就读于东京外国语大学中文系，当初是什么契机使您对中国产生兴趣？

川岛真：没什么特别的理由，在报考学校时，我们可以考两所国立大学，当时我选择了东京大学和东京外国语大学，但后来没考上东京大学。东京外国语大学有很多语言系，我记得当时是选了中文、俄语和西班牙语三个志愿。

1980年代日本和中国关系还很好，而当时我也觉得中国未来的经济是有发展潜力的，我也因此选择了东京外国语大学的中文系。

从学习拼音开始到慢慢了解中国，我对这个国家越来越有兴趣。我第一次去中国应该是1988年，当时也并不是抱着要"搞研究"的目的意图。但差不多决定要开始学中国历史应该是在大三的时候，此后我便一边上东外大的课，一边上东京大学文学院历史系的课，开始学习中国的近现代史。

采访组：您最初是在什么情况之下前往中国进行学术研究的？

川岛真：2000年前，我每年会有在中国待一到两个月左右的机会。2000年在北京日本学研究中心当副主任的时期，是我第一次长时间地待在中国。

北京日本学研究中心是当时在两国政府合作之下建立的一个研究机构，

算是中方机构,我相当于在那里教书。我经常和中国的同学们交流,慢慢了解每一个同学的家庭背景、个人情况。

那时我基本上跟中方的同事一起工作,同时也会与日方同事进行交谈。在那里,我慢慢了解到中国的社会制度,也深入了解了中国的工作环境与学生们的个人背景等,对我的研究来说是很有启发性的,也使我对当代两国关系越来越有兴趣。

采访组:和中方学者、学生交流期间,您有什么印象特别深刻的事?

川岛真:其实跟中国学者的交流都给了我很多启发,中国有一些非常优秀的学者,他们的学问真的很有深度。比如那时北大的茅海建教授,给我留下了深刻的印象。

另外,我在北京大学和上海大学等担任客座教授期间,也体验到了每个地方不一样的学风和不同的文化,感受到了中国的多元性。

2017年,川岛真于"纪念中日邦交正常化45周年"国际学术研讨会全体大会发言
图片来源:人民网

在两国关系中寻找"新的模式"

采访组：从研究者的角度来看，自 1972 年中日邦交正常化以来的 50 年间，您认为两国关系发展中有哪些比较重要的节点？

川岛真：这 50 年其实变化非常大。我 2022 年 54 岁，还记得我小时候，大概是 1972 年去日本上野动物园看熊猫，那时候真的有特别多的人要去看熊猫。上世纪 70 年代到 80 年代是中日好感度较高的时期，特别是 80 年代，七成以上的日本人都对中国有好感，当时也有很多小朋友都很了解中日友好。

20 世纪 80 年代末，日本社会对中国的认识变化很大，从那个时期到 2005 年、2006 年前后，基本上日本民间对中国的感情"喜欢"与"反感"的比例持平。

但在政治外交这一层面，我觉得最重要的是两国间的四个政治文件。像是 2006 年左右，虽然日本国内对华情感不太友好，但当时全面推进中日战略互惠关系，对于逐渐改善两国关系是很重要的。

其次就是 2010 年中国 GDP 反超日本，这是具有跨时代意义的。总体来讲，这 50 年两国关系的性质、所站的位置都有所变化，我们需要按照各自现在"所站在的地方"来建立"新的关系"。当然，其中要以重要的四个政治文件为基础，来寻找"新的模式"。

采访组：您此前接受采访时曾提到，中美关系在竞争中也可以有合作。就中日关系而言，您认为有哪些可以加强合作的方面？

川岛真：我觉得在找到两国可以合作的方向之前，需要先思考为什么两国没有保持对话，没有摸索见面、交谈的机会。我真的希望日本政府至少能有跟西方国家一样的程度来跟中国方面继续交流。

其次，虽然中美存在战略竞争，但双方也并不希望发生冲突，还是应寻找能够合作的方向，例如气候问题以及朝鲜半岛形势等地区性问题。日本可以在气候问题上与中国合作,地区性问题(合作)当然也没问题。此外,经济课题也可以。当然还有更大的问题,几乎全部东亚地区都正在或可能面临高龄化、人口和社会保障问题等。在这些问题上我们不一定要学习欧美,我们甚至更"先进",我们可以一起讨论,还可以把一些经验分享给世界。

民间外交中的"新发现"

采访组:您认为当前中日关系处于怎样的状态?

川岛真:我觉得目前不是恶化或是改善,是一种"空空的感觉"。当然两国之间会有经济关系,但是政治外交上几乎没有。所以现在我们要抓到一个"实"的部分,思考要如何获得比较"实际的东西"。

日本政府根据国内的民意来进行外交,就像刚才所说,日本国内多数民众目前可能对中国抱有一些负面情绪,但我也希望你们了解,日本社会六成以上的民众也认为中日关系对日本很重要。所以每个政治家可能会先称"不喜欢"中国,过一段时间后会表示"中国对我们也很重要"。所以日本首相岸田文雄上台后,先建立跟美国的关系并寻找别的同盟国家,再重视战略性比较重要的国家或地区,最后再考虑中国。这也是因为他有所顾虑。

在2022年7月国会选举之后,三年没有选举,所以日方可能有机会利用以后三年实施改善中日两国关系方面的政策。

采访组:您如何看待疫情之下的两国关系?您希望未来如何推动关系进一步发展。您目前就任中曾根研究所的本部长,未来是否有相应计划?

川岛真:第一点,疫情之下两国直接交流变少,特别是观光方面真的很少,但之后的一两年可能会慢慢恢复。第二点,目前在日本社会出现了新的现象——年轻人、年轻一代对中国的感情好转了。

就目前多个民调结果来看,现在日本世代之间对中国感情的差距越来越大,六七十岁左右的人群对中国的感情可能相对比较负面,但是二十岁左右的年轻人算是还可以。我希望中方也要了解、把握这个机会，日方也要掌握这个机会，好好推动青少年交流，这是很重要的。

我本人希望推动的是介绍中国年轻学者来我们这里当客座教授，或者是做研究生进行交流。此外利用线上会议去推动年轻有为的学者们的交流，这是我目前的小计划。

我也从事一些媒体相关的工作，现在日本媒体的报道比较趋于两极化，几乎没有中间的东西。学术期刊上有很多很优秀的研究成果，但它们很少能被看到，很可惜。日本有很多做中国研究的学者，我希望尽量向民众去介绍它们，把这些研究成果展示给日本的一般社会，或是英文、中文世界。

采访组：对致力于研究中日关系的青年学者们，您有哪些建议和寄语？

川岛真：不一定是中国的同学、中国的学者，对日本的学者也是，希望他们加强用多语言、多角度的方式来看事情。疫情之下行动受限，很多国家的人们只能通过自己母语圈的消息来判断事情，但这样的思考方式有点简单化了，我希望尽量通过多语言、多角度看待问题。

所以留学是很重要的。在外留学两三年，并不是说要完全变成当地民众的样子，而是要去慢慢了解他们的想法和思考方式。如果能做到这样，在回国之后，或也能够从对方的角度去进行思考。

Takeuchi Ryo &Zhao Ping
竹内亮夫妇

采访对象：竹内亮，1978 年出生，日本纪录片导演，曾经拍摄《长江天地大纪行》《我住在这里的理由》等系列纪录片。赵萍，竹内亮妻子。

采访日期：2022 年 7 月

采访地点：中国武汉、南京；日本横滨

竹内亮夫妇：
记录真实中国，为中日交流做一点努力

人群中，竹内亮很容易被认出来：他瘦瘦黑黑的，帽檐下露出自然卷，身上斜挎着包、单反，白T恤正面绘有长江和"再会长江"四个字，背面是长江沿岸城市。

2022年夏天，日本导演竹内亮刚拍完纪录片《再会长江》。2021年10月开始，他和团队从长江源头出发，重走6300公里，从青海、云南、四川、重庆、湖南、湖北、江西、安徽，一路拍到江苏、上海，记录长江沿岸风土人情。

7月中旬，他们来到武汉。这天是武汉渡江节。一大早，竹内亮和团队赶到大禹神话园。

江边挤满了人，竹内亮钻到最前面，想拍渡江的选手。在烈日下站了一两个小时，只拍到了观众。

"拍不了就拍不了。"竹内亮说，"这才有那种没有剧本的魅力"。

竹内亮崇尚真实，坚持无脚本拍摄。每去到一个城市，他会发微博募集主人公，去了再决定拍什么，"很随意"。

2022年7月16日，竹内亮在武汉拍摄渡江节【本文除特殊标注外，均为受访者供图】

拍完后，去吃早饭。竹内亮喜欢热干面，但因为之后要拍和采访对象一起吃热干面的场景，为了把新鲜感留到吃的那一刻，他忍住没买，四处问，有豆皮吗？

这是竹内亮来到中国生活的第九年。

18年前，26岁的竹内亮认识了在日本留学的南京姑娘赵萍，对她一见钟情。赵萍父母很反对，不希望独生女儿找个日本人结婚。竹内亮三次上门提亲，才说服岳父母同意。

认识赵萍后，竹内亮对中国文化产生兴趣，开始拍摄更多关于中国的纪录片。2010年，他到中国拍摄《长江天地大纪行》时，发现很多中国人对日本的了解还停留在过去。他决心要到中国生活，拍纪录片，把日本文化介绍给中国人。

这个想法起初遭到了妻子的反对。在竹内亮的坚持下，2013年，一家人从日本回到南京，创业拍纪录片。

2015年开始，竹内亮拍摄《我住在这里的理由》（以下简称《我住》），介绍在日本生活的中国人和在中国生活的日本人，开始受到关注。

2020年，他拍摄的疫情纪录片《南京抗疫现场》《好久不见，武汉》和《后疫情时代》，在中日两国引发热议，两次被中国外交部发言人点赞。"对竹内亮导演不带偏见地、真实地记录中国走过的这段非凡历程表示赞赏。这个世界太需要有人像竹内亮导演这样去传递真实的情况和真实的情感。"华春莹曾如此评价道。

作为一个生活在南京的日本导演，竹内亮说，这些年拍纪录片，是想传达中国和日本的魅力，将中日两国文化介绍给对方国家。他形容自己是"在悬崖边走"，被怀疑过是"间谍"，也被骂过在"拍马屁"。但他觉得，自己是在做一件促进中日文化交流的事。

"我喜欢中国，所以待在中国。"竹内亮颇为坦然。

竹内亮夫妇的全家福

"我喜欢中国人的随意、自由"

采访组：你们第一次到对方国家是什么时候？对对方国家第一印象怎么样？

竹内亮：我第一次来中国是2001年，帮日本广播协会（NHK）拍《麻将的起源》。我当时去了上海、宁波、江苏。

我印象最深的是去一个小卖部买了瓶水，老板把零钱扔给我。我非常惊讶，日本超市不可能把零钱扔给客人。后来他开始跟我聊天，问我是外国人吗？从哪里来？

这种老板我之前没有见过。日本所有的服务员、老板都像机器人一样，会一直微笑着说"谢谢，欢迎光临"，就结束了，没法交流。我那时就感觉，中国人非常随意、自由，当时就喜欢上中国了。

赵萍：我第一次去日本也是2001年，到日本留学。当时南京没有直飞日本的航班，必须从上海飞。从南京到上海的火车上，我碰到了一个从日本到中国旅游的团队。其中一个日本大妈听说我要去日本留学，说"把你的地址给我，到时候给你写信"。

我以为日本人很客气，就嘴上说说，没想到她真的给我寄信。之后我们一直有交流。她经常给我寄吃的，还给我零花钱。

我考上日本大学的时候，她说"你爸妈没来日本参加你的入学典礼，我作为你'日本的妈妈'，要去参加"。她特意从关西赶到横滨参加。后来我结婚的时候，她还到中国参加我的婚礼。

在日本，我碰到过很多对我很好的人。不过，日本人特别客气、讲规矩，很多事情不直接说，要让你去猜，这一点我不太适应。

采访组：你们是怎么相识的？

竹内亮：2004年，我在日本拍纪录片，要采访中国人，当时我不会讲中文，需要翻译，通过朋友介绍认识了我老婆。她当时是留学生，日语很好，长得很漂亮，我对她一见钟情。

赵萍：跟他第一次见面之前，我们通过电话。他知道我在找工作，非常热心地说，可以帮我介绍。我以为他是一个大叔，因为日本的大叔大妈对我们这种留学生很"亚撒西"（平易近人），会帮我们解决一些问题。见

竹内亮夫妇旧照

面之后我很吃惊的是,他居然这么年轻。我们第一次见面,他就直接介绍了一个朋友给我。我就觉得,这个人蛮善良的,愿意帮助人。

采访组:你们相识后,怎么走到一起的呢?

竹内亮:我在东京迪士尼乐园跟她表白,她拒绝了,我非常受打击。第二天早上起来,我手机收到她的短信说,想来想去,还是可以跟我交往。我们就开始交往了。

赵萍:我跟他一起工作的时候一直说,我很喜欢日本迪士尼,工作结束后我们一块去。去了之后,他突然就开始告白。当时我整个人是蒙的,捂着耳朵,说你不要说,我不要听。因为我来日本之前,我妈妈叫我不要找个日本人回来。所以我当时是比较矛盾的,不想让他告白。

但是他已经告白了,如果我不和他交往的话,可能以后再也见不到这个人了。我就说,要不我们先交往半年试试看,如果半年之后关系很稳定的话,我再跟我爸妈讲。

半年后我跟爸妈讲了这件事,我妈听了之后有点被欺骗的感觉。因为我是独生子女,我妈不希望我一直留在国外。再加上竹内亮的条件、长相不是中国老一辈人很能接受的那种,胡子拉碴,收入很低,还是个外国人,没有一点达到她对未来女婿的期望。

采访组:后来怎么说服他们同意的呢?

竹内亮:我三次到南京提亲。虽然赵萍的妈妈多次反对,但我一直坚持,不放弃。第三次的时候,她妈妈一看,我又来了,没办法,就不得不同意了。

赵萍:我后来跟我妈说,如果不能继续跟他交往的话,我将来就不去日本了。我妈妈觉得再反对也没用,说你的人生你自己来掌握就好,将来不要后悔。所以最后不是我们说服了她,而是我妈妈理解了我的心情,放弃了她的执念。

采访组:竹内亮的家人是什么态度?

2007年，竹内亮夫妇在南京举办婚礼，竹内亮到赵萍家中接亲

竹内亮夫妇的日式婚纱照

赵萍：我们刚交往没多久就去他爸妈家了。他妈妈问我："我儿子哪点好，你觉得跟我儿子交往没问题吗？"他们完全没有反对，反而会担心我。后来交往不到两年，我们就结婚了。

"我要去中国"

采访组：你们什么时候开始想到要来中国生活的？

竹内亮：结婚后第二年，我就想去中国生活。当时我爸爸反对，他说你现在还在学习阶段，先把工作做好。现在回头看，我爸的判断是对的，因为我当时还没拍过非常厉害的、拿奖的作品。

采访组：后来怎么下定决心到中国生活呢？

竹内亮：2010年，我给NHK拍纪录片《长江天地大纪行》。当时去了四川、云南、青海，很多人一见到我就问，你是日本人吗？高仓健现在怎么样？山口百惠现在怎么样？

我很震惊，现在网络已经很发达了，他们为什么还在问我山口百惠？

我发现，他们完全不知道现在的日本是什么样，只知道二战时候的"日本鬼子"和20世纪80年代的日本。当时我就想，我要去中国，学中文，把日本文化介绍给中国人。

2010年，竹内亮（左一）在中国拍摄《长江天地大纪行》

我跟老婆说，我想去中国挑战自己，被反对了。因为我们在日本已经非常稳定，房子也买了，为什么要放弃所有来到中国？我花了两年时间说服她，后来她终于同意了。

赵萍：我们 2012 年 8 月提出辞职。当时我上司说，你们不要回去，风险很大。我上司说，现在中日关系这么紧张，你们去中国也没有工作。但我们还是不想放弃，所以在 2013 年 8 月回到中国创业。

采访组：回中国后，刚开始创业难吗？

竹内亮：我们刚回来时，好多中日合作的节目、项目都没了。当时我认识好几个住在中国的日本导演、演员，都没有工作，回去了。我也去找中国的电视台，问能不能一起做介绍日本文化的节目，但没人愿意投资。所以我们只能继续接点日本电视台的活。

头两年完全没有方向，一直到 2015 年，我发现有一些自媒体平台，可以自己拍、自己上传节目，不需要和电视台合作，我们就开始做自媒体。

赵萍：我们刚到中国的时候没事干，我就天天陪着他学中文。他白天去南京大学上课，放学后找个快餐店；我一边陪他吃东西，一边帮他复习。晚上再一块看电视剧学中文，他看不懂就问我。前两年都是这种状态。

采访组：你们从 2015 年开始拍摄《我住在这里的理由》，当时怎

《我住在这里的理由》第一次拍摄现场照

么想到拍这个的？

竹内亮：拍《我住在这里的理由》是我老婆的想法。我一直想做介绍日本文化的节目，但不知道怎么做比较好玩。有一天她突然说，能不能拍住在日本的中国人，通过他们的故事来介绍日本文化。我觉得想法不错，就开始拍了。

赵萍：刚开始拍《我住在这里的理由》的时候，别人不认识竹内亮是谁，也不知道《我住在这里的理由》是什么节目，不愿意出镜。所以前期只要有人愿意，觉得故事可以做出一些不同的点，就行了。

另一个困难是，我们自己投资，费用非常紧张，节目又是无台本拍摄，后期全靠竹内亮一人，根本保证不了周更。我们就商量，再拍一次，如果还是没有赞助的话，就放弃。没想到，慢慢地《我住在这里的理由》反响越来越好，有人就找来赞助我们。

我们拍摄的时候，碰到过很多人说，"我以前讨厌日本，看了你们的节目，想到日本来看一看"；也碰到过日本人说他以前非常讨厌中国，看了《我住在这里的理由》后愿意去了解中国，现在已经喜欢上了。这个也是我们的初衷，希望大家不要因为对日本或者中国有刻板印象，放弃去了解对方。

新冠肺炎疫情暴发之前，我们已经做出了一些成绩，对日本感兴趣或者做中日文化交流的人，很多人都知道我们，就是可能没有出圈。

"我的目的不是为了当网红"

采访组：很多人认识你们，是从2020年3月的《南京抗疫现场》开始，当时怎么想到拍这个的？

赵萍：当时因为疫情，不能去其他地方拍摄，只能拍身边能拍的东西。我们觉得南京抗疫做得很好，想让日本的网友看一看，就拍了《南京抗疫现场》。没想到日本电视台很感兴趣，都联系我们想要播出。中国国内网友也说想看。

这其实蛮出乎我们意料的，意外地在日本火了一把，在中国也火了一把。

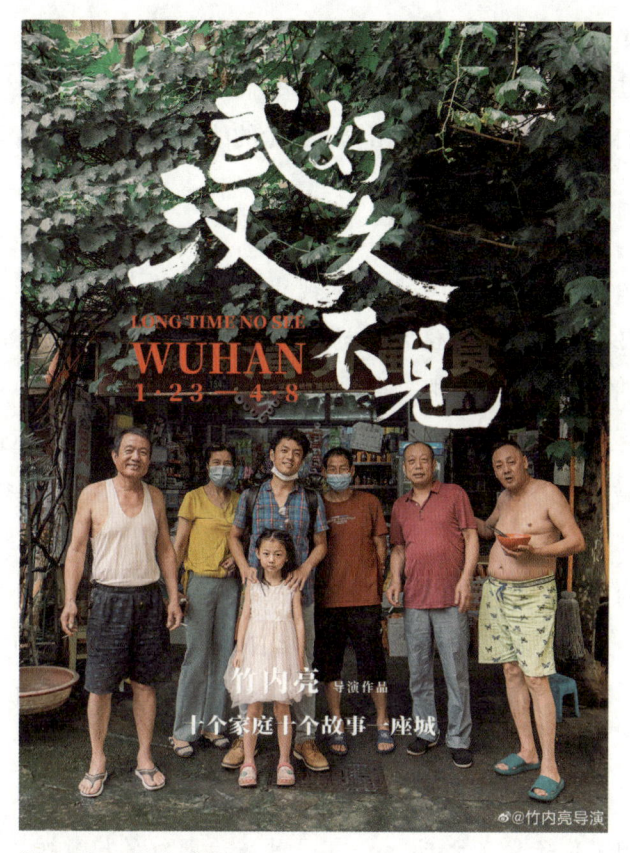

《好久不见，武汉》海报

大家的反馈普遍都很好，觉得内容比较真实。

竹内亮：《南京抗疫现场》在日本的反馈非常好，那段时间，日本几乎所有电视台都在播这个，它还登上了日本影响力最大的雅虎网站首页。好多日本朋友看后联系我说中国防疫措施好厉害。

采访组：2020年6月，你去武汉拍摄了《好久不见，武汉》，你对那次拍摄有什么印象深刻的事吗？

竹内亮：武汉刚解封没多久，我想去看看武汉是什么样的。很多人反对，说当时去武汉还有点危险，但我还是想去。我就在网上募集主人公，从报名的粉丝中选择了10个人。这样的拍法当时是第一次尝试，很成功，因为是我的粉丝，所以都非常信赖我们。

拍摄过程中，他们每个人都很感谢我们，因为解封之后很少有人关注武汉，我们去了，而且拍的是比较正能量的故事。武汉人的热情也让我们非常感动。

采访组：《好久不见，武汉》被中国外交部发言人赵立坚点赞，展现了武汉经历疫情创伤之后的实景和武汉人的坚韧、豁达。这是你的片子第一次被外交部发言人点赞，当时是什么样的感受？

竹内亮：非常惊讶，这个真没想到。《好久不见，武汉》上线不到24小时，播放量就破2500万；上线10天，话题阅读量破亿。在日本电视台播，收视率也很高。

之后的《后疫情时代》也被华春莹点赞了，登上了雅虎首页。不过《后疫情时代》夸中国的部分比较多，被一些日本人说，在"拍中国人的马屁"。

赵萍：我当时很吃惊，没想到节目影响力这么大，有点担心。结果还是被误解。

采访组：片子火了之后，会有一种成为网红的感觉吗？

竹内亮：有啊。2020年一年，我接受了200多家媒体采访。粉丝多了，街上认识我的人也多了。去泡澡的时候经常遇到粉丝，在完全脱光的情况下，一直跟我聊天，很尴尬。

不过我还是一直在拍自己想拍的东西，因为我的目的不是为了当网红，短时间的火没有意义，还是要靠作品。

采访组：走红之后，是不是也面临着一些争议和误解？你们怎么看待这些争议的声音？

竹内亮：我被（中日）双方的人都说过是"间谍"。还有网友说我只拍中国好的地方，"这个完全是错的"。我个人对负面的东西不怎么感兴趣。我老婆是中国人，中国是我爱人的祖国。我想把它好玩的、文化的一面展现给大家。不会为了"黑"而去拍（负面）。这些争议声，我不太在乎。

赵萍：竹内亮拍片子，两边都在骂。他跟我说，他不在乎，但我能感觉到，他情绪会受影响。外国网友骂他，他还不那么在意，中国网友的抨击会让他更伤心。我怕这种声音太多的话，会影响到他的创作欲望。他创作的初衷是为了加深双方对对方国家的认知跟了解，但结果出来的是这样的声音，他可能就不想拍了。

我们要保持创作热情，为我们所认为对的事情去努力。

"在中国生活需要不断地变化"

采访组：作为中日跨国夫妇，你们在生活习惯、饮食、教育方面有差异吗？

竹内亮：其实很少，跟日本女人相比的话，她不做家务（哈哈），不做饭。一般日本婆婆会觉得，儿媳必须会做家务，但我不在乎，我爸妈也理解。

饮食上没有太大差异，她不太喜欢吃生鱼片、生马肉，我什么都能吃。

我们跨国婚姻不太一样的地方，可能是我们很少带孩子，岳父岳母带

竹内亮一家四口

孩子比较多，这是中国的特点，日本人90%以上是自己带孩子。

教育理念上也不一样。日本的教育方式是比较轻松的，以玩为主，开心就好。中国是学习为主。我儿子小学三四年级的时候，作业特别多。我经常说，不要写作业了，去玩吧。我老婆就生气，说肯定要写作业，不能去玩。最后都是我妥协。

赵萍：我觉得，老师布置的作业一定要完成。竹内亮觉得，孩子不想学就不要学了。我妈妈以前当过小学老师，对孩子学习的要求比我还高。三个人理念完全不一样，搞得孩子也很混乱。

儿子上初中后完全跟不上，（2022年）5月我们送他到日本上学，想看他能不能适应。

采访组：这些年在南京生活，竹内亮日本人的身份对你们有影响吗？

竹内亮：我2013年回南京生活的时候，日本朋友们担心我会被欺负。我其实有点担心孩子在中国上学会被同学欺负。实际上没有发生这样的事。大部分中国人挺友好的。

赵萍：我们在南京不会刻意不说日语，就正常生活。儿子上幼儿园的时候，中文不太好，一个女同学经常主动帮助他。女孩住在我家附近，我后来才知道，她爷爷以前被日本人打伤过，但他们会客观地看待。我们两家处得挺好的。

儿子小学的时候，有同学开玩笑叫他小日本，他说："不许这样说我。"不过之后就没人叫了。

我感觉南京是个很包容的城市。前段时间，我们拍摄碰到了很多"老南京"，70岁左右，一听竹内亮是日本人，很在乎他的感受，怕说的话刺激到他，说"我们想表达的是那个时候对我们这边做过那些事情的日本人是坏人"。老人们非常友善。

采访组：你们去过侵华日军南京大屠杀遇难同胞纪念馆吗？

竹内亮：去过很多次。我第一次来南京的时候就去了,去的时候很惊讶,发现原来是这样子,以前在学校没有学过。

我的日本朋友们来南京,我也会带他们去。他们也是一样的感觉。不仅是南京大屠杀,整个(日本)侵略中国的历史他们都不知道,只学过一点点。现在中日之间好多矛盾的来源是历史原因,我觉得日本人应该知道这段历史。

采访组：从你2001年第一次来中国到现在,你感觉中国这些年有什么变化?

竹内亮：我2013年来中国时,发现中国跟2001年的时候没什么区别,但从2013年到现在,完全不一样,像另一个国家。

中国这十年的变化太大了。中国经济、互联网的发展,影视行业,好多方面已经超过日本了;空气原来很脏,现在没什么大问题;马路变干净了,有垃圾分类了;以前中国人吃饭点很多菜,现在开始光盘行动了;以前开车的时候特别乱,现在好多道路(安装有)监控,越来越有秩序了。

西部穷的地方还是有,但是变化也挺大。道路畅通了,人们的思想也开放了,教育环境也比以前好多了,但是跟沿海城市比,还有很大的差距。

竹内亮导演
8-30 09:28 来自 Xiaomi MIX Fold 2
#来日留学生变了#
我昨天在日本横滨跟中国留学生见面聊天了。
我"你来日本多久?"
学生"两个月,但我想回中国"
我"为啥? 你才来两个月而已嘛"
学生"因为日本不太方便,滴滴,外卖,盒马都没有,都是要靠自己走路解决"。

我觉得时代真的变了,我老婆来日本留学的时候(二十年前),
当时的中国留学生说"日本社会很方便"。
现在变成不方便的国家了😂😂

我和学生进去咖啡店,我打算请她喝咖啡。
我发现前台上有支付宝和微信支付的标志。
"可以用支付宝或微信支付吗?"
"不可以,我们店不支持支付宝和微信支付,不好意思"
"哎呀,我没带现金..."😂😂 收起

227   1365   2.2万

竹内亮的微博提到中日生活的变化

我感觉在中国生活跟在日本也不一样，需要不断地变化，要不然跟不上时代。

日本媒体还停留在一二十年前，非常保守，不喜欢新的东西。日本自媒体行业不发达，拍纪录片还是要跟电视台合作，现在日本拍纪录片的人越来越少。我好几个在日本拍纪录片的导演朋友，尝试过在YouTube上播自己拍的纪录片，基本上没有人看。所以我感觉，我来中国来得很对。

为中日交流做一点努力

采访组：你们在两国都生活过，感受到中日两国民众对对方有什么误解吗？

竹内亮：中日两国在文化认同上有一些误解。比如，中国人一听到日本女生，就觉得非常贤惠、温柔，但其实，日本女生挺强的；而很多日本人以为中国人都有钱。

我拍纪录片的时候，一直在寻找这种平衡。因为我们的片子同时在中国、日本播出，不能偏向某一方。

赵萍：我觉得误解有很多，互相都有刻板印象。日本一些年轻人看到电视上中国不好的报道后，就觉得中国人很凶，说话声音大，不礼貌。中国年轻人说起日本，一部分受动漫、日剧影响，喜欢日本文化；另一部分对日本一无所知，甚至有些仇恨。

其实是互相缺少真正的了解。之前可能因为历史的原因，大家互相想要了解的欲望比较少。再加上疫情，造成现在互相了解越来越少。所以我们做的事情是有意义的。

采访组：有网友评价，说你们是中日友好的桥梁，你们怎么看待自己所做的事情？

赵萍：我们做的是中外文化交流。我们刚开始做节目的初衷，是因为我们是中日夫妻，对互相的了解是最深的，看到的是双方人民最真实的样子。

如果通过我们做的事情，能促进中日之间的了解，肯定是最好的，这也是我们坚持的意义。

中日交流之外，我们还希望扩展到世界，做中国和其他国家的交流，采访住在中国的其他外国人，让中国人了解其他国家的人，也让其他国家的人对中国多一些了解。

竹内亮一直说，他不喜欢"中日友好"这个词，因为友好，好像是一定要强迫大家做好朋友，我们是希望让大家互相了解后，觉得喜欢就喜欢；如果不互相了解，停留在一些不好的刻板印象上，会造成误解甚至不好的结果。希望大家能用一个平和的心态去看待对方国家，而不是一提到日本或中国，就做出过激的反应。

采访组：你们接下来对自己的事业有什么规划？有没有很想拍的主题？

竹内亮：我想多拍纪录片电影，在电影院上映。《再会长江》是横贯中国，之后我打算拍纵贯日本，从北海道开始，东京、京都、大阪、福冈、冲绳……目前还没筹到钱，先拍一部，播出之后再募集资金。

我一直想拍南京历史和南京大屠杀事件，想拍参与大屠杀的日本人，如果拍到的话，会很有意义。（大屠杀的）幸存者其他人都拍过，我的身份比较尴尬，一个日本人去拍他们的话，他们也会难受吧。所以还要拍别的，注入日本人的角度，才有意义。

我还想拍在中国影视作品中扮演"鬼子"的日本演员，比如矢野浩二，好奇他们的心态是什么样的。

赵萍：我们现在的粉丝大部分是中国人，日本粉丝这一块，还有很大的空间。接下来希望多做一些面向日本粉丝的节目。我们也在做一些介绍其他国家的纪录片，一些竹内亮不出镜的纪录片。

采访组：你之前拍了《我住在这里的理由》，对你自己来说，住在中国的理由是什么？

2021 年万圣节，竹内亮 cos 白雪公主

竹内亮：以前是我想把日本文化介绍给中国人，同时把中国文化介绍给日本人或者海外。现在没有什么特别的理由，我已经是半个中国人了。我的朋友、同事、家人、工作、生活都在中国。我喜欢中国，所以待在中国。如果我不拍片子了，也想待在这儿。

采访组：对中日两国人民或者中日关系有什么样的期待？

竹内亮：现在中日两国之间的偏见、误解太多了。希望中国的朋友们和日本的朋友们，不要有那么多误解，互相到对方国家玩，中国很好玩，日本也好玩。

赵萍：我希望中日关系越来越好。因为如果中日关系不好的话，我们的孩子不论在中国还是在日本，都很难生活下去。我们的事业也一样。我们也在为中日交流做自己的一点努力。

Umeda Ken
梅田谦

采访对象：梅田谦，1987年生，曾在日本新潟县从事汉语教育工作，现为中央广播电视总台亚洲非洲地区语言节目中心日语部日籍员工。曾参与2019年全国两会等重大报道活动，从日籍记者视角报道真实立体全面的中国，讲述中国故事。作为主创人员推出广播节目《汉语日本行》《烦恼咨询室》，在日出版多媒体汉语教材《A酱教你说汉语》等，着力打造面向青年群体的创新内容，促进中日两国民间交流。

采访日期：2022年8月29日
采访地点：澎湃新闻北京办公室

梅田谦：
在华工作7年，报道两会印象最为深刻

从日本来华工作七年，梅田谦长期在北京生活，爱上了豆浆、珍珠奶茶，习惯了公园遛弯，甚至还能说出儿化音。

作为中央广播电视总台亚洲非洲地区语言节目中心日语部的日籍记者，他从全国两会现场发回报道，在电台演播室畅谈中日文化，疫情期间实地探访科技企业……梅田谦更像是一名跨文化新闻工作者，也正是因为这独特的身份属性，让他更想去尝试做一些其他媒体难以实现的报道。

尽管目前社交网络和自媒体所传达的信息占据越来越多的视野，但梅田谦认为，传统媒体的力量巨大，可以在舆论上起到引领作用。就个人工作而言，他希望向日本传达中国的真实面貌，填补日本媒体难以涉及的信息空白。

2019年梅田谦参加全国两会报道　图片来源：受访者

享受"京式生活":豆浆和珍珠奶茶"好喝到感动"

采访组:您在怎样的契机下学会中文并到中国媒体工作?

梅田谦:母亲在老家新潟县做中文老师,之后还做中文口译和笔译的工作,所以我从小身边就有很多对中国和汉语感兴趣的人,从这个意义上来说,中国对我而言是一个非常亲近的存在。而且老家的工业发达,经常有中国人来工作,他们给人以开朗快乐的印象。

而我真正开始学中文是在高中的寒暑假,就在自家的语言学校,大学毕业后在该学校工作。2015年的夏天,相识的同声传译老师神崎多实子上了中国国际广播电台(国际台)的一档节目,节目中的播音员王小燕的日语水平很高。当时就在想原来北京还有日语这么好的中国人,于是去了解了国际台的其他节目,感觉是一个很好的媒体,但当时并没有想到自己会去工作。不久之后,从神崎老师那里得知,国际台正在招聘日本工作人员。尽管我没有从事过媒体工作,但一直想去中国工作,觉得这是一个千载难逢的机会,我应聘之后很幸运被录用了。

老实说,当时我认为我们这一代可能是对中国印象最不好的一代日本人,因此有朋友对我去中国工作感到疑惑。但是我的家人都非常支持,他们认为如果能有机会去北京并且在国家媒体工作,那就一定要去。也有一些人反对,因此我想要从身边人开始,改善他们对中国的印象。到中国之后这种心情变得更强烈了。

采访组:初到中国,是否会因为语言或者文化差异而感到不适应?

梅田谦:我所掌握的中文就生活而言没什么问题,不过在北京也有"小插曲"。有一次一个人去超市,结账的时候收银员问"你要袋儿吗",我的脑子一片空白,"袋儿"是什么,直到收营员拿出袋子才明白。然后他又问"要大袋儿吗",一下没反应过来是什么,满脑子都是"袋儿",这和我所学的中文完全不同。

在单位里，同事的日语都很好，他们对日本文化的了解程度令人吃惊。有一次大家在电梯里聊天，一个中国同事问日本同事有没有去过滋贺县，日本同事说，听说那里的伊贺忍者很有名，而中国同事指出来说，滋贺县的忍者是"甲贺流"，然后一句接一句聊了下去。中国同仁对日本文化和习俗真的非常熟悉，所以在单位，我也完全不会因为语言而遇到任何障碍。

采访组：中国人常说"入乡随俗"，您在北京生活多年，能否介绍一下您的"京式生活"？

梅田谦：决定来北京的时候非常开心，当时有两个心愿终于可以达成了，就是喝豆浆和珍珠奶茶。以前来中国的时候喝到这两样饮品，好喝到感动。在中国，就日常生活来说能够吃到许多应季美食，比如冬天的涮羊肉、清明节的青团。中国人很懂得享受24个节气，我也在学习并体会节气的乐趣。关于日本的饮食文化，我也会向中国人介绍。有时候去中国人经营的日本料理店，老板会问我味道是否正宗，有时也会说要修改菜单上的日语之类的问题，大家会这样轻松地与我聊天。

到北京之后，我还养成了散步的习惯。日本是个汽车社会，大多是开车出行。而中国很多人喜欢在早晨或是饭后散步，这是一个很好的习惯。

让日本人感到"亲近"：报道不一样的"两会"

采访组：中国和日本的职场环境存在差异，您是如何融入中国职场的？

梅田谦：中国上班族一般不会错过一日三餐，不像在日本，一些公司职员因为过于忙碌而省略午餐。在总台，大家一起去食堂吃午餐，和许多人一起聊着天，关系就变得熟络起来。

我感觉中国的职场氛围是比较轻松快乐的，大家能够兼顾工作和生活。我制作的节目基本以促进中日友好为主题，策划案会提交给领导，他们会认真审阅后做出判断。而我也会对中国人制作的日本相关策划提出建议，

梅田谦（中）和同事们一起做日语广播节目　图片来源：受访者

他们也会认真接纳。在节目制作方面，我几乎没有感到有任何束手束脚的感觉。

关于我目前所做的工作，包括广播和视频节目，还有日常的采访，我认为最重要的是传达中国的真实面貌，在这方面，日媒在报道范围上会有涉及不到的内容，而填补这一空白是我的工作。比如帮助年轻人答疑解惑的广播节目《烦恼咨询室》。年轻人的事情可能是反映中国情况的最好内容，而他们的心声在烦恼之中有所体现。在节目中可以发现，中国学生和在华留学的日本学生，许多烦恼是共通的，比如恋爱、前途等问题，想通过这些问题将真实的中国传达给听众。

采访组：您在总台的报道经历丰富，做过生活类趣味节目，也采访过各领域人物，能否与我们分享特别难忘的工作经历？

梅田谦：印象最深的是2019年在两会现场的采访和报道，在我们台历史上，日本记者去两会采访还是头一次，每天都是神经紧绷的。当时和同事一起商量要报道些什么，除了会议的内容和表决的政策之外，还想做些其他媒体做不到的内容——传达两会的幕后花絮，比如人大代表们从全国各省聚集到北京，大家住在什么样的酒店，酒店设施如何，会场有什么高

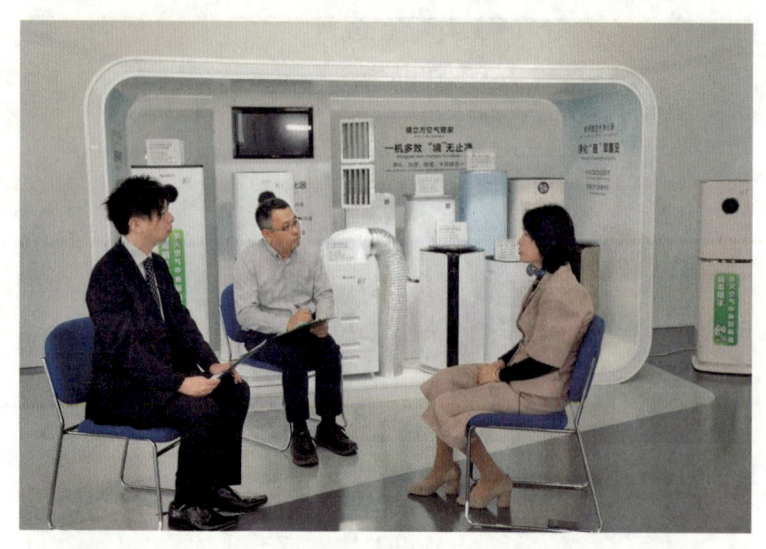

2020年梅田谦（左）在珠海报道当地复工复产情况，采访格力电器董事长董明珠
图片来源：受访者

科技设备等。

两会往往给日本人一种严肃感，而我通过这种角度报道会议，有日本人反馈说感受到了亲近感，让我感到很高兴。

采访组：您认为媒体应该在中日交流中发挥怎样的作用？

梅田谦：中日两国立场不同，擅长的东西也不同，但无论如何要尽可能增加两国人民相互接触的机会，应该为了这个目标而进行报道。虽然有一些历史和政治问题，媒体需要介绍的是，中国人珍视什么，日本人对什么感兴趣。尽管无法做到尽善尽美，但要努力去做可以实现的事情。随着互联网的发展，自媒体等各种形式的媒体越来越多，但像我们这样的传统媒体的力量仍然非常强大，带头创造一种友好的舆论氛围至关重要。

共享单车和打车软件：让四小时的北京之旅"快一步"

采访组：对于中国各地的文化历史，有什么感兴趣的内容？是否曾向身边人"安利"？

梅田谦：因工作出差去过北京之外的一些地方，感触最深的是西安。作为六朝古都和日本京都有共通点。西安因留存了许多古迹而具有汉唐的氛围感，走进青龙寺，可以看到惠果大师与空海大师平起平坐的雕像，这种两国间相互尊重的友好关系从古延续至今，让人感动。唐代时，日本僧人空海作为遣唐使到长安青龙寺修习密宗佛法。在日本四国地区，与空海有关的寺庙有88所，很多信众巡礼88座寺庙来缅怀空海，实际上青龙寺是巡礼的原点，也就是第0站，这已经成为两国友好的见证。

我来北京工作之后，家人和朋友都曾来过北京，我给他们做向导。2017年一位日本朋友在北京转机，只有4小时的时间，我带他逛了王府井，去小吃街吃烤串和糖葫芦，喝北京啤酒、吃火锅，骑共享单车在天安门附近游览，最后打车送他回机场。多亏了共享单车和手机打车软件，便捷地完成了这一趟旅程。等疫情结束之后，我希望更多日本人能来中国看一看。

采访组：来中国已经七年，从自身的生活体验和观察出发，感受到哪些变化？

梅田谦：首先是感叹中国的技术发展速度。2015年冬天，我刚来的时候还没有共享单车，而现在已经满街都是，填补了"最后一公里"。此外，刚到中国的时候还是现金和电子支付并用，现在已经完全普及电子支付了。相比之下，日本曾认为二维码支付需要扫描设备，不如IC芯片方便，但现在也开始启用二维码支付。

中国的动漫和电子游戏的制作水平也在不断提高。以前，ACG（Animation, Comics and Games，动画、漫画和电子游戏）大多是从日本输入到中国，而近年来中国动漫制作越来越精良，产量不断增加，在日本业界受到诸多好评，中日两国在这一领域也开始了合作。

采访组：从媒体人的观察出发，中日两国民间是否存在误解，应该如何增进理解？

梅田谦：与其说是误解，不如说是双方还不够了解。两国的环境和文化不同，更应该去了解对方所重视的东西。在中国的新闻中经常会出现"核心利益"这个词，"涉及核心利益问题相互理解支持"，认真想想这真的非常重要。对方所重视的可能和自己不同，所以要在理解的基础上考虑如何克服差异。

我认为，中日关系的一个关键词是年轻人。根据民意调查，近两年日本民众对华印象总体下滑，但是调查结果显示，日本年轻人对中国的印象并不差，甚至许多人对华印象很好。这些年轻人不带任何偏见地学习中国的优点，和中国人建立平等对话的关系。同样在中国也是如此，有对日友好的年轻一代。

50年前，中日双方怀着"求大同、存小异"的精神实现两国邦交正常化，"求大同、存小异"对年轻人来说或许已经是历史教科书上的话语，但在当下仍然重要。周恩来总理说过"饮水不忘掘井人"，不知道现在的年轻人能不能明白。当今媒体要传承这种精神，好好消化和吸收，以符合当代的新形式把故事讲好。如果当代媒体能把这件事做好，让"求大同、存小异"的精神得到很好的传承，两国关系在未来会有所改善。

Sato Yasuhiro
佐藤康弘

采访对象：佐藤康弘，1975年出生于日本广岛县，18岁首次接触单板滑雪，23岁成为职业单板滑雪运动员，作为职业运动员活跃6年。而后他担任单板滑雪教练，曾执教过日本滑雪名将鬼冢雅和大冢健。2018年，他开始担任中国运动员苏翊鸣的教练。2022年入选北京冬奥会中国体育代表团名单，担任单板滑雪大跳台及坡面障碍技巧队主教练。目前，他在日本经营两家滑雪训练场，执教中日两国的单板滑雪运动员。

采访日期：2022年7月12日

采访地点：日本埼玉县

佐藤康弘：
"苏翊鸣的教练"光环下的"少年感大叔"

暴雨中的夏日清晨，在日本埼玉县岚山町的旱雪滑雪训练场，佐藤康弘戴着棒球帽站在出发台上，一手叉腰一手举着手机录制运动员的滑行和跳跃动作。被问到这一跳表现如何时，他紧皱眉头，"唔……马马虎虎"，然后突然笑起来说，"'马马虎虎'这个中文词语真可爱"，笑起来眼睛眯成一条线，那种直白的快乐极具感染力。

在日本经营着一个滑雪训练场，和一群平均年龄10多岁的孩子朝夕相处，身为单板滑雪教练的佐藤康弘尽管鬓角已有白发，却仍有着强烈的"少年感"。他同时担任日中两国选手的教练，在训练时常常日英双语混合，还会夹杂着少量中文，比如"走直线""很好"之类的简单词语。

因为性格开朗，爱抛梗搞笑，佐藤康弘和运动员们非常亲近。

佐藤康弘在埼玉县经营滑雪训练场，夏季在此指导一些运动员训练
图片来源：澎湃新闻

但他在讲解技术动作时秒变严肃脸,"直球式"指出技术问题,原地示范动作要领,甚至细致到脸偏转的角度。

他在中国更多地被人们称为"苏翊鸣的教练"。中国单板滑雪运动员苏翊鸣在北京冬奥会的单板滑雪男子大跳台比赛中夺冠,给这位日籍教练带来了耀眼的光环。面对热情的中国粉丝,佐藤康弘乐于在微博和视频网站哔哩哔哩(bilibili.com)上分享自己和苏翊鸣的日常视频。他形容和"小鸣"的关系介于父子、朋友、师徒的多重关系之间,并在采访现场直接视频连线苏翊鸣,两人互相调侃。

在佐藤康弘心中,中国选手和日本选手并无差别,希望帮助他们冲击职业巅峰,但从长远来看,愿望不仅限于此。

背离"初心"的教练之路

采访组:您出生于日本广岛,并不是盛行冰雪运动的地方,一开始如何接触到单板滑雪这项运动?

佐藤康弘:高中毕业后去加拿大留学时,和朋友们一起去单板店,看到单板很便宜,于是就买了一块去滑雪。第一次滑的时候我就和周围的朋友说:"我可以成为职业选手。"但事情似乎并没有那么顺利,我没什么天赋,但太热爱单板滑雪了,想要滑好的心情比别人更强烈。那时候一边上学一边滑雪,但我真的不擅长学习,当时感觉只有从事单板滑雪人生才会成功,心里想着"绝对要成为职业运动员",为此做了很多功课。

我接触单板的时候,奥运会只有"单板滑雪U形池赛",而我滑的是大跳台和坡面障碍技巧。以前,滑雪是一项比现在更贴近潮流文化的运动。举个例子,当时成为职业滑雪运动员意味着可以登上杂志,参加电视节目,变身"网红"运动员。我向往那样的生活,于是不断磨炼自己的技术,参加各种活动。

采访组:运动员在赛场上万众瞩目,而教练更多的是幕后付出,

佐藤康弘（右）指导日本单板滑雪选手岩渕丽乐　图片来源：澎湃新闻

从事教练这一行与您最初的想法或许不太一致，是怎么走上教练之路的？

佐藤康弘：这不得不提到日本单板滑雪大跳台选手鬼冢雅，认识的时候她才9岁。我们在同一个滑雪队里，因此在滑雪过程中我会时不时对她提出建议。她认真训练后在世界锦标赛中获得了冠军。对于我来说，这是无论滑多久都难以企及的高度。当时，她是史上最年轻的单板滑雪世锦赛冠军，受到媒体极大关注，乘出租车时司机都会聊起单板滑雪的话题。既然我自己可以达成的成就有限，就想给年轻一代提供经验和指导，作为教练可以培养出更多运动员，于是我就转换了职业赛道。

采访组：作为教练不仅要钻研专业技能，还要与运动员保持沟通并激励他们，在这一过程中遇到过什么困难吗？

佐藤康弘：每天都在想怎么让孩子们滑得更好，开心且享受。如果真要说困难的话，可能是在指导孩子的时候处理与家长的沟通问题。比如，通常年纪小的选手会有父亲或母亲陪同训练，家长的评语会影响孩子的状态，他们有时会对训练提出一些建议，但其实家长最好不要过度介入专业领域。一开始要去制止这种行为，我会觉得有点困难，但现在已经明确了自己作为教练的身份。苏翊鸣的家长很好，把孩子交给我训练之后什么都不说，只是在一旁加油，因此他的成功也在情理之中。

父子、朋友、师徒

采访组：能否谈谈您第一次和苏翊鸣见面时的情景？

佐藤康弘：2017年在中国举行的香蕉公开赛（编注：亚洲最高级别的单板滑雪坡面障碍技巧赛事）上我第一次见到苏翊鸣，当时听说他是中国最年轻、表现最好的选手。在看苏翊鸣滑的时候觉得不错，但有点普通，如果不接受系统的训练，他的天赋就浪费了。之后，有熟人找到我说："能不能指导苏翊鸣选手？"苏翊鸣和他的父母一起在北京的机场与我面谈了这件事。

佐藤康弘和苏翊鸣（右）一起回看练习视频　图片来源：受访者

采访组：苏翊鸣在2022年北京冬奥会赢得单板滑雪大跳台金牌后，扑倒在您的怀中哭，激动地用英语说"I love you"。而您提到常在赛前对苏翊鸣说"I love you"。这样亲密关系令许多人感动，您如何看待和苏翊鸣的关系？

佐藤康弘：有时是父子，有时是朋友，有时是师生，有时是教练和运动员。说起师徒关系，始于四年前，当时并没有说"我作为日本教练，和你一起通过单板滑雪朝着奥运会进发"。冲击奖牌的意义在于，我们之间不只是单板教练和运动员的关系，日本和中国、中国和日本一起携手合作，这件事本身就很有意义。这是我们最看重的一点，当时我们这样聊过，小鸣听后也连声说，"是的，是的"。这是我们一路走来的关系。

佐藤康弘和苏翊鸣在赛场合影　图片来源：受访者

我之所以有上述想法，是因为最初接下到中国队执教的工作时，中国国家体育总局领导对我坦诚地说："中国和日本今后在亚洲应该齐心协力共同发展，希望体育成为中日友好的桥梁。"听后我很感动，和苏翊鸣选手朝着这个方向努力。苏翊鸣是有潜力的选手，性格好，很快乐。以登顶世界最高水平为目标，日本人和中国人齐心协力干成大事之后就会发现，日中友好是绝对存在的。

采访组： 距离2022年北京冬奥会已经半年多，到现在为止都难以忘怀的瞬间有哪些？

佐藤康弘： 奥运会结束后的两周，有海量信息在脑中盘旋，难忘的瞬间实在是太多了。苏翊鸣在北京冬奥会单板滑雪坡面障碍技巧项目上拿到的是银牌，这是误判导致的，所以非常惋惜，但是已经无法改变，因为坡面障碍技巧是非常难的项目，成功与否其实只在于微妙的差异。他在比赛中发挥良好，虽说拿到银牌也非常开心，能夺金当然更好。这么想来多少还是会有些沮丧，但是苏翊鸣和我的想法一样，既然无法改变，就接受事实、再接再厉。

采访组： 新冠肺炎疫情给跨国指导带来了困难，您是如何克服的？接下来您的目标是什么？

佐藤康弘： 在疫情期间，小鸣每天给我发训练视频，一直问我"怎么办""这样可以吗"，像这样持续了一年半左右。尽管疫情对训练产生了影响，但在线上频繁交流，感觉更了解小鸣了。原本我还担心因为线上交流，小鸣会越来越松懈，觉得自己已经做得很好。但是他并没有，一直认为自己做得还不够好，不断进步，那时候我就觉得这个孩子与众不同。

从苏翊鸣获得金牌的那一刻起，我就收到很多采访邀约，有来自日方的也有中方的。当中国领事馆方面来联系我说，"为了日后的日中友好和中日友好，可以一起出力吗"，我感到非常开心。接下来我会继续指导苏翊鸣，在帮助中国单板滑雪发展的同时，也想让日本的这项运动继续发展。

单板滑雪的最大魅力在于，可以通过这项运动结识很多朋友，形成自己的社群，在滑雪路上同行。我希望有一天，中国和日本的单板社群能够融合，享受滑雪运动带来的乐趣。

中国冰雪运动市场极具商机

采访组：作为日本教练，在决定执教中国选手时有什么纠结和困惑吗？

佐藤康弘：日本人对中国有很多不了解的地方，也有许多误解，新闻时而出现相关负面内容。我的朋友们对于我做中国队教练没说什么，只有之前公司的一位职员开玩笑说："佐藤教练，这样可不行，只训练日本选手就行了。"

从我的角度来说，指导日本选手的同时，如果指导苏翊鸣，在时间分配上的确会出现不平衡的状况，"这样会不会有些不妥？"我也有过这样的纠结，但是最终克服了这个问题。我作为日本人，"以日本为重"这样的爱国情绪很重要，但我认为有比这个更重要的东西，从长远来看，我和中国的孩子们交流也有非常重要的意义。

佐藤康弘接受采访　图片来源：澎湃新闻

采访组：您同时执教中日两国选手，在相处和指导方式上有什么区别吗？

佐藤康弘：其实无论是日本选手还是中国选手，没什么不同，只是语言不一样而已。最初接触中国选手时需要通过翻译进行交流，随着选手们学习日语和英语，我也努力学习汉语，像苏翊鸣和荣格的英语都很好，所以沟通完全没问题。

在训练过程中，中国选手有时会问"我该怎么做""为什么我做不到这个动作"之类的问题。但是，在中国有尊敬师长的文化，在回答老师时很多选手往往只会说"好的"，可能反馈相对较少。

对于表现不好的选手我会直接说出来，如果是技术方面的问题完全没关系，可能是我教学方法不合适。但如果是选手没有干劲或是不愿意自我挑战，我会比较严厉地指出来。中国选手都想长久地留在国家队，所以我会对那些缺乏动力的运动员说"如果不加油就会被'炒鱿鱼'"，或者说"你退队吧"，大家就会很惊诧。有时候也会对年纪很小的选手开玩笑说，"下次再这么玩，警察就来了"。但是对于14岁以上的选手，就不能再开玩笑了，需要更加认真和严格。

采访组：在冰雪运动领域，如何看待中日合作的前景？

佐藤康弘：中国的冰雪运动尚在发展中，以北京冬奥会的成功为契机，单板、双板滑雪等雪上和冰上运动都变得非常受欢迎。我和苏翊鸣以及荣格选手一起，让更多中国人认识单板滑雪并对此产生兴趣，也有更多人开始滑雪，这是我真切的感受。

当然，中国从市场规模上来说相当庞大，拥有14亿人口，可以单板和双板滑雪的地方有很多，这对于运动产业和从事冰雪运动的全体从业者来说，是一个极具商机的市场，特别是对经济的推动，作用尤其显著。

近十年，中日两国对彼此的印象似乎都不是特别积极。如果我不是到中国执教，对于这个国家的感觉可能也会是"有些可怕"，但是到中国之后发现完全不存在这种情况。所以说，首先要互相了解，可以通过滑雪来增进了解。疫情结束之后，希望中国朋友到日本来玩，在日本雪场体验滑雪的乐趣，去感受"日本是这个样子"，并且将自己的真实感受带回国内。同样，我也希望日本人多去中国旅行，去感受"中国原来是这样的地方"。我相信互相深入了解对方的人会越来越多。

后　记

经过历时近一年的努力，在中日两国近二十个省市地区的三个月采访之后，我们终于完成了"50年50人"——中日邦交正常化50周年系列采访。为保留这份宝贵的记忆，我们将采访内容结集出版，一方面纪念中日邦交正常化50周年这一重要的历史节点，另一方面为未来中日两国的人文交流留下一份文字材料。

50年前，两国老一辈领导人以卓越的战略眼光和政治胆识，做出实现中日邦交正常化的政治决断，揭开了两国关系的崭新篇章。50年来，中日双方先后达成四个政治文件和一系列重要共识，各领域交流合作成果丰硕，给两国人民带来重要福祉，也促进了地区和平、发展、繁荣。中日互为近邻，同为亚洲和世界重要国家，拥有很多共同利益和合作空间。习近平主席在2022年11月17日会见时任日本首相岸田文雄时指出，中日关系的重要性没有变，也不会变。中方愿同日方一道，从战略高度把握好两国关系大方向，构建契合新时代要求的中日关系。

"国之交在于民相亲"，在这样的背景下，中国公共外交协会和澎湃新闻联合出品的系列采访兼具公共和民间外交效果，深入挖掘中日间的动人故事，推动两国交流，使中日友好更加生动立体，更加深入人心。接受采访的七十多名嘉宾中，既有福田康夫、赵启正、二阶俊博等推动和亲历两国交往的"老朋友"们，也有在经济往来、抗震救灾、熊猫保护等领域深耕两国务实合作的中坚力量，还有像苏翊鸣、竹内亮等承载着两国友好未来的年轻人。在本书中我们精选呈现了近40位嘉宾的采访内容。通过文字，回顾历史，聚焦当下，放眼未来，希冀通过把握好中日邦交正常化50周年这一契机，为新时代中日关系发展筑牢友好根基。

"五十而知天命"，在中日交往的过程中，我们深刻感受到两国关系机遇与挑战并存：一方面，民间友好始终是中日关系发展的重要基石。正如孔铉佑大使所说，希望中日关系稳定友好的"沉默的大多数"始终存在。"沉默的大多数"的故事需要发掘传播，中日各个层面的交流需要搭建桥梁。另一方面，中日关系中敏感因素与挑战性因素仍然存在，更需要两国各界加强沟通，小心维系。

本书由中国公共外交协会和澎湃新闻联合主编，采编团队主要由澎湃新闻记者构成，包括于潇清、陈沁涵、王昕然、江海啸、马小童、祝颖筠、刁凡超、周頔、高丹、程婷、朱莹、王露、王选辉、谢煜楠、史含伟、孙彰、柳靖文、权义、魏凡、郑朝渊、邓朝键、邹桥、张呈君、柳彦、胡宝秀、吴星宇、林顺祺、陈睿、张琳、王颖霞、张无为、朱郑勇、龚唯、王煜、江勇、张兆亿、周寰、郁斐等。大部分图片为采访现场拍摄或采访对象友情提供。

在项目策划的过程中，团队得到了中国外交部、日本外务省、中国驻日大使馆、日本驻华大使馆、中国驻大阪总领馆及上海市委宣传部等方面的大力支持。许许多多业内前辈、专家学者、友好人士也对项目给予了帮助，提出了指导意见，在此一并表示衷心的感谢！

编写组
2023 年 1 月 12 日